KB201311

새 미국사 제3권

20세기 아메리칸 드림

전환기부터 1970년대까지

새 미국사 제3권

20세기
아메리칸 드림

전환기부터 1970년대까지

나카노 고타로 지음

이용빈 옮김

한울
아카데미

SERIES AMERICA GASSHUKOKUSHI
3 20SEIKI AMERICA NO YUME SEIKI TENKANKI KARA 1970 NENDAI
by Kotaro Nakano
© 2019 by Kotaro Nakano
Originally published in 2019 by Iwanami Shoten, Publishers, Tokyo.
This Korean edition published 2024
by HanulMPlus Inc., Paju-si
by arrangement with Iwanami Shoten, Publishers, Tokyo

간행사

19세기 중엽, 페리 제독이 이끄는 흑선(黑船)이 일본을 내항한 이래 21세기의 현재에 이르기까지 일본인들은 미합중국(美合衆國)을 특별한 시선으로 바라봐 왔다. 일본어로 '합중국(合衆國)'이라고 부르는 명칭은 1840년대에 만들어진 것으로 추정되는데, 이 명칭이 오늘날까지 이르고 있다. 이 명칭은 1844년에 미국과 청나라 간에 체결된 왕샤조약에서 유래되었다. 왕샤조약에서 채택된 번역어를 페리 제독이 에도 막부의 역인(공무원)에게 전했던 데서 이 명칭이 비롯되었으며, 미일 화친조약(1854)에서도 공식 국명으로 이용되었던 것으로 알려져 있다.

일본이 개국해서 근대화를 시작한 기점을 미국 함대가 우라가항에 상륙한 시기로 삼는다는 것은 잘 알려진 사실이다. 일본이 근대화의 모델로 삼았던 서양 문명은 어디까지나 영국, 독일 등 유서 깊은 유럽 국가들이었다. 하지만 근대 일본은 신흥의 미합중국에도 일관되게 관심을 기울였다.

1860년에 간린마루호를 타고 미국으로 건너갔던 후쿠자와 유키치는 귀국 이후에 『서양 사정(西洋事情)』을 집필했다. 유키치는 해당 책의 제2권(1866)에서 독립선언과 미합중국 헌법을 번역해 싣고 '자유와 평등의 국가', '모든 국민이 동등한 권리를 지닌 국가' 등의 미국상을 널리 전파했다. 또한 이와쿠라 사절단(1871~1873)이 서양 문명을 흡수하고 조약을 개정하려는 열강의 의향을 탐색할 목적으로 바다를 건넜을 때 특히 관심을 보였던 것도 미합중국이었다. 당시 일본은 무진전쟁(1868~1869)이라는 내전을 경험하고 근대 국가를 형성해 가는 중이었다. 20세기 들어 다이쇼 시대가 열리자 영화와 음악, 야구 등 미국의 문화와 풍속은 일본 사회에 더욱 정착했다. 아시아·태평양 전쟁에서 일본이 패전한 이후 미일 관계는 '세계에서 가장 중요한 양국 관계'라고까지 일컬어졌다. 전후에도 미군 점령하의 일본 민주화 정책과 냉전 시기의 역사 경험이 남아 친미 및 대미 의존 정신이 일본인들에게 스며들어 있다. 일본인들은 제2차 세계대전 이전보다 더 미국 문화에 친숙해졌으며 미국적 생활양식에 익숙해졌다.

그러나 그렇다고 해서 일본인들이 미합중국이 걸어왔던 역사를 확실히 이해하고 있는 것은 결코 아니다. 오히려 친미라는 정치적 무의식이 때로 사람들의 눈을 흐리게 만들어온 것도 사실이다. 예를 들면 전후 일본은 평화국가로서의 발걸음을 구축할 때 군사적 안전보장을 미국에 위임했는데 미군 기지를 본토가 아닌 오키나와에 강제당했다. 일본인들은 전쟁국가로서의 미국의 폭력성에 대해 어디까지 이해하고 있는 것일까? 그리고 미국의 국내 사회에 대해서는 어디까지 이해하고 있는 것일까? 자유의 국가 미국에서는 왜 총기 범죄가 많이 발생하고 인종이나 종족 집단 간에 폭력이 빈번하게 일어나는 것일까? 자유 사회의 건설과 유지라는 이상을 추구하기 위해 현실에서는 폭력이라는 수단을 끌어들여야만 했던 미국의 딜레마를 일본인들은 어디까지 이해하고 있을까? 미국을 특별한 시선으로 바라봐 왔고 미국과 특별한 관계를 맺고 있다고 규정해 왔기 때문에 미국의 진면목을 제대로 보지 못하는 것은 아닐까?

이러한 문제의식에 입각해 '새 미국사' 시리즈는 미국이 현대 세계에 던지는 과제를 규명하는 한편, 전례 없는 통사(通史)의 가능성을 탐색하고자 했다. 이를 위한 축으로 크게 다음 세 가지를 들 수 있다.

첫째, 미합중국의 역사를 일국의 닫힌 역사로 이해하는 것이 아니라 더욱 커다란 공간적 문맥에 위치지우고 이해하는 것이다. 미국이 전 세계로부터 온 이민, 흑인 노예 등 사람의 이동으로 형성된 근대 국가라는 점만 보더라도 초국가적 시각을 제쳐두고서는 미국을 논할 수 없다. 또한 미합중국의 국제적 지위는 영국 제국의 일부라는 태생에서 시작했고, 건국 시기부터 오늘날에 이르기까지 환대서양, 환태평양, 서반구 세계와 연계함으로써 더욱 글로벌한 제국으로 전개되어 왔다는 점도 주목해야 한다.

둘째, 미국사를 관통하는 통합과 분열의 역동성을 이해하는 것이다. '여럿이 모여 하나(E Pluribus Unum)'라는 말을 정치적 좌우명으로 삼으며 탄생한 미합중국은 자유를 통합의 핵심으로 삼았다. 그렇다면 자유를 밑받침하는 가치관과 제도는 어떻게 생겨났을까? 또한 분열은 왜 끊임없이 일어났던 것일까? 이러한 상황을 이해하는 것은 트럼프 대통령 당선 같은 미국 정치에서의 이변을 이해하는 데 일조할 것이다.

셋째, 미국이 전쟁에 의해 사회적으로 변화되어 온 국가라는 사실을 이해하는 것이다. 독립전쟁에서부터 미국-영국 전쟁(1812년 전쟁), 남북전쟁, 미국-스페인 전쟁, 제1차 세계대전, 제2차 세계대전, 냉전, 베트남 전쟁, 걸프 전쟁, 테러와의 전쟁 등 항상 전쟁은 미국에서 역사의 리듬을 새겨왔다. 그렇다면 전쟁은 국민사회를 어떻게 규정해 왔는지, 또한 전쟁 자체가 지닌 의미는 어떻게 변화되어 왔는지를 이해하는 것도 결정적으로 중요하다.

즉, 이 책은 미합중국의 역사를 통사로서 전체상을 묘사하는 데 주력하면서 미국에 대한 독자들의 궁금증을 충족시키고자 한다.

'새 미국사' 시리즈는 전체 네 권으로 구성되어 있다.

제1권 와다 미쓰히로, 『미합중국의 탄생: 19세기 초까지』
제2권 기도 요시유키, 『남북전쟁의 시대: 19세기』
제3권 나카노 고타로, 『20세기 아메리칸 드림: 전환기부터 1970년대까지』
제4권 후루야 준, 『글로벌 시대의 미국: 냉전 시대부터 21세기까지』

제1권에서는 원주민의 세계부터 시작해서 17세기 초에 영국인의 식민지가 북미 대륙에 최초로 건설된 이후부터 독립에 이르기까지의 식민지 시대, 그리고 미국 독립혁명, 새로운 공화국 건설의 시기를 다룬다. 또한 근세 대서양 세계의 상호 관련성을 고찰하는 서양사의 시각을 취하면서 초기 미국의 역사를 역동적으로 묘사하는 동시에, 기념비와 건국 신화에 관한 연구 성과를 도입해 이 시대의 역사가 후세에 어떻게 이미지화되었고 미국을 형성했는지에 대해서도 초점을 맞춘다.

제2권에서는 1812년 미국-영국 전쟁이 일어난 이후부터 19세기 말까지를 다룬다. 이제까지는 미국의 19세기 역사가 영토 확대, 서부 개척, 대륙 국가로의 발전 같은 프런티어 학설에 기초한 일국사(一國史) 모델로 묘사되어 왔으나, 이 책에서는 제국사의 시각, 노예와 면화 같은 세계상품을 둘러싼 글로벌 역사, 자본주의사 같은 최신의 연구 성과를 받아들이고자 시도한다. 따라서 19세기를 '남북전쟁의 세기'로 파악하고 전례 없는 내전이 가져온 미국 사회의 통합과 분열, 노예국가에서 이민국가로의 대전환을 묘사한다.

제3권에서는 20세기 전환기부터 1970년대 전반에 이르는 시기를 다루면서, 미국이 사회국가(복지국가) 또는 총력전 체제를 통해 국민통합을 지향했던 과정을 거시적으로 파악한다. 19세기의 미국과 결별하고 20세기 미국의 국민질서를 형성했던 혁신주의 시대는 어떤 형태였을까? 공업화, 거대 도시 출현 등 커다란 근대사의 물결에 대응해 새롭게 탄생한 사회적인 민족주의는 대중을 두 차례의 세계대전에 총동원했으며, 동시에 인종 격리와 이민 배척 등 복잡한 분열을 내포한 국민사회를 만들었다. 제3권에서는 20세기 미국의 국민국가 체제를 재검토하는 한편, 1970년대의 탈공업화와 정부에 대한 불신으로 인해 그 제도가 맥없이 와해된 것이 어떤 의미를 지니는지 현재 미국이 안고 있는 어려움에 입각해 재검토한다.

제4권에서는 1970년대 후반 이래의 미국 사회를 장기적인 '통합 위기의 시대'라는 관점에서 살펴본다. 베트남 전쟁과 워터게이트 사건 이후, 전후 4반세기에 걸쳐 별다른 동요 없이 강하고 견고하게 보였던 미국의 국민통합은 당시 급격하게 동요했다. 분열의 위기를 수차례 극복해 온 미국에 1970년대 이래 일어난 국가통합 위기는 어떤 위상을 가질까? 다면적·복합적·장기적 성격을 지닌 분열과 단편화의 여러 형태를 살펴보면서 현재까지의 미국사를 관통한다.

집필자를 대표하여

기도 요시유키

차 례

미합중국과 중앙아메리카 국가들

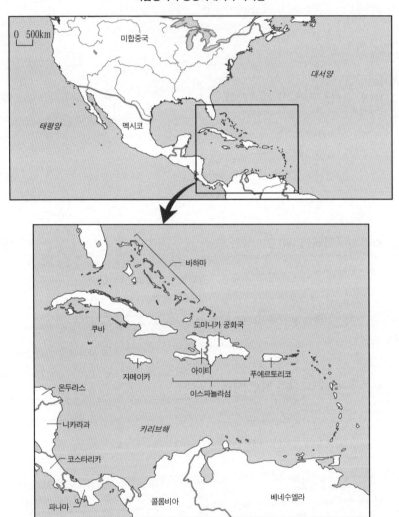

머리말

20세기의 개막

1901년은 20세기의 서막을 연 해이다. 이 해에는 미국 역사에서 중요한 사건이 몇 가지나 일어났다. 우선 1월에는 텍사스주의 스핀들톱 구릉에서 역사상 최대급의 유전이 발견되어 전례 없는 석유 붐이 일어났다. 이어서 2월에는 모건 계통과 카네기 계통의 철강회사가 합병해 자본금 약 14억 달러, 국내 비중 60%의 초거대 기업 US스틸(U. S. Steel)이 출현했다. 이때 미국은 이미 GNP 200억 달러를 과시하는 세계 최대의 공업국이었지만, 제조업과 자원 산업의 그치지 않는 팽창은 인류 역사상 유례를 찾아볼 수 없는 영역에 도달하고 있었다. 그리고 이러한 팽창이 가져올 사회적 영향은 아직 그 누구도 알 수 없었다.

1901년 3월 4일에는 전년의 대통령선거 결과에 따라 공화당의 윌리엄 매킨리(William McKinley)가 2기째의 대통령에 취임했고, 같은 날에 제57차 의회가 소집되었다. 이 새로운 의회는 직전의 의회와 마찬가지로 공화당이 큰 격차로 과반수를 장악하고 있었지만, 기존 의회와 한 가지 점에서 차이가 있었다. 남북전쟁 재건 시기 이래 처음으로 흑인 의원이 부재했던 것이다. 남부 여러 주에서 디스프랜차이즈먼트(disfranchisement, 흑인으로부터 투표권을 박탈하는 것)가 진행되는 가운데 유일하게 하나의 의석을 지키고 있던 노스캐롤라이나주에서 선출된 조지 화이트(George White) 하원의원이 결국 낙선했다. 이로써 입법부는 백인 남성에 의해서만 점유되기에 이르렀다. 그 이후 1920년대 말 시카고에서 오스카 드프리스트(Oscar De Priest)가 하원에 선출될 때까지 흑인 의원은 전무했으며, 남부에서는 1973년이 되어서야 소수자 의석이 부활했다.

게다가 1901년 3월에는 미국의 대외 정책에서도 무시할 수 없는 일이 일어나고 있었다. 2일 의회는 미국-스페인 전쟁 이후 군사 점령을 계속하고 있던 쿠바의 독립 헌장에 플랫 수정안(Platt Amendment)을 삽입하도록 함으로써 쿠바에 대해 사실상의 보호국화를 추진했다. 또한 미군은 23일에는 필리핀에서 반미 투쟁을 지도하는 민족파 에밀리오 아기날도(Emilio Aguinaldo)를 포박해 1899년부터 계속되었던 분쟁(미국-필리핀 전쟁)을 종결하는 방향으로 나아가도록 했다. 5월에는 역시 미국-스페인 전쟁을 통해 획득한 푸에르토리코에 대해 연방 대법원이 미합중국 헌법의 완전한 적용을 받지 않는 비편입 영토로 규정하는 판결을 냈다['다운스 대 비드웰(Downes v. Bidwell) 판결']. 이는 이듬해인 1902년에 제정된 '필리핀 조직법'에도 답습되어, 필리핀 사람들은 푸에르토리코 사람들과 마찬가지로 합중국의 통치하에 있으면서 미국 시민권을 갖지 않는, 이른 바 합중국인(U. S. national)으로 재편되었다. 이러한 형태로 미국은 카리브해에서 태평양, 극동으로 펼쳐지는 도서 식민지 제국을 형성했다.

〈그림 1〉 1898년 미국-스페인 전쟁의 최후 격전지 산주앙 힐을 점령한 시어도어 루스벨트(중앙)와 의용군 러프 라이더스

미국의 20세기 최초의 해에는 또 하나의 커다란 사건이 일어났다. 현역 대통령 매킨리의 암살이었다. 1901년 9월 6일, 제2기의 시정을 시작한 지 겨우 반년이 지난 매킨리는 당시 뉴욕주 버팔로에서 개최 중이던 박람회를 방문했을 때 폴란드계 미국인 아나키스트 리언 촐고츠(Leon Czolgosz)의 총격을

받았고 8일 후에 사망했다. 이 사태로 인해 3월에 이제 막 부통령이 되었던 시어도어 루스벨트(Theodore Roosevelt, Jr.)가 역사상 최연소인 42세의 나이로 미국 대통령에 취임했다. 미국-스페인 전쟁(1898)의 영웅이자 사회 개량주의자를 자임하는 젊은 지도자의 탄생은 미국이 다양한 점에서 19세기와는 다른 새로운 시대에 진입했음을 내외에 인상 지었다.

시어도어 루스벨트의 교서: 20세기 미국의 여러 과제

12월 3일, 루스벨트는 최초의 연차 교서를 양원에 제출했다. 약 2만 자에 달하는 이 장문의 시정방침에는 이후 70년에 걸쳐 미국 정치를 규정하는 많은 논점이 명시되어 있었다. 다소 길지만 아래에서 그 개요를 살펴볼 것이다.

루스벨트 교서는 첫 7개 단락에서 매킨리를 추도한 후, 아나키즘의 폭력에 대한 규탄으로 시작했다. "어떤 이론도 사회질서 중의 불평등에 대한 저항을 이유로 대통령의 살해를 정당화할 수 없다. …… 원래 무정부주의는, 절도 또는 가정 내 폭력이 그렇지 않은 것과 마찬가지로, 사회적 불만에 대한 표현이 아니다." 루스벨트는 사회적인 불만 또는 불평등의 존재를 인정하면서도, 폭력적인 혁명 운동은 엄격한 처벌의 대상이자 시민사회로부터 배제되어야 할 대상이라고 보았다. 이는 나중에 빨갱이 사냥 또는 구금 국가의 본보기가 되는 치안 민족주의, 즉 내셔널리즘을 언명한 것이기도 했다.

다음으로 루스벨트 교서는 경제 문제를 다루었다. 우선 미국이 1893년의 불황을 결국 극복하고 전반적인 호경기를 누리고 있다는 점을 축하하면서 그 결과로서 "가속도로 진행되는 대규모이면서도 고도로 복잡한 산업 발전이 …… 매우 심각한 사회문제를 부각시키고 있다"라고 지적했다. 그리고 여기에 대응하는 "부의 축적과 분배를 위한 충분한 규제"가 이루어지지 않고 있다고 하면서 구체적으로 도시의 팽창, 독점 기업, 노동과 생활수준의 각 분야에 대해 검토했다. 그중에서도 대기업의 규제에 관해 상세하게 다루었다. 또한 루스벨트는 "미국인들은 트러스트(Trust)라고 불리는 거대 기업군이 일반 복지를 해치는 경향이 있다는 것을 폭넓게 확신하고" 있으며, "공익을 위해 당분간 각 주 사이의 사업과 관계된 대기업의 활동에 대해서는 정부가 검사와 검증"을 실시하고 그 내용을 광범위하게 공표해야 한다고 언급했다.

연방정부에 의한 규제와 개입은 노동 영역에서도 적극적으로 긍정되었다. 적어도 "정부와 계약한 사무소에서는 여성과 아동의 장시간 노동과 심야 노동, 비위생적인 노동 환경을 …… 금지해야 한다"면서, 노동자의 생활수준과 사회 수준 향상을 지향하는 입장에서는 노동조합의 활동에 찬사를 보냈다. 이 시기 노동조합의 성장은 현저해서 1898년에 약 50만 명이던 가입자 수가 1904년 200만 명을 넘었다. 당시의 보수 정치가 중에는 노동조합의 조직화를 대기업의 트러스트와 동등하게 혐오하면서 '독점금지법'의 고발 대상으로 삼고자 하는 이들도 있었는데, 루스벨트는 이러한 주장과는 선을 긋고 오히려 기업과 노동자 간 힘의 균형의 관점에서 대체적으로 친노조적인 정책을 추진했다.

노동 문제와 사회 수준을 검토하는 교서의 내용은 이민 정책을 논의하는 것으로 유도되었다. 연차 교서에서 루스벨트는 직접 "미국 시민이 될 자격이 있는 성실하고 능률적인 이민", "아이를 준법정신으로 가득하고 신을 경외하는 공동체의 일원으로 육성하는 …… 이민"이 필요하다고 언급했다. 한편 그는 이러한 자격의 접점에 위치해 있는 무정부주의자, 또는 교육 경력과 경제력이 결여되어 저임금 노동의 원인이 되는 자들의 이민에 대해서는 배척을 요구했다. 이는 유럽과 아시아에서 이민이 자연스럽게 유입되도록 맡겨두는 것이 아니라 이민의 선별과 동화를 능동적인 정책으로 실행하겠다는 의사를 표출했던 것이다.

교서 후반부의 내용 대다수는 미국-스페인 전쟁 이후의 식민지 경영 및 향후의 제국 전략과 관련된 논의에 충당되었다. 하와이, 푸에르토리코, 쿠바, 필리핀, 파나마 지협의 순으로 언급되어 있는데, 미국과의 호혜관세주의를 강조했던 쿠바의 사례를 제외하면, 필리핀 문제를 가장 비중 있게 언급했다. 즉, "필리핀에 대한 우리의 과제는 크다. 현지 사람들이 자치를 향해 계속해서 고난의 길을 걷고 있는 것을 진지하게 지원"해야 하며, 미국의 지도 아래 노력이 한층 요구된다고 했다. 또한 필리핀 민중을 교도하는 것은 "우리와 같은 지배적인 인종"의 임무이며, 예를 들어 강한 저항이 있다고 하더라도 미국이 "이 섬들을 단념한다면 사람들은 잔혹한 무정부 상태로 추락할 것이다"라고 밝혔다. 그것은 기본적으로 매킨리 전 대통령이 깔아놓았던 자비 깊은 동화 노선을 계승하는 자세였다. 그리고 현실적인 시책으로 필리핀에 회사 제도를 도입하고 필리핀의 경제개발을 적극적으로 시행하는 방안을 제안했다.

아시아로의 경제 진출이라는 과제는 중국 문제로도 언급되었다. "태평양 지역에서 미국의 국력과 이익이 급격하게 신장하고 있으므로 중국에서 일어나고 있는 일에 국민적 관심을 최대한 경주하지 않으면 안 된다"라고 했다. 그렇게 규정하고 있는 시정 방침은 3개월 전에 조인된 의화단 사건의 조정 문서, 즉 베이징의정서의 여러 조항을 열거하면서 이것을 발판으로 삼아 상하이와 톈진에서 수로와 하천의 개량 공사를 실시할 것을 기획했다. 그러면서 "우리는 연안 지역에서 상업상 기회를 확대하는 것뿐만 아니라 …… 수로를 사용해 내륙 지역에 접근하는 것도 의미하는 문호개방을 주창한다"라고 피력했다.

이러한 미국의 임무는 서반구의 맥락에서 보자면 미국이 파나마 운하를 건설하는 것과 카리브해 주변에서 인류의 안녕을 위해 국제 경찰로서의 의무를 수행하는 것을 함의했다.

루스벨트는 이러한 사고방식이 전통적인 먼로 독트린(Monroe Doctrine)이 발전한 형태이며 더욱 일반적인 세계 평화의 이상과도 합치한다고 주장했다. 이 교서에서는 미국 해군력의 대폭적인 증강을 요청하는 한편으로, 당시 멕시코에서 개최 중이었던 범미주회의(Pan-American Conference)[1]에 찬성의 뜻을 보이면서 "(남북) 아메리카 대륙 커먼웰스(Common Wealth)라는 위대한 가족"이 공동으로 번영하기를 기원했다. 나중에 먼로 독트린의 루스벨트판 이론으로

---

[1] The Conferences of American States라고 불리기도 하며, 1901년 10월부터 1902년 1월까지 멕시코에서 제2차 회의가 개최되었다._옮긴이

알려진 서반구 세력권 구상은 이미 형태를 갖추는 중이었던 것이다.

20세기 최초의 이 대통령 연차 교서는 무엇보다도 국가를 중심으로 한 정치라는 면에서 두드러진 점을 지니고 있었다. 교서의 전반부에 언급된 내정 개혁은 사회라는 영역을 의식한 중앙 정부가 시민의 경제 활동, 생활의 물질적 안녕, 그리고 타자와의 경계 구축에까지 관여하려는 것이었다. 그러한 정책을 표명한 것은 자유방임의 경제와 지역 공동체를 기초로 한 19세기의 공화주의적인 시민관을 크게 돌파한 것이었다. 이 문서에서 '국가(nation)'라는 말은 모두 48회, '사회적인(social)'이라는 말은 16회나 언급되었다. 또한 교서 후반부에 전개되는 카리브해 도서와 필리핀에 대한 군사적 지배 및 중국 내륙부의 경제개발에 대한 구상도 루스벨트 자신의 주장과는 달리 전통적인 고립주의 원칙에서 명확하게 일탈한 새로운 기축이라고 볼 수 있다.

문제가 되는 요인

19세기 미국과의 역사적인 결별에 더해, 중요한 것은 여기에서 열거된 논점의 다수가 그 이후 장기간에 걸쳐 미국의 국가와 사회의 존재 양식을 계속해서 좌우했다는 사실이다. 물론 앞에서 살펴본 20세기 전환기의 시장 규제에는 '일반 복지', '공익' 등의 표현에서 보이는 바와 같이 다분히 도덕적인 경제관이 남아 있으며, 더욱 합리적이며 물질주의적인 경제 안정성을 추구한 뉴딜 정책 등과는 이질적인 부분도 있었다. 하지만 긴 역사의 흐름을 조감하면, 20세기의 미국은 무수한 대립을 내포하면서도 전체적으로 큰 정부가 문제를 해결하는 길을 선택해 왔던 것으로 보인다. 두 차례의 세계대전에서 펼친 총동원 정책을 지렛대로 삼아 20세기 중엽의 미국은 서구 국가들과 마찬가지로 복지국가로 불릴 수 있는 체제를 형성했던 것이다.

게다가 루스벨트 교서의 전반과 후반에서 언급한, 즉 넓은 의미에서의 복지국가로 향하는 여정과 미국의 대외 팽창 추세가 서로 강하게 결부되어 나아가는 구조도 장기간에 걸쳐 지속되었다. 20세기 초에 미국이 국민국가로 성숙한 것은 필리핀, 쿠바 등의 도서 식민지를 통치하는 데 자주 영향을 미쳤고, 또한 식민지에서의 경험은 미국의 국내 통치와 사회 정책을 좌우하는 힘을 지녔다. 미국의 안과 밖 간의 상호 규정적인 관계성은 제2차 세계대전 이후에도 형태를 바꾸며 계속되었는데, 예를 들면 냉전 시기의 해외 원조 프로그램과 국내의 빈곤 퇴치 정책에서도 다양한 사상과 인재가 교류했음을 확인할 수 있다.

마지막으로, 1901년의 연차 교서에는 고의로 언급하지 않은 중대한 사회문제가 있었다는 점을 지적하지 않을 수 없다. 바로 인종 차별 문제이다. 사실 루스벨트는 남부의 민주당 일당 지배를 무너뜨릴 목적에서 흑인 지도자 부커 워싱턴(Booker Washington)과 친교를 맺었으며, 대통령에 취임한 이후인 10월 16일, 그를 공식 만찬에 초대했다. 그날 밤, 흑인으로는 처음으로 백악관에 초대되었던 부커 워싱턴은 루스벨트의 가족과 식탁을 함께했지만, 이튿날 언론에서는 루스벨트를 가혹하게 비판했다. 결국 대통령의 인종 문제에 대한 대처는 비공식적인 소통의 형태로 이루어질 수밖에 없었다. 정치의 주류에서 인종 차별이 다루어지지 않자 1890년대에 남부에서 확립된 짐 크로(Jim Crow) 체제(인종 격리)와 흑인 투표권 박탈이 혁신주의 및 뉴딜의 개혁정치와 공생해 나아갈 수 있었다.

그러나 20세기 미국이 노동자의 생활수준, 이민 제한, 구빈 등의 맥락에서 시민권을 사회적인 것으로서 재정의할 때, 인종 문제는 대부분 불가피하게 가장 심각한 정치 과제였다. 윌리엄 두 보이스(William Du Bois)에 따르면 "20세기의 문제란 컬러 라인(colour line, 피부색의 경계선)의 문제"였던 것이다. 또한 인종은, 당연한 것이지만, 미국의 식민지 경영 방식 및 미국이 냉전 시기에 제3세계와 관계하는 방식과도 밀접하게 연관되어 있었다. 식민지 지배는 자주 지배자에게 인종 편견을 조장했는데, 그와 동시에 이주민과 해외 유색인의 관점에서 보면, 본국 내부의 인종 관계 자체가 식민지 지배의 정통성과 직결되는 커다란 문제였다. 즉, 인종 차별이 존재한다는 것은 제국적인 팽창을 지속하면서 복지국가를 형성했던 20세기 미국의 아킬레스건이었다. 하지만 그럼에도 불구하고

(또는 그 때문이었는지는 몰라도) 인종 문제가 실제적인 의미에서 전국정치의 과제로 다시 부상한 것은 1960년대 중엽 '시민권법' 제정에 이르러서였다.

이상에서 개관한 20세기 미국의 복지국가=제국이라는 정치체제는 존슨 정권의 '위대한 사회'(1963~1969)를 하나의 도달점으로 하여 1970년대 중반까지 존속된다. 이 체제가 급격하게 쇠퇴하는 배경으로는 베트남 전쟁에서 기인한 재정난, 석유 위기 이후의 스태그플레이션, 나아가서는 시민권 운동이 초래한 뉴딜 민주당 지지층의 분열 등 다양한 원인을 지적할 수 있다. 어쨌든 1973년 무렵을 경계로 시장에서 개인이 지닌 선택의 자유를 중시하는 작은 정부가 부상하고 탈공업화로 인해 타격을 받은 백인 노동자 계급이 인종 통합에 크게 저항하는 등 경찰의 시민 감시와 수감 정책 영역을 제외하고는 대부분의 복지국가의 틀이 방치되었다.

이 책에서 제기하려는 질문은 20세기 미국의 사회적인 국민국가가 어떻게 형성되었는가, 그리고 그것은 동시에 진행되었던 미국의 제국화와 어떤 관계가 있었는가 하는 문제이며, 나아가 당시 인종 문제와 젠더 규범은 이 역사적 전개를 어떻게 규정했는가 하는 것이다. 여기서 서술의 시작점은 대략 20세기로 전환하던 시기로 삼고, 종점은 1970년대 중반으로 설정하겠다. 20세기 미국의 70여 년을 재고하는 것은 폐허 위에 생성되었던 현재 미국의 역사적인 성격을 규명하는 것, 그리고 거기에 걸쳐 있는 여러 문제의 의미를 더욱 깊게 파악하는 것과도 직결될 것이다.

제1장

혁신주의의 시대

먼로 독트린의 루스벨트 버전에 관한 풍자화(1904년)

1. 사회개혁의 이상과 현실

위대한 빛

20세기로의 전환기에서 제1차 세계대전에 이르는 시기의 미국은 흔히 혁신주의의 시대라고 불린다. 급격한 공업화가 초래한 자본 집중 및 도시 환경 악화, 이민 유입, 빈부 격차 등의 문제가 젊은 미국 중산 계급에 광범위하게 위기의식을 조성했고, 자신을 개혁자 또는 혁신주의자라고 인식하는 사람들이 속출했다.

그들의 대다수는 고도의 자본주의 사회가 도래하면서 전통적으로 미국인이 의거해 왔던 자유, 평등, 민주주의 등의 이상이 훼손되고 있다고 우려했으며, 권력이 일부 대기업과 부유층에 집중되어 주권자임에 틀림없는 민중이 정치적 결정으로부터 소외되고 있다는 것에 고통스러워했다. 그리고 이 상황을 극복하기 위해서는 기존의 자유방임과 개인주의의 원칙을 초월해 능동적인 사회 개선과 제도적 조정이 필요하다고 확신했다.

혁신주의를 대표하는 저널리스트였던 윌리엄 화이트(William White)는 훗날 당시를 이렇게 술회했다. "새로운 세기의 최초의 10년이 시작되었을 무렵, 천천히 위대한 빛이 보였다. 무수한 미국의 정치 및 공공의 리더들이 나와 마찬가지로 빛을 발견했다. …… 여러 주의 각지에서 양대 정당의 젊은이들이 옛 유물을 공격함으로써 지도권을 장악하고자 했다."

이러한 신세대의 정열은 당시 미국 정치의 주류에게도 개혁을 올바른 것으로 여기는 분위기를 조성했다. 머리말에서 언급했던 젊은 대통령 시어도어 루스벨트가 스스로를 혁신주의자라고 명명하면서 반독점 및 사회 정책 프로그램을 추진했던 것은 그 때문이었다. 루스벨트 정부는 1902년 '셔먼 반독점법(Sherman Antitrust Act)'을 이용해 J. P. 모건(J. P. Morgan) 계통의 철도 지주회사가 창설되는 것을 저지했으며, 그로부터 4년 후에는 록펠러(Rockefeller) 재벌의 스탠더드 오일(Standard Oil)을 고발해 이 회사를 해체하고자 했다. 또한 루스벨트 정부는 이듬해인 1903년 상무노동부(Department of Commerce and Labor)를 신설하고 상무노동부 내에 기업과 관련된 정보 공개를 목적으로 하는 회사국(Bureau of Corporations)을 설치했다. 나아가 1905년에 발족한 제2기 루스벨트 정권에서는 '순수식품의약법(Pure Food and Drug Act)', '연방육류검사법(Federal Meat Inspection Act)'을 제정했다. 이러한 시책은 기업의 근대화와 거대 조직화 자체를 금지하는 것은 아니었지만, 시장의 과점 상태가 공익을 해친다고 간주될 경우에는 공권력을 개입해 시민사회와 사기업의 건전한 균형 관계를 회복시키려는 것이었다.

혁신주의의 군상

이처럼 혁신주의가 대두하자 미국의 정치경제를 변화시키는 커다란 물결이 만들어졌다. 하지만 한편으로는 구체적인 개혁의 목표와 담당자가 다양했으므로 전체상을 파악하는 것이 용이하지 않다. 어떤 이는 도시의 이민과 관련된 금권정치를 어렵게 하는 선거 제도의 개혁을 주장했으며, 어떤 이는 과학과 의료의 관점에서 열악해지고 있던 공중위생의 개선에 나섰다. 또한 물질주의로 인해 정신이 퇴폐하는 것을 개탄하면서 절주와 금주의 제도화를 지향하는 종교인도 혁신주의의 대열에 동참했다. 즉, 혁신주의는 단순히 독점 기업 규제, 노동관계 조정 같은 시장경제의 개선만 지향했던 것이 아니라, 사회정의를 둘러싼 문화 및 도덕 운동 차원의 성격도 지니고 있었다.

그중에서도 사회 복음(social gospel)이라고 불리는 기독교 여러 종파에 의한 활동이 개혁 사조의 배경에 있었다는 것은 무시할 수 없다. 예를 들면 공업도시 시카고의 교외에 본부를 두었던 여성기독교금주연맹(WCTU)은 세속의 정치 개혁에도 강하게 간여해 여성 참정권 운동의 전국적인 거점이 되었다. 마찬가지로 시카고의 이민 거리에 미국 최초의 인보관인 헐 하우스(Hull House)를 설립한 제인 애덤스(Jane Adams)와 침례교 목사로서 뉴욕의 빈곤 지구 개선에 헌신했던 월터 라우션부시(Walter Rauschenbusch) 등은 사회 양극화의 불평등을 우려해 이웃에 대한 사랑을 기초로 한 연대와 공동체를 대도시에 구축하고자 했다. 이처럼 혁신주의는 옛 도덕규범에 의해 뒷받침되는 개혁을 실천한다는 측면을 지니고 있었다. 하지만 동시에 최근의 글로벌한 사상사 연구에 의해 밝혀진 바와 같이, 미국의 혁신주의는 동시대 영국의 페비언 협회나 독일의 사회민주당이 선도했던 국제적인 사회정치의 한 축을 형성하기도 했다. 예를 들면 혁신주의를 대표하는 오피니언 잡지 ≪뉴리퍼블릭(New Republic)≫(1914년 창간)에 최초 1년 동안 게재되었던 논문의 1/4은 해럴드 래스키(Harold Laski) 등 영국의 좌파 논객이 집필한 것이었다.

대서양을 넘나드는 사상과 인재의 교류는 매우 활발했다. 그 때문에 실제 혁신주의자 중에는 일견 모순된 양면성을 지닌 자가 적지 않았다. 하이델베르크 대학에서 수학하고 미국 사회과학의 기초를 쌓았던 리처드 엘리(Richard Ely), 할레 대학[1]에서 유학한 후 혁신주의에 풍요로움과 소비의 경제론을 도입했던 사이먼 패튼(Simon Patten) 등은 동일한 시기에 경건한 복음주의자로서 기독교 사회연맹 등의 사회사업에 진력하기도 했다. 또한 사회 복음의 핵심 가운데 하나였던 인보관 활동도 제인 애덤스가 런던의 토인비 홀에서 연수를 받고 과학적인 노하우를 수입했던 데서 시작된 것이었다. 이러한 사실이 보여주는 바와 같이, 개개의 혁신주의자는 세계와 지역에 동시에 살면서 신구의 2개의 미국 사이를 왕복하는 것과도 같았다. 요컨대 이 개선 사조에는 19세기적인 미국 민주주의와 20세기의 글로벌한 현대성을 잇는 독특한 과도적 성격이 있었다.

사회적인 개혁과 새로운 빈곤관

하지만 이와 같은 광범위한 여러 사상과 운동에서도 폭넓게 공유되었던 관심과 정치 수법이 있었다. 그중에서도 주목할 만한 것은 다양한 개혁자가 빈곤과 노동에 얽혀 있는 사회적인 문제 영역을 새롭게 찾아냈다는 점이다. 그것은 기존의 시민사회가 의거했던 시민-국가 간의 사회계약과도 다르고 지역적이면서

---

1   할레-비텐베르크 대학을 일컫는다._옮긴이

대면적인 공동체 생활과도 다른 전국적인 정치·경제였으며, 공업화가 만들어낸 익명의 연대의 공간이기도 했다. 혁신주의에서 사회를 발견한 것은 19세기에 번성했던 미국의 자유에 대해 의식적으로 수정을 압박하는 주장을 다양한 분야에서 만들어냈다. 앞에서 언급한 리처드 엘리는 개인주의의 한계를 거듭 설파하면서 "사회 연대가 의미하는 바는 …… 우리의 진정한 번영이 순수하게 개인적인 것이 아니라 사회적인 것이기도 하다는 점이다. 우리의 행복과 번영은 항상 공통의 복지 외에는 달리 존재할 수 없는 것이다"라고 설명했다. 또한 인보관 활동가 제인 애덤스는 도시의 생활 빈민과 이민을 지원하는 운동의 목적을 "민주주의에 사회적인 기능을 부가하는 것"으로 삼았다. 즉, "(이민을 포함한) 여러 계급 간의 의존은 상호적"이기 때문에 "사회 조직 전체를 민주화하고 민주주의를 정치적 표현을 초월해서 확대하는 것"이 바람직하다고 보았다. 그와 같은 새로운 민주주의의 기초는 높은 생활수준을 보급하는 것이었고, 그러한 의미에서 노동자의 여러 가지 권리를 보호하는 것은 중요한 과제로 간주되었다.

이러한 논의가 큰 의의를 지니는 이유는 이러한 논의로 인해 급격한 공업화 가운데 현저해진 도시 문제, 그중에서도 빈곤 문제를 해결하기 위해 새로운 수법을 적용할 수 있게 되었기 때문이다. 19세기의 빈곤 퇴치가 빈곤의 원인을 궁극적으로 개인의 게으름으로 귀결시켰던 것에 반해, 여러 계급을 잇는 사회 연대를 구상했던 제인 애덤스 등은 이러한 사회악을 더욱 큰 정치·경제 구조 속에서 생겨나는 결핍의 문제라고 생각했다. 애덤스를 동경하면서 헐 하우스의 입주자가 되었던 로버트 헌터(Robert Hunter)는 빈곤을 "신체적 효율을 유지하는데 필요한" 의식주를 결여한 생활수준이라고 정의하고, 당시 약 1000만 명이 이 기준 이하의 삶을 영위하고 있다고 주장했다. 헌터는 특히 거주 환경을 개선하는 데 정열을 쏟았는데, 그의 운동은 1902년 집합 주택의 공중위생을 포괄적으로 규제하는 시카고시 조례로 결실을 맺었다. 또한 리처드 엘리가 재직했을 때 존스 홉킨스 대학에서 수학한 경제학자 제이콥 홀랜더(Jacob Hollander)는 1914년의 저서 『빈곤 퇴치(The Abolition of Poverty)』에서 극빈층의 "만성적인 공적부조에 대한 의존"을 일종의 "사회적 신체의 병리"로 보면서 이것을 억지하는 안전망의 필요성을 설파했다. 빈곤은 행정 시책을 통해 해결해야 하는 사회 문제라는 것이 많은 혁신주의자의 견해였다.

소비와 생활수준

여기에서 중요한 것은 혁신주의 시기의 미국에서 유행어처럼 사용되던 생활수준이라는 용어이다. 생활수준은 대중이 소비할 수 있는 재화와 서비스를 양적으로 파악하고자 하는, 물질적인 풍요로움의 지표이다. 이러한 개념이 생겨난 배경에는 부의 생산에 주목하는 이제까지의 경제관에서 부의 분배와 소비로 관심이 옮겨간 지적 전환이 자리하고 있다. 소비경제론의 선구자였던 패튼은 20세기 초의 호경기 속에서 축적된 사회적 잉여를 적절하게 분배함으로써 빈곤을 없애고 생활수준을 향상시킬 수 있다고 설명했다. 또한 가톨릭 신부이자 사회개혁자였던 존 라이언(John Ryan)은 생활 임금(living wage)이라는 용어로 적정한 생활수준을 향유하는 것은 노동자의 권리 중 하나이며 노사 간의 계약의 자유에 우선하는 정의라고 주장했다.

이러한 새로운 정치·경제 사조 속에서 빛을 뿜어낸 사람이 대표적인 혁신주의자 가운데 한 명인 월터 웨일(Walter Weyl)이었다. 웨일은 사이먼 패튼의 제자에 해당하는 젊은 경제학자로, 역시 독일에서 유학한 경험이 있었다. 1912년에 출간된 그의 주요 저서 『새로운 민주주의(The New Democracy)』에는 몇 가지 현대적인 논의가 출현했다. 우선 이 책은 19세기 미국의 발전을 뒷받침해 왔던 개인주의적 민주주의가 자신의 재산권에 대한 고집 때문에 기능 마비에 빠지고 있는 현실을 호소한다. 단적으로 말하면, 가장 큰 문제는 일부 대기업과 부유층에 특권이 집중된 것이었으며 이로 인해 빈곤이 심각해진 것이었다. 주목해야 할 것은 웨일이 이러한 금권정치에 대항하기 위해 소비자라는, 즉 계급, 출신국가, 성별을 초월해 이해를 함께하는 대중의 연대를 제창했다는 점이다. "완벽한 민주주의의 희망이 의거했던 것은 …… 미국의 부가 갈수록 증대한다는 것이다." 사회개혁의 본질은 계급투쟁이 아니라 소비자의 이익을 최대화하도록 민주적으로 재분배하는 데 있었다. 웨일은 그러한 개혁의 목표를 사회화된 민주주의라고 불렀다. 또한 웨일은 민주적인 분배를 위해서는 독점기업과 노동관계에 공권력이 적극 개입해 산업의 사회화를 추진해야 한다고 보았다. 그리고 이러한 접근법을 실질화하는 것으로서 사회보험과 공적연금의 제도화에 대해서도 언급했다. 여기에서 밝히고 있는 바와 같이, 웨일의 사회화된 민주주의는 국가권력을 사회경제 영역으로 확대하는 이론과 친화적이다. 그는 전국정치의 맥락에서는 시어도어 루스벨트의 국가주의를 강하게 지지했으며, 자신과 유사한 사상을 지니고 있던 월터 리프먼(Walter Lippmann),[2] 허버트 크롤리(Herbert Croly)[3] 등과 함께 ≪뉴리퍼블릭≫을 창간했다.

사회정의의 추구와 한계

이처럼 혁신주의에는 19세기의 개인주의를 극복하고 새로운 사회적 유대를 형성함으로써 민주주의를 재건해야 한다는 주장이 널리 퍼져 있었다. 또한 그러한 관점에서 노동자의 권리 보호와 경제적인 안전망에 대한 관심이 높아지고 있었다. 전국적인 운동도 차례로 형성되었는데, 1899년 '최저임금법'의 제정을 하나의 목표로 내세운 전국소비자연맹(National Consumers League: NCL)이 결성되었고, 1904년에는 전미아동노동위원회가, 이듬해인 1905년에는 산재보험의 제도화를 지향하는 미국노동법협회가 로비 활동을 시작했다. 하지만 20세기 초의 단계에서는 연방 수준에서 이룬 개혁의 성과가 이른바 상징적인 것으로서 실행된 반독점, 초보적인 이민 정책, 그리고 각종 규제 기관의 재편 등에 한정되었다. 오히려 사회적인 것을 둘러싼 당시의 주요 전쟁터는 도시 수준과 주 수준의 개혁정치였다. 우선 혁신주의 시기의 미국 도시는 급격한 팽창 경향

---

2   주요 저서로 *The Stakes of Diplomacy*(1915), *Public Opinion*(1922) 등이 있다._옮긴이
3   주요 저서로 *The Promise of American Life*(1909), *Progressive Democracy*(1914) 등이 있다._옮긴이

과 복잡해지는 도시 문제 때문에 시정의 합리화와 전문화가 강하게 요구되었다. 1900년대 이래 많은 혁신 도시는 정치에 임용된 전문 행정관이 주도하는 커미션 제도와 매니저 제도를 채택했다. 그것은 정치 보스에 의한 낡은 지배를 거부하고 과학적인 거버넌스와 건전한 주민자치를 추구한 것이었다. 실제로 대학을 졸업하고 사회의식으로 가득한 청년이 다수 참가했던 정착운동도 도시정치의 정화라는 조류의 일환으로 나타난 측면이 있었다. 전문가와 테크노크라트(technocrat, 기술관료)가 지방자치에 관여한 것은 주 수준의 혁신 행정에도 파급되었다. 공화당 혁신파인 로버트 라폴레트(Robert La Follette)는 처음에는 주지사로서, 이어서 상원의원으로서 위스콘신주에서 정치개혁을 단행했는데, 이 개혁의 목적은 위스콘신 대학의 연구자를 각종 행정위원회에 대량으로 임용해 과학적이고 민주적인 행정을 확립하는 것이었다. 위스콘신주에서는 전신·전화를 비롯한 공익사업과 철도를 규제하는 주법이 연이어 제정되는 등 전미의 혁신정치의 모델이 되었다. 그리고 이처럼 주 수준의 개혁정치를 실시하는 가운데 1911년에는 미국 최초로 공적인 노동재해 보상제도가 도입되었다.

그러나 종합적으로 설명하자면, 반독점이 널리 받아들여졌던 것과는 대조적으로, 노동과 사회복지에 관한 지방정치의 성과는 좀처럼 제도로 정착되지 못했다. 최대의 저해 요인은 사법의 보수성이었다. 예를 들면, 아동 노동을 금지하는 주법은 1900년대에는 북부를 중심으로 크게 확산되었지만, 연방법원으로부터 자주 위헌 판결을 받았다. 또한 운 좋게 존속된 법령도 주별로 규정이 달랐기 때문에 실질적으로 기능하지 못했다. 노동 시간 규제와 '최저임금법'에 대해서도 규정이 엄격했다. 연방대법원은 1905년에 1일 10시간, 주 60시간을 상한으로 정한 뉴욕주의 '노동시간규제법'에 대해 위헌 판결[일명 '로크너(Lochner) 대 뉴욕주 판결']을 내렸다. 그 논거는 이 법이 수정헌법 제14조가 정하고 있는 "개인이 계약을 체결할 권리 및 자유에 대한 불합리하고 또한 불필요하며 자의적인 침범"에 해당한다는 것이었다. 이처럼 계약의 자유를 방패로 삼아 노동 조건 규제를 저지하는 법 관행은 1937년 대법원 판결에서 워싱턴주의 '최저임금법'에 대해 합헌 판결이 나올 때까지 장기간 존속되었다.

모성 복지의 조류

노동 역사가들은 이 암흑기를 로크너 시대라고 부르는데, 여기에는 한 가지 예외가 있었다. 그것은 여성운동의 영역이었다. 1912년 매사추세츠주의 주법으로 미국 최초로 '최저임금법'이 제정되었다. 이 '최저임금법'의 내용은 여성과 아동의 노동에 관해서만 주의 위원이 개선 권고를 낸다는 것이었다. 이 배경에는 플로런스 켈리(Florence Kelley)가 이끄는 전국소비자연맹(NCL)이 '최저임금법'의 제정을 요구하는 운동에서 각종 여성단체와 연대하는 노선을 취했던 것이 자리하고 있었다. 여성 참정권 활동가이기도 했던 켈리는 과거에 제인 애덤스의 헐 하우스에서 일했으며, 1910년대에는 뉴욕시의 헨리 스트리트 세틀먼트를 거점으로 활동했다. 이 법은 혁신주의가 찾아낸 사회적인 페미니즘과 노동 개선 사상이 결절된 지점에 나타난 거대한 성과였다. 하지만 이 법은 동시에 존 라이언 신부가 주장했던 인간의 존엄을 위한 생활 임금론 등과는 다른 정치 문화에 의해 지지를 받기도 했다. 그것은 로크너 판결이 내려진 지 겨우 3년 후인 1908년에 나온 대법원 판결에서 명백해졌다. 이 '뮬러(Muller)[4] 대 오리건주 재판'은 여성의 노동 시간을 최장 10시간으로 규제한 오리건주의 주법을 합헌으로 인정한 것이었는데, 그 논거를 모성의 보호에서 찾았다. 즉, "모친의 건강은 건강한 아이에게 있어 결여될 수 없는 것이기 때문에, 여성의 신체적 안녕은 공익의 대상이며 우리 인종의 강인함과 활력을 유지하기 위한 관심사에 해당한다"라고 밝혔다.

과거에 정치학자 시다 스코치폴(Theda Skocpol)[5]은 20세기 초의 미국에서는 전국적인 사회 정책이 근본적으로 결여되었던 사실에 주목하면서, 이것을 보완

---

4   커트 뮬러(Curt Muller)를 일컫는다._옮긴이
5   현재 미국 하버드 대학 교수로 재직 중이다._옮긴이

하는 형태로 독특한 모성주의가 발달했음을 밝혔다. 즉, 당시 연방정부가 관장했던 공적 연금은 남북전쟁의 북부군 퇴역 군인에 대한 은퇴연금뿐이었으며, 노동자 일반에 대한 안전망은 매우 취약했다. 한편 부양아동에 대한 주 수준의 연금은 1910년대 일리노이주 등의 사례를 계기로 대공황 시기까지 전미로 보급되었다. 스코치폴은 원초적인 모성 복지국가가 생성된 요인을 미국에서 역사적인 계급정치가 부재했던 것, 또는 조직 노동과 국가 간 격차가 컸던 것에서 찾았다.

　노동과 복지의 모성주의는 출산과 육아를 여성의 첫째 임무로 삼는 사회규범에서 출발한 것으로, 가능한 한 여성을 직장과 노동 시장으로부터 멀리하고자 하는 역학을 배경으로 했다. 또한 그러한 성역할을 통해 공공성으로의 회로를 확보하려는 사고방식은 미국의 건국 시기로까지 소급되는 가장 오래된 종류의 성이데올로기에서 유래한다. 새로운 사회적인 페미니즘을 구상했던 플로런스 켈리와 제인 애덤스 입장에서는 이러한 옛 가치관과 타협하며 상생하는 것 외에는 여성 노동자나 미혼모를 지킬 수 있는 방법이 없다는 사실이 무겁게 여겨졌다. 혁신주의가 사회복지와 노동자 보호에서 달성해 온 사회정의에는 깊은 한계가 내재되어 있었던 것이다.

2. 인종적·민족적 국민사회

인종적·민족적 사회문제

　혁신주의가 발견했던 사회적인 것은 사람들을 분열시키는 차이의 정치를 촉발했다는 점에서 더욱 심각했는지도 모른다. 사회 상태에 대한 개혁자들의 비판적인 시선은 역설적으로 이질적인 생활 문화에서 삶을 영위하는 다른 사람들의 존재를 부각시켰다. 그리고 이러한 사람들이 관계되어 있는 빈곤, 범죄, 정치적 부패 등의 사회문제는 공적인 정책에 의해 개선되어야 할 무언가로 간주되었다. 빈곤을 개인의 도덕적 타락에 의한 것이 아니라 주거 환경과 생활수준을 포함한 환경의 문제로 규정했던 헌터와 홀랜더의 논의는 확실히 획기적이었다. 하지만 그러한 물질주의적인 빈곤 접근법은 일반적인 경제적 결핍에 대한 대책을 요청하는 한편으로, 그러한 대책만으로는 해소될 수 없는 만성적 의존자의 존재를 가시화하는 것이기도 했다. 게다가 당시의 개혁자 중 다수는 그러한 빈민을 인종적·민족적 출신과 결부시켜 이해하기 일쑤였다.

실제로 헌터는 1904년의 저작에서 다음과 같이 적고 있다. "빈민은 대부분의 경우 외국에서 출생했다. …… 언어와 제도, 관습, 종교가 현지인과 외국인을 나뉘게 하고 있다." 그리고 특히 남유럽계와 동유럽계의 새로운 이민자들이 "미국의 생활에 신속하게 적응하지 못하고 있으며 …… 저열한 품성과 쾌적하지 못한 생활수준을 유지하고 있다"라고 했다. 이처럼 이민 문제는 동시대의 도시 빈곤의 담론과 결부되면서 그 자체로 새롭게 정치화되었다. 이민의 입국을 양적·질적으로 규제할 것인지, 아니면 입국 이후의 문화 변화에 기대할 것인지는 별도로 하고, 공적인 이민 정책이 필요하다는 데 대해서는 혁신주의 시기의 미국에 폭넓은 컨센서스가 구축되었다.

제2기 시어도어 루스벨트 공화당 정권(1905~1909)은 이 문제에 매우 일찍 대응했던 정부였다. 1906년 공화당이 다수를 차지한 의회는 새로운 '귀화법'을 제정했고, 미국 체류 기간(5년간) 및 귀화 가능한 인종에 관한 기존의 규정에 더해, 일정한 영어 회화 능력, 신청서에 자필 서명 등 문화적 동화를 달성하는 것을 귀화의 요건으로 삼았다. 이 법의 입법 과정에는 루스벨트가 미친 영향도 적지 않았다. 그는 특정 민족을 지명해 이민을 규제하는 것에 부정적이었으며, 적어도 유럽 이민에 대해서는 그 적응력을 광범위하게 신뢰했다.

미국화와 이민 제한

이 무렵, 용광로(melting pot)라는 은유가 잘 보여주듯이, 남유럽과 동유럽 이민들의 동화를 촉진하는 미국화 캠페인이 전미의 산업 도시에 확산되었다. 그 중에서도 40개가 넘는 국가로부터 온 이민 노동자를 고용했던 포드자동차회사

(포드사) 등의 제조업체는 미국화에 관심을 보였다. 외국인 노동력에 크게 의존했던 당시의 미국 산업계는 전체적으로 이민을 규제하는 데에는 반대했지만, 사고 방지나 생산 효율 관점에서는 동화를 통한 규율이 필요하다고 보았다. 포드사는 1913년 자사의 공장부지 내에 야간 영어학교를 설립하고 YMCA로부터 강사를 초빙해 이민 노동자에 대한 영어 교육을 추진했다. 또한 포드사는 이듬해인 1914년 사회학 부문을 창설하고 직원의 가정생활을 모니터했다. 감시 항목은 주거의 위생 상태부터 취학 연령 아동의 출석 상황까지 여러 방면에 걸쳐 있었는데, 감시의 대가로 일급 5달러라는 파격적인 높은 임금이 약속되었다. 20세기의 미국화는 결국 적정한 생활수준에 의해 뒷받침되어야 했다.

이처럼 이민의 미국화라는 문화 변화 프로세스에 주목하는 한편으로, 루스벨트 대통령 등 혁신주의의 주류는 미국 사회가 지닌 이민 수용 능력의 한계를 우려하기도 했다. 이것은 이민을 양적으로 통제하는 것이 원래 미국화의 관건인 높은 생활수준의 조건 가운데 하나라는 견해이다. '귀화법'을 개정한 이듬해인 1907년에 제정한 '1907년 이민법'은 "백치, 정신박약자 …… 극빈자"를 "공적 부담에 해당하는 사람들"로 정하고 그들의 입국을 금지하도록 했다. 또한 이 법은 "입국 이전부터의 원인으로 공적 부담에 해당하는 …… 모든 외국인"에 대해 정부가 국외로 퇴거할 권한이 있음을 인정했다. 생계를 유지할 수 없게 된 이민은 누구라도 부적격자로서 약속의 땅에서 추방될 가능성이 있었던 것이다.

식자 테스트

아울러 '1907년 이민법'은 의회에 윌리엄 딜링엄(William Dillingham) 상원의원을 수장으로 하는 특별위원회[6]를 설치하고 새로운 이민의 기원과 이민이 미국 사회에 미치는 영향에 대한 조사를 맡겼다. 이 위원회는 1911년에 총 41권

---

6   United States Immigration Commission을 지칭하며, 일명 Dillingham Commission이라고
      불렀다. _옮긴이

으로 구성된 조사 보고서를 간행했다. 이 보고서는 새롭게 도래한 이민의 노동 환경과 인종적 자질에 이르기까지 상세한 자료를 게재했는데, 이는 그 이후 미국인의 국민관에 커다란 영향을 미쳤다. 이 장대한 보고서가 도달한 한 가지 결론은 미국 민주주의를 보호하기 위해서는 측정 가능한 지표에 따라 이민을 선별해야 한다는 것이었다. 더욱 구체적으로는 식자 능력에 따라 입국의 가부를 결정하는 것이 가장 현실성 높은 방법으로 간주되었다. 식자 능력, 즉 초등 교육의 유무라는 빈곤과 관계 깊은 사회적인 생장 이력이 미국인에게 도움이 되는 자와 그렇지 않은 자를 구분하는 분수령이 되어야 한다는 주장이었다.

또한 딜링엄 주도하의 특별위원회를 포함한 당시의 정치가와 전문가들 사이에서는 미국에 입국을 요구하는 이민에서 식자 능력이 없는 사람, 즉 비식자자가 차지하는 비율이 출신국에 의해 다르다는 것이 전제로 간주되었다. 연방 인구조사국(United States Census Bureau)의 통계학자 프랭크 영(Frank Young)에 따르면, 보스니아, 이탈리아, 루마니아, 리투아니아, 터키에서 온 이민은 1/3 이상이 비식자자였다.

인구학 및 우생학의 지식과 견해, 소박한 민족 편견이 한데 뭉쳐 형성된 이민 문제에 대한 이러한 인식은 의회의 입법에도 커다란 영향을 미쳤다. 1917년 2월에 제정된 새로운 '1917년 이민법'은 입국 시에 식자 테스트를 수행하고, 인두세를 부과하며, 아시아로부터의 이민은 금지하는 것으로 규정했다. 이민에 대해 배척하는 이러한 감정은 역설적으로 20세기의 미국인이 자신들의 정체성, 민주주의, 그리고 생활수준을 얼마나 인종적·민족적인 것으로 여겼는지를 보여준다. 개인의 자유와 기회의 균등을 기반으로 형성되었던 전통적인 미국주의는 이미 크게 변화했던 것이다.

새로운 인종 차별

사회적인 것의 발견이 국민사회에 새로운 경계를 획정했다는 의미에서는 20세기 초에 확대된 새로운 형태의 흑인 차별도 매우 유사하게 전개되었다. 이미 알려진 바와 같이, 미국 남부에서는 세기의 전환기에 흑인 시민으로부터 투표권을 박탈하는 작업이 급격하게 추진되었다. 구체적으로 말하자면, 각 주 헌법에 규정되어 있는 투표 요건에 식자 테스트와 투표세를 추가하는 한편, 선거 이전에 유권자 등록을 하도록 제도화함으로써 가난하고 교육받지 못한 흑인 대중이 실질적으로 투표 상자로부터 멀어지도록 만들었다. 1908년까지 남부 8개 주 전체에서 그러한 투표 제도가 확립되었는데, 중요한 것은 노골적인 인종 차별이 심한 남부 혁신주의자들로부터 지지를 받았다는 점이다. 남부에서 공교육 보급, 아동 노동 제한, 흑인 지위 개선 등의 사업을 추진한 중심인물이던 에드거 머피(Edgar Murphy)는 1904년 출간한 저서[7]에서 현 단계에서 "지성과 행정 능력, 그리고 공적 질서를 위해서는 백인지상주의가 필요하다"라고 주장하면서, 무지한 유색의 대중이 민주정치를 장악할 경우 민주정치는 곧바로 사라져버릴 것이기 때문이라고 설명했다. 혁신주의가 지닌 정치 정화의 문맥으로 말미암아 현 단계에서는 흑인으로부터 투표권을 박탈하는 것을 지지할 수밖에 없다는 것이었다.

짐 크로라고 불리는 비교적 새로운 차별에서도 마찬가지로 개혁과 인종주의가 뒤섞였다. 짐 크로는 학교, 병원, 극장, 철도 객실 등의 공공 공간에서 흑인을 격리시키고 백인 주류사회가 지니고 있는 사회 자원에 대한 흑인의 접근을 거부하는 관행이다. 20세기 초, 남부의 여러 주에서는 이러한 차별을 차례로 각종 주법과 지자체 조례를 통해 승인하는 상황이 생겨났다. 짐 크로는 남북전쟁과 그 이후의 재건 시기에 웅장하게 등장했던 평등화의 조류가 사회적인 영역에 파급될 당시 이에 저항하려는 지배적인 집단에 의해 일어난 방어적인 운동이었다. 하지만 이러한 미국판 인종 격리 제도에 대해 당시 자유주의자들 사이에서는 일종의 공감대가 형성되었다. 저명한 저널리스트 레이 스태너드 베이커(Ray

---

7   *Problems of the Present South: A Discussion of Certain of the Educational, Industrial and Political Issues in the Southern States*(Grosset & Dunlap, 1904)를 일컫는다. _옮긴이

Stannard Baker)[8]는 1908년 출간한 저서[9]에서 "남부의 '짐 크로 법'은 …… 무지한 두 인종의 충돌을 피하는 데 필요하다. '짐 크로 법'은 진보를 위해 결여될 수 없는 발판이며, 흑인도 실제로는 이 법률로부터 이익을 얻고 있다"라고 주장했다. 이것은 컬러 라인이라는 장벽을 통해 흑인을 백인의 생활공간으로부터 격리함으로써 흑인 대중은 안전을 확보할 수 있으며 "인종 집단으로서의 리더십을 함양할 수 있다"는 논리이자 차별의 정당화였다. 20세기의 개혁정치이자 청렴한 자치와 과학적인 사회 통치를 추구했던 혁신주의의 가운데에서 비록 일그러진 형태이기는 하지만 인종주의가 설 자리를 획득하자 인종주의 문제는 해결하기가 매우 어려워졌다.

신세대의 흑인 운동

물론 이러한 사회적인 차별을 모든 혁신주의자가 용인했던 것은 아니다. 20세기 초는 흑인의 시민권 옹호를 요구하는 자유주의 운동이 강력하게 태동한 시기이기도 했다. 그 대표적인 것이 1909년에 창설된 전미유색인지위향상협회(NAACP)[10]였다. 이 협회는 흑인 사회학자 윌리엄 두 보이스, 아이다 웰스(Ida Wells), 백인 여성 참정권 운동가 메리 오빙턴(Mary Ovington), 제인 애덤스, 플로렌스 켈리 등이 알고 지내던 인보관 활동가와 페미니스트 인맥을 중심으로 만든 것이었다.

이 배경에는 윌리엄 두 보이스, 윌리엄 트로터(William Trotter) 등 젊은 흑인 활동가들이 대두한 것이 자리 잡고 있었다. 그들은 1905년에 뉴욕주의 나이아가라강[11]에 모여 흑인 투표권 박탈과 '짐 크로 법'을 공개적으로 비판하는 성명

---

8 데이비드 그레이슨(David Grayson)이라는 필명을 사용하기도 했다._옮긴이
9 *Following the Color Line: An Account of Negro Citizenship in the American Democracy* (Doubleday, Page & Company, 1908)를 일컫는다._옮긴이
10 전체 영문 명칭은 National Association for the Advancement of Colored People이다._옮긴이
11 격리 정책으로 인해 그들이 모인 곳은 나이아가라강의 캐나다 쪽 영토였으므로 이러한 움직

을 냈다. 그것은 이전 세대의 흑인 운동을 대표하는 부커 워싱턴의 적응주의를 비판하는 것이기도 했다. 주로 남부에서 활동했던 부커 워싱턴의 운동은 흑인 대중의 경제적인 발전과 직업 훈련을 받는 기회에 초점을 맞춰왔다. 최대한 정치적 주장을 피하고 흑인 스스로 점진적으로 향상함으로써 국민사회에 통합되는 것을 지향하는 그 전략은 이해심 있는 백인 박애주의자와 루스벨트를 비롯한 공화당 혁신파로부터의 지원을 기대하는 것이기도 했다. 이에 반해 두 보이스 등은 고등교육을 받은 흑인 지도자의 중요성과 비타협적인 정치 투쟁을 주장했는데, 양측의 마찰은 장기간 흑인의 지위향상 운동에 그림자를 드리웠다.

다만 청년 시기에 부커 워싱턴이 주도하는 그룹에서 육성되고 뒤에 NAACP에 참가했던 제임스 웰던 존슨(James Weldon Johnson)처럼 조직과 인맥을 초월해서 활동하는 흑인 지도자도 많이 출현했다. 존슨은 1906년 시어도어 루스벨트 대통령의 발탁으로 주베네수엘라 영사로 부임했고, 태프트 정권 시기에도 주니카라과 영사를 역임했다. 그 이후 제1차 세계대전 시기에 NAACP에 참가했고, 1920년에는 최초의 흑인 대표 간사로 취임하는 경력을 밟았다. 이 시기에 확실히 미국 흑인의 권리운동은 활성화되었으며 전체적으로 정치력이 제고되었다.

사회적인 평등과 흑인

원래 NAACP는 흑인 엘리트와 혁신주의 좌파가 연합해 반차별 운동을 몸소 실현했으나, 이 운동은 그 자체로 두 인종 간의 평등을 용이하게 달성하지는 못했다. 백인 자유주의자들이 흑인이 겪는 어려움을 동정하는 것은 흑인 문제라는 특수한 사회문제를 만들어낸 한 가지 원인이기도 했다. 대도시에서 일어나는 흑인의 빈곤에 대해 처음으로 포괄적인 조사를 실시했던 것도 인보관의 도시 개혁자들이었다. 장기간 헐 하우스의 재무 책임자를 맡았던 루이스 보언

임은 '나이아가라 운동'이라고 불렀다._옮긴이

(Louise Bowen)은 1913년 소년 범죄에 관심을 가지고 시카고 흑인 지구의 가족 생활과 주거 환경에 대한 조사[12]를 실시했다. 그 결과 흑인에게는 "적절한 고수입의 고용이 이루어지지 않고 있다"는 점, 높은 비율의 싱글맘 세대가 존재한다는 점 등을 보고했다. 또한 같은 해, 헐 하우스의 전 레지던트이자 사회학자인 소포니즈바 브레킨리지(Sophonisba Breckinridge)는 「주택 문제에서의 흑인차별(The Color Line in the Housing Problem)」이라는 논문을 발표했다. 브레킨리지는 이 논문에서 "가난하고 흑인인 사람이라면 바람에 무너져 내린 비위생적인 주택과 하숙인이라는 사회악에 직면하지 않을 수 없게 될 것이다. …… 흑인은 비정상적으로 높은 집세와 격리된 악덕이라는 가까이에 있는 위험으로부터 벗어나지 못하고 있다"라고 개괄하면서, 이민 지역에서 겪는 고난과는 명백히 다른 흑인이 겪는 빈곤의 비참함을 강조했다.

이러한 두 인종 사이에 그어진 사회적 경계선의 문제는 흑인 지도자 사이에서도 매우 미묘한 문제로 취급되었다. 그것은 당시 사람들에게 크게 회자되었던 사회적 평등이라는 용어의 사용법에도 잘 드러났다. 원래 사회적 평등이란 형식적인 기회 균등을 초월해 경쟁의 결과로서의 실질적인 평등을 의미하는 것으로, 혁신주의 좌파의 재분배론자와 사회보장 추진자가 선호했던 용어이다. 하지만 동시에 이것은 보수적인 인종주의자가 흑인 급진주의자를 비판하고 정치적으로 폄훼할 때 남용한 용어이기도 했다. 단적으로 말해, 그러한 맥락에서 사회적 평등이 이용될 때에는 이 용어가 서로 다른 인종 간의 교류, 그중에서도 특히 서로 다른 인종 간의 결혼을 함의했다.

1905년 하워드 대학의 흑인 교수 켈리 밀러(Kelly Miller)는 ≪내셔널 매거진(National Magazine)≫에 「사회적 평등(Social Equality)」이라는 논문을 기고했다. 여기서 밀러는 흑인이 사회적 평등을 요구하면 백인사회는 언제나 히스테릭한 반응을 보인다고 비난했다. 하지만 "(미국 사회의 주류를 차지하고 있는) 백

---

12 이 조사는 *The Colored People of Chicago*(1913)로 정리되어 출간되었다._옮긴이

인과의 관계에서 평등에 관한 사회적 권리가 부정되면 …… 사회생활에서 그 어떤 평등도 바랄 수 없게 된다"고 주장했다. 또한 두 보이스도 보수세력이 이 용어를 의도적으로 오용하는 데 대한 분노를 숨기지 않으면서 "사회적 평등이 란 …… (원래) 동포와 교제하는 것의 도덕적·정신적·신체적 건전함을 의미"하 며 "법과 관습으로 이 평등을 부정하고자 하는 그 어떤 시도도 사람의 도리와 신 앙, 그리고 민주주의에 반하는 것이라고 믿는다"라고 언명했다. 하지만 그럼에 도 불구하고 두 보이스는 "사회적인 편의성"의 관점에서 흑인 대중에게 현실적 인 자제를 요구하면서, "개인의 도덕적·법적 권리를 유지하면서도 미국에서의 서로 다른 인종 간의 결혼에 단호히 반대할 것은 조언한다"라고 NAACP의 기 관지[13]에 글을 게재했다.

혹인 지도자들의 이러한 갈등은 20세기 미국이 계속해서 고민하던 모순이었 다. 그리고 이러한 사회정의의 꿈과 새로운 분열의 갈등은 결코 미국 내에 국한 된 것이 아니었다. 이와 동일한 시기에 미국은 카리브해에서 태평양까지 펼쳐 져 있는 도서 식민지 제국을 구축하고 현지의 사람들을 지배했다. 혁신주의가 지닌 개혁의 사조는 미국이 식민지를 통치하는 존재 양식에 커다란 영향을 미 쳤고, 또한 식민지 지배의 경험은 본국의 인종주의와 국가 형성을 크게 좌우하 는 힘을 키웠다.

3. 혁신주의와 미국 제국

제국으로 향하는 길

혁신주의자들은 사회의 개선과 재편에 일종의 낙관과 적극성을 항상 보였는 데, 이러한 경향은 미국의 국경을 초월한 세계에 대해서도 변함이 없었다. 앨런

---

13 *The Crisis*를 지칭하며, 두 보이스가 1910년부터 1934년까지 편집장을 맡았다._옮긴이

돌리(Alan Dawley)[14]가 예리하게 지적했던 바와 같이, 20세기 초의 개혁자에게 국내에 사회정의를 세우는 것과 세계 전체를 인류에게 더욱 좋은 것으로 만드는 것은 서로 뗄 수 없는 두 가지의 사명이었다. 그러한 의미에서 새로운 세기의 미국의 대외 정책은 전통적인 고립주의와는 근본적으로 다른 경지에 이르렀다. 윌리엄 화이트(William White)가 보았던 위대한 빛은 카리브해의 섬 그림자와 태평양의 수평선으로부터도 넘쳐났던 것이다.

물론 세계를 변혁한다고 하더라도 그 접근법은 혁신주의자들 사이에서 다양했다. 시어도어 루스벨트를 중심으로 하는 국가주의 경향이 강한 개혁자들은 열강과의 세력균형과 지배 지역의 문명화·경제개발을 지향하는, 제국주의적 현실주의를 추구했다. 이에 반해 제인 애덤스를 비롯한 사회 자유주의자들은 더욱 세계주의자적이며 인도주의적인 국제평화주의를 제창했다. 그녀들이 구축한 환대서양의 자유주의적 여성 네트워크는 나중에 1920년대의 전쟁 위법화 운동으로 연결되는 저류를 만들어냈다. 또한 제1차 세계대전 시기에 대통령을 역임한 우드로 윌슨(Woodrow Wilson)의 그룹은 자유민주주의 이념에 기초한 다국 간 협조의 국제질서를 구상했다. 이것은 나중에 국제연맹이라는 구체적인 형태를 취했으며 오늘날까지 이르는 미국의 세계정책에 커다란 영향을 미쳤다.

어쨌든 20세기 최초의 10여 년 동안 정권을 담당했던 공화당 루스벨트 정권의 팽창주의적 수법은 미국이 당면해 있던 세계와의 관계 방식을 정했다. 그런데 1901년에 시작된 루스벨트 정권이 열정을 기울였던 국제분쟁 지역은 중앙아메리카의 카리브해와 서태평양 및 동아시아 지역이었다. 그것은 루스벨트 자신이 당사자였던 1899년 미국-스페인 전쟁의 전후 처리라는 측면을 갖고 있었다. 미국은 "찬란한 작은 전쟁"[15]이라고도 불렸던 미국-스페인 전쟁에서 쿠바,

---

14 뉴저지 대학 교수였으며, 주요 저서로 *Struggles for Justice: Social Responsibility and the Liberal State*(Harvard University Press, 1991), *Changing the World: American Progressives in War and Revolution, 1914-1924*(Princeton University Press, 2003) 등이 있다. _옮긴이

푸에르토리코, 필리핀, 괌을 점령했으며, 또한 이와는 별도로 같은 해에 하와이를 병합했다. 하지만 그것은 끝이 없는 '지배의 모순'의 시작이었다. 원래 미국-스페인 전쟁은 쿠바가 스페인으로부터 독립하려는 운동을 미국이 선의의 제3자로서 지원하는 구도로 시작되었다. 하지만 전후에 미국은 질서 유지의 관점에서 혁명파에 의한 쿠바의 완전 독립에 동의하지 않았으며, 설탕제조업자들의 반대로 쿠바를 미국에 병합시키는 것에도 나서지 않았다. 미국 의회는 1901년, 이른바 플랫 수정안(Platt Amendment)에 따라 쿠바의 독립을 인정하면서도 미국의 내정간섭을 제도화했다. 이 수정안은 최혜국 대우를 약속하는 한편 쿠바가 타국과 조약을 체결하는 것을 금지하고 관타나모만에 미국 해군기지 시설을 설치하도록 요구하는 것이었다.

이러한 쿠바 독립의 경위로부터 명백하게 알 수 있는 것은 미국이 카리브해 섬들의 경제 파탄과 정세 불안에 극도로 신경질적이었다는 것이다. 역사학자 데이비드 힐리(David Healy)[16]가 밝혔던 바와 같이, 미국을 포함한 열강이 카리브해의 소국과 대치할 때 거기에는 일종의 전제가 깔려 있었다. 그 전제란 이러한 열대 지역에 위치한 저개발 국가의 자원은 공업국이 이용하도록 열려 있어야 하고 자원을 이용하기 위한 투자는 최대한 보호되어야 한다는 것이었다. 그리고 관련된 소국이 열강에 대한 채무 이행을 태만히 할 경우 또는 정치 불안으로 외국인의 자산이 지켜지지 않을 경우에는 열강의 실력행사가 용인된다는 것이었다. 그런데 쿠바가 미국-스페인 전쟁 이전부터 안고 있었던 채무는, 쿠바를 방치하고 현지 정부가 통치 능력을 상실할 경우 독일, 프랑스를 비롯한 열강이 개입하는 구실을 제공할 수 있었다. 파나마 운하 지대를 영유하고 중앙아메리카의 카리브해를 미국의 세력권으로 육성하려 했던 루스벨트 정부로서는 열강의 개입만큼은 피하고 싶었으므로 카리브해의 경제 파탄에 민감했을 것이다.

---

15   영어로는 "a Splendid Little War"라고 표기한다. _옮긴이
16   위스콘신 대학 역사학 명예교수였으며, 주요 저서로 *The United States in Cuba, 1898-1902* (University of Wisconsin Press, 1963) 등이 있다. _옮긴이

먼로 독트린의 새로운 해석

하지만 이듬해인 1902년 12월 베네수엘라의 재정 파탄이 명백해졌고 우려했던 대로 채권 보증을 요구하는 독일, 영국 등 유럽 열강의 군함이 베네수엘라를 해상 봉쇄했다. 독일의 자세는 특히 강경했는데, 루스벨트 정권은 이것을 먼로 독트린에 대한 잠재적인 위협으로 여겼다. 당시 미국 외교는 동시기에 진행 중이던 파나마 정세로 분주했다. 미국 정부는 1903년 1월, 콜롬비아와 결국 파나마 조차조약을 체결했는데, 같은 해 8월에 콜롬비아 의회는 조약의 비준안을 부결시켰다. 이에 대응해 미국은 파나마의 반콜롬비아 세력을 지원했고, 11월에 해병대에 의한 압력을 배경으로 독립혁명을 성공시켰다. 미국은 신생 파나마로부터 지협[17] 지대의 영구 조차권을 획득했다. 하지만 그 기간 동안 베네수엘라의 위기는 헤이그의 상설중재법원이 독일 등의 해상 봉쇄를 용인하는 결정을 내림으로써 타협적으로 막을 내렸다.

파나마 운하의 개발이 궤도에 오르고 있던 미국으로서는 유럽 열강이 한층 간섭할 수 있도록 상황이 전개된 것이 심각한 일이었다. 또한 같은 무렵, 히스파니올라섬의 도미니카 공화국에서도 채무의 불이행과 혼란스러운 정권 교체가 계속되었다. 게다가 도미니카 정부는 독일 측에 보호국화를 타진하는 등 미국과 거리를 두고자 했다. 미국은 카리브해의 세력권을 유지하기 위해 정치적 행동을 할 필요가 있었다.

1904년 12월 6일, 루스벨트 대통령은 자신의 네 번째 연차 교서에서 훗날 먼로 독트린의 루스벨트 버전이라고 불리는 대외 정책론을 밝혔다. 즉, "우리나라가 바라는 것은 이웃나라가 안정되고 질서 있으며 번영하는 것이다. …… (그렇지만) 그 나라가 어리석은 행동을 반복해서 무력하게 가격을 당하거나 문명사회의 유대를 약화시켜 버릴 때에는 …… 문명국이 개입할 수밖에 없다. 서반구의

---

17 큰 육지 사이를 잇는 좁고 잘록한 땅을 지칭하는 것으로, 바다를 잇는 해협과 반대되는 개념이다. _옮긴이

경우에는 먼로 독트린을 신봉하는 미국이 …… 국제 경찰력을 행사할 것이다"라고 했다. 19세기 전반에 공표되었던 먼로 독트린은 광대한 남북 아메리카 대륙에 대한 유럽의 간섭을 배제하는 것이 본질이었다면, 이 새로운 해석은 중앙아메리카 카리브해를 염두에 두고 특정 지역의 정치·경제를 안정시키기 위해 미합중국이 특별히 내정에 간섭할 필요가 있다는 것을 설파했다. 혁신주의의 용어를 사용하면 지역의 공익을 위해 미국이 무력행사를 포함한 질서 유지의 임무를 짊어진다는 것이었다.

그런데 이 새로운 해석의 역사적인 의미는 매우 컸다. 왜냐하면 먼로 독트린이란 원래 근대 주권국가의 권력정치에서 비롯되는 유럽 공법의 대안으로서 신대륙에 자유와 혁명의 미국 체제를 확립하기 위한 장치였기 때문이다. 그런데 루스벨트 버전의 현실주의는 미국의 주권 및 세력권을 독일과 영국의 주권 및 세력권과 동일한 씨름판 위에 자리매김했던 것이고, 그것은 미국 자신이 중남미의 혁명에 간섭하는 보통의 제국임을 인정하는 것과 다름없었던 것이다. 사실 루스벨트 정권은 집권한 직후부터 노골적인 실력행사를 호소했다. 1905년 2월에는 도미니카 공화국의 관세를 관리하에 두고 관세 징수권을 장악했으며, 미국의 자금을 투입해 도미니카 공화국의 재정 개혁을 단행했다.

서반구에서 국제 경찰 역할을 담당한다는 개념은 루스벨트가 발표한 최초의 연차 교서(1901)에서도 이미 표명된 바 있었다. 하지만 1904년의 선언은 베네수엘라 위기, 파나마 혁명, 도미니카 공화국 위기 등 미국-스페인 전쟁을 통해 획득한 지역의 주변에서 연이어 국제분쟁이 발생하는 가운데 특히 독일의 중앙아메리카 진출을 견제하려는 의도에서 제기되었다. 이러한 독일 위협론은 세계 정치에서의 세력균형론이라는 맥락에서 영국과의 관계 중시로 연결되었다. 사실 파나마 운하 지대를 영유하는 것에서부터 루스벨트 버전으로 전개되는 중앙아메리카에서의 미국의 지정학적 행동은 영국으로부터 커다란 반발을 받지 않았다. 미국이 중앙아메리카 지역에서 패권을 형성하는 것은 열강이 구성하는 세계 질서 속에서 어느 정도 승인을 받았던 것으로 보인다. 한편 독일과 미국의 관계는 더욱 미묘해졌고, 다음 장에서 살펴볼 멕시코 혁명 과정에서 다시 미국과 독일 간 각축이 심화되는 상황을 맞이했다. 또한 이는 1917년 봄 미국이 제1차 세계대전에 참전하는 중요한 원인이 되었다.

루트의 도서 제국론

루스벨트 버전에서 가장 중요한 역할을 수행했던 것은 1905년 국무장관에 취임한 엘리후 루트(Elihu Root)[18]였다. 루트는 루스벨트가 가장 신뢰한 각료였으며, 전직이었던 육군장관 시기에는 1901년 쿠바에 대한 플랫 수정안, 1902년 '필리핀 조직법'을 기초하는 데에도 참여했다. 또한 루트는 1904년 상당히 이른 단계에서부터 다양한 기회를 통해 먼로 독트린의 재해석이 필요하다는 것을 소리 높여 호소했으며, 루스벨트의 입장을 세계에 널리 알린 공로자이기도 했다. 다만 루트는 원래 소국에 대한 내정간섭에는 부정적이었으며, 일정한 자치권을 부여하는 것과 민생개혁을 통해 현지 정권을 육성하는 것을 중시했다. 이는 기존의 서유럽 제국주의의 수직통합적인 지배와는 다른, 분권적인 군사 거점의 네트워크, 즉 20세기의 도서 제국 체제의 구상이었다. 루트의 이 같은 섬세한 통치 감각에 의해 비로소 카리브해와 필리핀에서 미국이 군사 개입을 하는 것은 궁극적으로는 현지인의 주권을 지키기 위한 것이라는 본말이 전도된 논리가 수립될 수 있었다.

그런데 1904년은 세계사에서 러일전쟁이 발발한 해로도 기억되고 있다. 필리핀 통치를 발판으로 삼아 중국에서 문호개방 정책을 추진 중이던 미국으로서도 러일전쟁은 결코 적지 않은 의미를 갖고 있었다. 처음에 루스벨트-루트의 미국 외교는 동아시아에서의 세력균형의 파트너로서 일본을 중시하는 입장을 취했으며, 러시아의 한반도 남하를 특히 우려했다. 이 때문에 루스벨트 대통령은

---

18 1918년 미국 뉴욕에서 설립된 미국외교협회(Council on Foreign Relations: CFR)의 초대 의장을 역임하기도 했다. _옮긴이

일본이 승리한 쓰시마 해전 이후 포츠머스 강화조약을 중개하는 데 힘썼다. 하지만 강화의 결과 일본이 조선(한국)을 보호국화하고 동청철도(東淸鐵道)의 남만주 지선을 수중에 넣자 미국 내에서 반일 감정이 조성되었다. 샌프란시스코에서는 배일운동이 고조되었고, 일본계 학생들이 인종 격리의 대상이 되는 사건이 일어났다. 1907년 루스벨트는 미일 신사협약[19]을 체결하고 일본으로부터의 이민 송출을 자제하겠다는 양해를 얻어냈다. 또한 더욱 중요한 사실은 일본이 전쟁에서 승리하자 중국에서 잠재적인 미일 양국의 이해대립이 현저해졌다는 것이다. 이듬해에 루트 국무장관은 다카히라 고고로 주미 일본대사에게 문호개방, 영토 보전의 대원칙을 거듭 명시하도록 압력을 행사했다(일명 루트-다카히라 협정).

루트 국무장관이 초석을 다진 카리브해의 질서 유지를 가장 우선적인 사항으로 삼는 외교 정책은 공화당 소속의 차기 대통령인 윌리엄 태프트(William Taft) 정권(1909~1913) 아래에서도 대체로 계승되었다. 초대 필리핀 총독이었던 태프트는 루스벨트로부터 후계자 지명을 받고 대통령이 되었지만, 그의 정책은 명백히 친재계 성향이자 보수적인 색채가 농후했다. 또한 대외 정책의 책임자로 국무장관에 취임한 필랜더 녹스(Philander Knox)는 카네기 철강회사의 고문 변호사를 역임한 인물이었다. 녹스는 도미니카 공화국에서의 선례에 입각해 아이티와 니카라과에 대해서도 미국의 은행으로부터 차관을 제공했으며, 정치 안정화를 위해 노력했다(일명 달러 외교). 이 정책은 일정한 성과를 거두었지만, 적어도 니카라과에서는 과도한 혁명과 반혁명의 연쇄 속에서 도미니카 공화국과 같은 관세 관리가 정착되지 못했고, 1912년 9월 미국 정부는 결국 해병대의 상륙을 명했다. 그 이후 미군의 니카라과 주둔은 1933년까지 끊어졌다 이어졌다 하면서 계속되었다. 또한 태프트 정권은 동아시아 정책에서도 기본적으로 제2

19 　영어로는 Gentlemen's Agreement of 1907로 표기하며, '1924년 이민법' 시행으로 종료되었다. _옮긴이

기 루스벨트 정권의 대일본 경계 노선을 이어나갔다. 녹스는 문호개방 원칙이 만주에까지 이르는 것으로 생각하고 현지 철도 이권의 중립화와 국제화를 주장했다. 게다가 녹스는 태프트의 일본 이민 중지론에 동의해 대미 이민을 자제하는 신사협약을 계속 유지했다. 이로 인해 미일 관계는 점차 냉담해졌다.

제국과 사회 개선

다른 열강의 개입을 초래하지 않기 위해서라도 미국의 도서 제국에서는 지배 지역의 정치와 경제를 안정시키는 것이 가장 중요한 과제였다. 이 때문에 세련된 통치, 각종 민주개혁 추진이 급선무였다. 그리고 이것은 세계를 변혁하고자 꿈꾸는 무수한 혁신주의자, 즉 합리적인 통치 기법을 추구하는 젊은 테크노크라트, 빈곤 문제에 과학적인 시각을 지니고 있던 복지 경제학자, 사회적인 것의 기반으로서 공중위생과 환경 보호에 새로운 의미를 찾아냈던 활동가들을 열대 지역의 섬들로 끌어당겼다. 20세기 초의 쿠바와 필리핀은 흡사 혁신주의의 실험실이 되는 양상을 보였다.

쿠바에서는 일찍이 미국-스페인 전쟁 이후 미국이 점령하던 시기에 군의관 출신의 군정 총독 레너드 우드(Leonard Wood)의 지휘 아래 대규모의 공중위생과 공교육, 도시 계획 도입 등이 추진되었다. 특히 황열병, 십이지장충병 등의 열대병을 극복하는 것이 최대의 과제였는데, 이것은 미국의 지배를 정당화하는 것이기도 했다. 필리핀에서는 1902년에 루스벨트의 환경 정책에 대한 조언자였던 기퍼드 핀쇼(Gifford Pinchot)가 열대우림 보호 계획의 개요를 작성했으며, 1904년에는 팔라완섬의 형무소에서 수형자에 의한 자치를 실시하는 민주화가 실행되었다. 또한 약물 단속에 대한 관심도 높아져 1908년에는 미국 본국보다 일찍 '아편금지법'이 시행되었다.

혁신주의자는 도미니카 공화국에도 도달했다. 1904년 도미니카 공화국이 재정 파탄을 겪을 당시 국무부가 파견했던 조사단 중에는 앞에서 언급한 경제 학자 제이콥 홀랜더가 있었다. 홀랜더는 도미니카 공화국 정부가 안고 있는 채무를 압축하고 미국에 의한 관세 관리의 기반을 다지는 활약을 펼쳤다. 그리고 파탄 국가가 된 현지에서 홀랜더가 직면했던 결핍은 나중에 자신이 직접 다룬 미국 내의 빈곤 관련 연구에 적지 않은 영향을 미쳤던 것으로 추정된다.

제국의식 형성

미국의 해외 팽창이 미국의 지배를 받게 된 사람들의 삶을 일방적으로 변화시켰던 것은 아니다. 카리브해와 서태평양에 새로 식민지를 보유한 것은 미국인들로 하여금 그들의 세계관과 국내의 인종·민족 관계를 보는 눈을 바꾸도록 만들었다. 세계를 변혁한다는 것은 미국 자신이 변화하는 것을 의미하는 것이기도 했다. 그러한 변화 가운데 하나로는 다양한 미디어를 통한 제국의식 형성을 들 수 있다. 예를 들면, 미국이 제국화하는 20세기 전환기에는 벤저민 키드(Benjamin Kidd)[20]의 『열대의 통제(Control of the Tropics)』(1898), 제임스 워커(James Walker)의 『대양에서 대양으로』(1902) 등 열대 지역을 소재로 한 여행기가 많이 출판되었다. 이러한 서적은 자주 중앙아메리카의 열악한 위생 상태와 사람들의 나태함을 묘사했으며, 무지한 아이와 같은 식민지와 자비심 깊은 부모에 해당하는 미국을 서로 대비시키는 이미지를 만들어냈다.

이러한 문제는 당시 인기를 끌었던 만국박람회에서도 살펴볼 수 있다. 1904년에 세인트루이스에서 개최된 루이지애나 구입 100주년 기념 박람회는 당연히 미국의 팽창을 찬양하는 행사였는데, 여기에는 1000명을 넘는 실제 필리핀인이 전시되었다. 그들은 루손섬의 산악민인 이고로트족 사람들로, 전라에 가까운 모습으로 매일같이 관객을 향해 춤을 추고 구경꾼 앞에서 도축하거나 개고기를 먹는 퍼포먼스를 하도록 강요받았다. 이것은 야만스러운 이주민의 원형을 의도적으로 시각화하는 한편 그들을 가르치고 이끄는 미국 문명을 자화자찬하기 위한 것이었다. 세인트루이스 박람회에는 미군에서 발탁된 병사로 구성된

20　영국의 사회학자였으며, 주요 저서로 *Social Evolution*(1894) 등이 있다. _옮긴이

필리핀 경찰군도 화려한 군악대를 동반해 참가했다. 이러한 엔터테인먼트로 인해 당시 미국 사회에서는 필리핀인을 멸시하는 분위기가 생겨났다. 그 이후에도 미국 정부는 일관되게 필리핀인에게 미국 시민권을 부여하지 않았고, 그들이 본토로 이주할 경우에는, 미국 영토 내에서의 이동임에도 불구하고, 다른 아시아 이민과 마찬가지로 귀화 불능 외국인으로 취급했다.

지배를 받는 유색인에 대한 이러한 편견과 차별이 재생산되는 한편으로, 전술한 바와 같이, 동시기의 미국에는 일본인 이민에 대한 반감이 확산되기도 했다. 모든 문제의 배후에는 미국의 해외 팽창이 불러일으킨 제국의식이 있었다는 것은 두말할 나위도 없다. 즉, 미국 제국의 외부에서 일어난 타자와의 접촉은 본국 내부의 인종적·민족적 국민질서에 커다란 영향을 미쳤다. 반아시아인 인종주의는 20세기 전반부의 커다란 트렌드가 되었는데, '1924년 이민법'이 제정되자 아시아인을 배척하는 정서가 미국법 제도에 깊이 스며들었다. 이러한 정서는 인종 격리가 상징하는 새로운 유색인 차별의 확산과 겹치면서 20세기 미국에서 사회적인 인종주의를 구성해 갔다.

통치 개혁의 환류

역사적으로 볼 때 하나의 중요한 전개는, 아시아와 카리브해의 식민지에서 수행되었던 각종 사회 실험이 미국 본국으로 환류되어 혁신주의의 정치 어젠다를 좌우했다는 사실이다. 앨프리드 매코이(Alfred McCoy) 등의 연구가 밝히고 있는 바와 같이, 특히 질서 유지에 직결되는 분야에서는 입헌주의를 내세우는 미국 본국보다 총독부의 재량권이 큰 쿠바의 하바나와 필리핀의 마닐라 쪽이 급진적인 개혁을 실시하기에 용이했다. 예를 들면, 앞에서 살펴본 필리핀의 '아편금지법'은 미국 최초의 '마약금지법'(1914년 '해리슨 법'[21])보다 6년이나 앞서 제정되었다. 1910년대 초에 본격화한 미국 내에서의 반마약 로비 활동은 자

---

21 'Harrison Narcotics Tax Act'를 일컫는다. _옮긴이

주 식민지 법제의 성과를 참조하면서 왜 본국에서는 법 제정이 불가능한지를 물었다.

팔라완섬 이와히그 형무소의 민주화도 매우 유사한 경위를 거쳤다. 이 개혁의 발단은 윌리엄 루벤 조지(William Reuben George)가 세기의 전환기에 뉴욕주에 개설한 비행소년 교정시설이었다. 조지는 이곳에서 실천했던 수형자 자치에 기초한 갱생 프로그램을 성인 형무소에도 확대하고자 했는데, 미국 국내법 아래에서는 시행하기가 어려웠다. 그래서 매우 일찍 필리핀에서 성인 수형자를 대상으로 한 실험을 실시했던 것이다. 조지는 그 이후 뉴욕주의 형벌 체제에서도 실험을 계속했는데, 처음으로 수형자에 의한 자치가 인정된 것은 팔라완섬 이와히그 형무소보다 10년이나 늦은 1914년의 일이었다.

공중위생 및 치안 대책에 관한 식민지 행정은 나아가 미국 본국의 사회 정책과 직결되었다. 파나마와 쿠바, 푸에르토리코에서 시행된 열대병 대책은 미국 남부 혁신주의의 과제 가운데 하나였던 말라리아와 십이지장충병 박멸에 유용한 전문 지식을 제공해 주었다. 카리브해 지역에서 축적된 경험은 이후 미합중국 공중위생국(PHS)의 활동과 연결되는 역사로 이어졌다.

미국 식민지의 치안 행정에서 주목해야 할 또 다른 것은 필리핀 경찰군이다. 총독부 직속의 기관으로 1910년에 창설된 이 조직은 첩보 공작을 펼쳤으며 주민에 대한 감시 기능을 가지고 있었다. 필리핀 경찰군은 미국-필리핀 전쟁이 종결된 이후에도 마닐라 시경과 연대해 식민지 내부에 강력한 정보 수집 능력을 과시했다. 통치의 배양기에 자라난 보안의 노하우는 미국 본국으로 역수출되어 1908년의 법무부 검찰국(Bureau of Investigation, FBI의 전신), 제1차 세계대전 시기의 육군 정보부 창설로 연결되었다. 시어도어 루스벨트가 1901년의 연차 교서에서 요구했던 무정부주의자와 반체제분자에 대한 감시는 이런 경위를 거쳐 제도화되었다.

이처럼 혁신주의와 미국의 해외 팽창은 넓은 의미에서 상호보완적인 관계에 있었다. 확실히 일부 사회주의자와 제인 애덤스 그룹의 사회자유주의자 중에는 식민지 지배를 강하게 비판하는 세력이 존재했다. 하지만 제인 애덤스 그룹도 식민지의 사회 상태를 개선하는 작업은 불필요하다고 생각하지 않았으므로 공중위생과 형무소를 개혁하는 데 많은 인재를 공급했다. 또한 혁신주의자가 내면화했던 민족적·인종적 국민의식과 제국으로서의 미국이 타자를 지배한 것은 밀접한 관계에 있음을 엿볼 수 있다. 식민지에서 미국 본국으로 현대적인 통치 기법이 환류했다는 측면에서 살펴보면 제국 자체가 혁신주의와 20세기 미국의 요람이었다고 할 수 있을지도 모른다. 오히려 여기서 부각되는 것은 그러한 외압이 없었더라면 미국 내의 사회개혁이 지체되거나 진전되지 않았을 것이라는 사실이다. 이러한 미국 정치의 보수성은 아래에서 살펴볼 1912년의 대통령선거에서도 명백해진다.

1912년 대통령선거

혁신주의가 지닌 특유의 애매함과 양면성은 운동의 정점이던 1912년 대통령선거의 논전에서도 확실히 표출되었다. 이 선거에서는 현직의 공화당 소속 월리엄 태프트 대통령에 대항해 민주당의 후보 우드로 윌슨, 혁신당(Progressive Party)을 이끌고 출마한 시어도어 루스벨트, 사회당(Socialist Party of America)의 후보 유진 뎁스(Eugene Debs) 사이에서 선거전이 벌어졌다. 4년 전에 정계에서 발을 뺐던 루스벨트는 기대와 달리 온건한 정책으로 시종일관하는 지금의 대통령을 대신해 사회보장 제도와 누진 소득세, 8시간 노동, 기업 규제 강화 등을 골자로 하는 정책을 내세우며 다시 등판했다. 루스벨트는 혁신주의 사상가 허버트 크롤리(Herbert Croly)가 『미국인의 삶의 약속(The Promise of American Life)』이라는 책에서 미국주의(Americanism)가 재생하기 위해서는 해밀턴적[22]

---

22 일반적으로 해밀턴주의(Hamiltonianism)라고 불린다. 미국의 초대 재무장관을 지낸 알렉산더 해밀턴(Alexander Hamilton)의 정책 기조였던 국립은행 창설, 보호관세 부과 등 상공업 발전을 중시하는 정책을 기반으로 미국의 경제적 국가이익을 최우선시하는 경향이 있다._옮긴이

인 국가주의의 전통을 발굴해 낼 필요가 있다고 설명한 데서 영감을 얻어, 자신의 개혁 비전을 '새로운 국가주의(new nationalism)'라고 불렀다. 즉, 20세기의 미국이라는 국가는 "행정은 공공복지의 파수꾼이고, 사법은 사유재산보다 인간 복지를 중시하며, 입법은 특정 계급과 부문이 아니라 모든 대중을 대표한다"라고 했는데, 이 비전에는 "미국의 사회경제 상태에 대해 전례가 없을 정도의 적극적인 정부의 개입"이 요청되었다.

루스벨트가 주도하는 혁신당의 프로그램에 대항한 것은 자신도 혁신주의자를 표방했던 우드로 윌슨이었다. 윌슨은 새로운 국가주의를 거대한 관료적 기구, 즉 국가에 의한 집산주의 구상이라고 비판하면서 개인의 자유 회복을 제일로 내세우는 대안을 제시했다. 매우 흥미로운 것은 '새로운 자유'라고 이름 붙여진 이 프로그램에서도 기업 규제가 정책의 핵심이었다는 것이다. 윌슨의 민주당에 있어 반독점은 거대하고 조직화된 힘의 지배로부터 소규모 경영자를 해방시키고 작은 마을에서의 숙의 과정과 통나무집의 민주주의[23]를 부활시키는 것이었다. 그리고 이를 위해서는 루스벨트가 말하는 것 이상으로 정부 권력을 행사하는 것도 정당화되었다.

윌슨은 전 프린스턴 대학 총장이라는 경력으로 인해 이지적이면서 고결한 인격을 이미지화한 정치가였다. 하지만 이와 동시에 그는 남북전쟁 이후 처음으로 남부민주당, 즉 인종 격리를 지지하며 KKK의 기사도를 신봉하는 남부 사람들이 선출한 대통령 후보였다. 그러한 대통령 후보가 등장한 것 자체가 재건 시기 이래 인종 평등의 사조가 크게 후퇴했음을 보여주는 것이었다. 한편 루스벨트의 혁신당도 자신들의 강령에서 흑인 시민권에 대해 아무런 언급을 하지 않았다. 혁신주의의 주류에게 흑인 유권자는 여전히 비공식적인 파트너에 불과했던 것이다.

대통령선거의 결과는 윌슨의 압승으로 끝났다. 이는 잠재적인 공화당 세력

---

23 풀뿌리 민주주의를 활성화해 지방자치를 강화한다는 것을 의미한다._옮긴이

이 보수파와 혁신파로 분열되었던 이유가 컸는데, 루스벨트와 태프트의 득표 합계는 윌슨의 민주당의 득표를 크게 상회했다. 또한 이 대통령선거에서는 주요 산업의 공영화와 사회보장 제도 실시, '최저임금법' 등을 요구했던 사회당의 후보 유진 뎁스가 약 90만 표(득표율 6%)를 획득했다. 노동자 사이에서도 사회정책에 대한 기대감이 높아지고 있었던 것이다.

그런데 윌슨의 공약에 따르면, 조직되어 있지 않은 소규모 생산자 보호가 새로운 정권이 당면하는 정책 목표가 될 것임이 분명했다. 하지만 신임 대통령은 1913년 정권이 발족한 이래 미국 전역의 은행을 정부의 감시하에 두는 연방준비국(FRB)[24]을 창설하고 미국노동총연맹(AFL)과 협력관계를 구축하는 등 대체로 공화당의 정책을 이어받는 자세를 보였다. 윌슨은 외교 방면에서도 정치적 견해를 갖고 있지 않았다. 1913년 10월에는 남미 국가들의 대표자들을 앞에 두고 "인종, 영토 보전, 그리고 기회 균등은 우리가 지금 직시하지 않으면 안 되는 문제이다. …… 미합중국은 향후 두 번 다시 정복에 의한 영토 확장을 추구하지 않을 것이다"라고 말하면서도 태프트 정권의 니카라과 출병을 계속 유지했으며, 그 이후에도 멕시코, 아이티, 도미니카 공화국에 군사 간섭을 거듭했다.

내정과 외교 양면에서 애매한 자세를 취하던 상황이 불식된 것은 갑작스러운 외압, 즉 1914년 8월에 발발한 제1차 세계대전에 의한 부분이 적지 않았다. 2년 반의 중립 기간을 거쳐 1917년 4월, 미국은 최초의 총력전에 참가했다. 그렇다면 지금까지 살펴보았던 혁신주의의 정치와 경제는 전쟁정책을 형성하는 데 어떻게 관련되었을까? 그리고 제1차 세계대전은 미국을 어떻게 변화시켰을까?

---

24 일반적으로 연방준비제도이사회(약칭 연준)로 일컬어진다. 명칭에 연방이라는 단어가 들어가 있지만 미국의 국립은행이 아니며 J.P.모건 등 사립은행이 지분을 100% 소유하고 있는 일종의 다국적 사립은행이다. _옮긴이

제2장

제1차 세계대전과 미국의 변화

이디시어로 작성된 전시의 식량보존 운동과 관련된
포스터

1. 중립 시기의 정치

멀리서 울리는 천둥소리

1914년 여름, 유럽에 8월의 포성이 울렸을 때 윌슨 대통령을 포함한 많은 미국인들은 이 전쟁을 태평양 저쪽에 희미하게 보이는 강 건너편의 전쟁인 것으로만 여겼다. 제1차 세계대전에 참전한 것을 계기로 미합중국이라는 국가와 그 국민사회가 근저에서부터 변화되었다는 것을 생각하면 개전 초반의 무관심은 불가사의하기까지 하다.

1914년의 윌슨 정권에서는 혁신주의 시대부터 이어진 국내의 사회적인 것을 둘러싼 여러 투쟁에 대응하는 것이 오히려 더욱 절박한 문제였다. 그중에서도 노동 분쟁의 격화와 폭력화는 매우 심각했다. 통일광산노조(UMW)[1]가 콜로라도주의 러들로 광산에서 전년부터 조직해 왔던 노동쟁의는 경영자 측의 가혹한 폭력에 노출되어 왔는데, 1만 2000명이 참가한 파업은 1914년 4월 20일, 최악의 결말을 맞았다. 이날 록펠러 계통의 콜로라도 연료철강회사(Colorado Fuel and Iron Company)가 고용한 경비원과 콜로라도주의 병사[2]가 파업 참가자의 숙영 텐트에 수평사격을 가해 노동자와 그 가족 20명(12명의 아이 포함)이 살해되었다. 노동조합과 광산회사의 분쟁은 그 이후에도 계속되었으며, 윌슨 정권이 콜로라도에 연방군을 파견해 진압할 때까지 2년에 걸친 쟁의는 75명으로 추정되는 인명을 빼앗았다. 이 같은 만행은 같은 해 7월에 발각된 무정부주의자의 존 록펠러 암살 미수 사건 보도와 함께 언론에 공개되어 대중에게 커다란 충격을 주었다. 윌슨이 이 문제에 관심이 있었는지 여부와 상관없이 노동 문제를 개선하는 것은 윌슨 정권의 질서를 유지하는 데 긴급한 과제가 되었다.

이는 제1기 윌슨 정권이 취한 일련의 친노조적 정책을 설명해 준다. 민주당

---

1   1890년 1월 25일 수립되었으며, 전체 명칭은 United Mine Workers of America이다._옮긴이
2   Colorado Army National Guard에 소속된 병사들을 일컫는다._옮긴이

이 다수를 차지하고 있던 의회는 1914년 10월 '클레이튼 반독점법'[3]을 정하고 노조는 반독점법 적용 대상으로 삼지 않는 획기적인 개정을 실시했다. 또한 노동 분쟁의 현상 분석을 주요 업무로 발족했던 산업관계위원회(Commission on Industrial Relations)[4]는 존 록펠러 등의 경영자 책임을 엄정하게 추궁했으며, 프랭크 월시(Frank Walsh) 위원장이 기초한 최종 보고서는 노동자의 단결권과 단체 교섭권이 경영자의 재산권보다 앞선다는 견해를 보이기에 이르렀다. 1916년 가을의 대통령선거가 가까워지자 윌슨은 조직 노동과의 거리를 좁히고자 했다. 투표 2개월 전에는 주를 초월해서 제품을 판매하는 제조업에서의 아동 노동을 금지하는 '키팅-오언 법',[5] 주와 주 사이에서 근무하는 철도 노동자의 8시간 노동제도를 정한 '애덤슨 법'[6]이 차례로 법제화되었다. 이러한 흐름은 모두 제1차 세계대전 아래에서 노동을 동원하는 정책의 기반이 되었다.

영화 < 국가의 탄생 >[7]

이 시기의 국내 정치에서 간과할 수 없는 동향은 인종 관계에 관한 것이었다. 남부민주당을 기반으로 하는 윌슨 정권의 탄생은 인종 격리를 주장하는 많은 사람들을 워싱턴 D.C. 정치의 중추에 모여들게 만들었다. 그 결과 윌슨의 사위 윌리엄 매카두(William McAdoo)가 장관으로 임명된 재무부 등에서는 1914년에 인종별 화장실 시설을 도입하는 등 연방 직원에 대한 '짐 크로 법'이 강제되었다. 같은 해 11월, 흑인 출신의 시민권 활동가 윌리엄 트로터가 백악관을 방문

---

3   'Clayton Antitrust Act of 1914'를 일컫는다._옮긴이
4   월시위원회(Walsh Commission)라고 불리기도 한다. 미국 연방의회에 의해 1912년 8월 23일에 수립되어 1913년부터 1915년까지 미국 노동법을 조사하고 검토했으며, 1916년 열한 권으로 구성된 최종 보고서를 발간했다._옮긴이
5   'Keating-Owen Child Labor Act of 1916', 일명 'Wick's Bill'을 일컫는다._옮긴이
6   'Adamson Eight-Hour Act'를 일컫는다._옮긴이
7   원문에서는 '국가의 탄생(The Birth of a Nation)'을 '국민의 탄생'으로 표기했으나 이를 수정했다._옮긴이

해 직접 대통령에게 '짐 크로 법'이 수도에서 적용되는 데 항의했다. 윌슨은 격
앙되어 있던 트로터에게 퇴석을 요구했는데, 이 사건은 주요 신문에 대대적으
로 보도되었다.

트로터는 1915년 2월에 개봉될 예정이었던 영화 〈국가의 탄생(The Birth of
a Nation)〉의 상영을 반대하는 운동에서도 지도적인 역할을 수행했다. 데이비
드 와크 그리피스(David Wark Griffith) 감독이 제작한 이 영화는 남북전쟁으로
인한 미국 백인사회의 분열을 한탄하면서 전후 KKK의 반흑인 운동을 영웅시
하는 내용이었다. 트로터 등은 자신이 거점으로 삼고 있던 보스턴을 포함해 각
지에서 NAACP와 함께 상영 중지를 호소하는 활동을 조직했다. 결국 〈국가의
탄생〉의 인기는 반대 운동을 능가했고, 1000만 달러의 흥행 수입을 올리는 전
례 없는 성공을 거두었다. 이 영화의 유행은 인종 간 증오를 부채질하고 백인의
폭력을 정당화하는 효과를 미쳤다. 실제로 1916년 5월에는 텍사스주의 와코에
서 KKK를 지지하는 백인 군중이 17세의 흑인 소년[8]을 살아 있는 상태에서 불
태워 죽이는 린치 사건이 발생하기도 했다. 한편 윌슨 대통령은 영화 〈국가의
탄생〉의 원작자 토머스 딕슨(Thomas Dixon)[9]과 오래전부터 교분이 있는 관계
였는데, 딕슨의 요청을 받아들여 백악관에서 특별 상영회를 갖기도 했다.

과거에 남부에서 있었던 '짐 크로 법'과 흑인들의 투표권 박탈은 지방 자치,
즉 남부 주권론의 입장에서 정당화되어 왔다. 따라서 남부의 흑인과 아시아인
들은 연방과 북부 사회가 지방의 악폐에 개입하는 것을 한 가닥 희망으로 삼고
있었다. 하지만 당시 연방 행정은 개혁을 위한 인종 분리라는 남부의 논리에 동
조했고, 보스턴과 뉴욕의 대중은 KKK를 미국 국민이 탄생하는 데 공헌한 것으
로 보았다. 20세기의 사회적인 평등을 재현하기는커녕, 새로운 인종주의가 갑
자기 전국화하는 기세였던 것이다.

---

8   제시 워싱턴(Jesse Washington)을 일컫는다._옮긴이
9   딕슨의 소설 『클랜즈먼(Clansman)』(1905)이 〈국가의 탄생〉이라는 제목의 영화로 제작된
     것이었다._옮긴이

중앙아메리카-카리브해 문제

　다음으로 대외 정책에 눈을 돌려보자. 제1차 세계대전 발발을 전후한 전시의 미국 외교는 여전히 유럽의 국제분쟁에 관여하는 데 소극적이었다. 1914년 말 윌슨 대통령은 "전쟁의 기원이 우리와 전혀 관계없는 전쟁"이라고 반복하는 형태로 세계대전을 묘사했다. 하지만 이것은 고립주의로의 회귀를 의미하는 것은 아니었다. 원래 미국은 이미 중앙아메리카와 동아시아라는 2개의 지역에서 치열한 권력정치를 전개하고 있었다. 중앙아메리카에서 특히 심각한 것은 멕시코와의 국제분쟁이었다. 19세기 후반 이래 독재정권을 구축해 왔던 포르피리오 디아스(Porfirio Díaz) 대통령이 이끄는 멕시코는 루스벨트-루트의 중앙아메리카 정책의 하급 동업자였으며, 니카라과 문제 등에서도 커다란 영향력을 가지고 있었다. 하지만 그러한 멕시코에서 민주화 혁명이 일어나 디아스 대통령은 1911년 5월 정권에서 쫓겨났다. 이후 자유주의자 프란시스코 마데로(Francisco Madero)가 대통령에 취임했지만, 1913년에 군부에 의한 쿠데타가 성공을 거두어 반혁명 세력인 빅토리아노 우에르타(Victoriano Huerta) 장군이 권력을 장악했다.

　당초에 미국의 외교 담당자들은 군부의 정치 반발을 환영하는 경향도 있었다. 멕시코 혁명이 멕시코 국내 자산의 40% 남짓을 보유한 미국계 자본을 주요 공격 대상으로 삼았기 때문이다. 하지만 미국의 새 대통령 윌슨은 우에르타의 군사독재체제에 비판적이었다. 뒤에서 상술하는 바와 같이, 윌슨은 국제관계의 도덕적인 측면을 강조했고 상대국이 민주 체제가 될 것을 자주 요구했다. 그리고 공정한 선거를 실시하는 것을 우에르타 정권을 승인하는 조건으로 설정했다. 하지만 독재로 향하는 우에르타 정부는 이 조건을 만족시킬 수 없었다. 윌슨은 1914년 4월 21일, 미국 해병대를 멕시코 중부의 군항 베라쿠르스에 파견하고 이 지역을 점령케 했다. 이것은 콜로라도에서 러들로 학살이 일어나고 난 이튿날에 일어난 사건이었다.

　미국의 폭력적인 내정간섭은 11월까지 계속되었으며, 그 사이에 우에르타는 실각하고 자유주의파의 베누스티아노 카란사(Venustiano Carranza) 정권이 수립되었다. 하지만 미국의 강압적인 행동은 멕시코 대중 사이에 반미 민족주의를 촉진했다. 그 이후 미국과 멕시코 양국 관계를 정상화하는 것은 매우 어려워졌고, 미국은 남미 ABC(아르헨티나, 브라질, 칠레) 열강의 지원에 기대하지 않을 수 없었다. 하지만 이것은 20세기 미국의 국책, 즉 중앙아메리카-카리브해에서 독점적인 세력권을 확보하려는 구상에 미묘한 영향을 미쳤다.

실제로 이 시기는 미국의 도서 제국에서 중요한 전환기였다. 독일군이 벨기에를 침공한 직후인 1914년 8월 15일, 중앙아메리카에서는 파나마 운하가 완성되었고 최초의 선박이 대서양에서 태평양으로 통과했다. 파나마 운하의 개통은 1907년에 시작된 하와이 오아후섬(진주만)의 군사 요새화와 맞물렸고, 파나마 운하는 알래스카-하와이-파나마-카리브해를 기본적인 방어 라인으로 삼는 항시적인 제국 영역으로 떠올랐다. 이것은 미국-스페인 전쟁에서 스페인으로부터 승계한 드넓게 펼쳐진 식민지 제국을 일부 축소하고 재편하는 현실주의적인 조치이기도 했다. 미국은 1916년 '존스 법(Jones Act)'[10]에서 필리핀에 대해 장래의 독립을 공약하고 민선을 통해 상원·하원 양원을 설치할 것을 약속하는 등 자치권을 확대하는 방침을 취하기도 했다.

한편 중앙아메리카-카리브해에서는 미국의 군사적 지배가 급진적으로 강화되었다. 전술한 멕시코에 대한 군사 개입도 이 같은 경향이 표출된 것이었는데, 윌슨 정권은 1915년 7월에는 아이티에 해병대를 상륙시키고 아이티를 보호국화했다. 제1차 세계대전이 발발한 이후 유럽과의 교역이 두절되어 경제가 파탄난 아이티 정부에 대해 미국은 재정고문을 파견하는 한편, 연안 경비대를 창설해서 현지의 경찰권을 장악했다. 또한 윌슨은 정치 불안에 시달리던 도미니카 공화국에 대해서도 더욱 엄정한 내정간섭을 실시했다. 1916년 5월에 도미니카 공화국의 수도를 점령한 미국 해병대는 현지에 친미 세력이 부재했기 때문에

---

10   정식 명칭은 'Philippine Autonomy Act of 1916'이다._옮긴이

미군이 직할 통치를 전개했다. 아이티와 도미니카 공화국에 대한 미군 주둔은 제1차 세계대전 이후에도 장기간 계속되었다.

일본의 대중국 21개조 요구 문제

제1차 세계대전의 발발로 동아시아에서 서구 열강이 후퇴하자 미일 관계의 균형 또한 유동화되었다. 8월 23일 연합국의 일원으로 참전에 나선 일본은 11월 독일이 영유했던 산둥성 칭다오를 전격적으로 공략하고 이곳을 발판으로 삼아 중국 정부에 다양한 영토적·경제적 권익을 요구했다. 이듬해인 1915년 1월, 21개조로 정리된 일본의 대중국 요구는 미국의 강한 경계심을 야기했다. 일본의 공세에 미국이 대응한 데에는 역사적으로 형성된 미묘한 다층적인 요인이 작용했다. 3월 윌리엄 제닝스 브라이언(William Jennings Bryan) 국무장관이 일본 정부에 제출한 각서의 내용은 21개조 요구의 제5항(내정간섭 조항)을 비난하면서도, 일본이 주장하는 산둥반도의 영유와 남만주 및 동부 내몽골의 특수 권익을 대체로 승인하는 것이었다. 미국의 동아시아 정책은 태프트 정권 시기의 달러 외교 아래에서 일본의 중국 시장 독점과 만주에서의 배타적인 경제개발을 억제하는 방향으로 이미 바뀌었다. 하지만 동시에 현지에서의 세력균형 정치에서 일본을 제휴자로 중시하는 루스벨트-루트 외교 이래의 전략이 사라진 것도 아니었다. 제1차 국무장관 각서에서는 여기에서 연원되는 일본에 대한 미국의 타협성을 살펴볼 수 있다.

하지만 신임 대통령 윌슨은 역대 공화당 외교의 잔재와는 차원이 다른, 도덕적인 성격을 지니고 있었다. 그것은 나중에 윌슨주의 또는 신외교라고 불리는 이상주의로, 자유와 민주주의 같은 보편적인 가치 아래 다국 간 협조를 촉진하는 것이었다. 이러한 세력균형에 대한 대안이 동아시아 정책의 맥락에서는 1911년 신해혁명에 의해 탄생한 신생 중국이 민주화와 공화정을 유지하도록 지원하는 입장으로 나타났다. 1915년 5월 11일에 제출한 제2차 국무장관 각서는 일본의 대중국 21개조를 경제적인 요구에 대해서도 전부 부정하는 내용을 담고 있었다. 이를 통해 미국 외교에서 윌슨주의가 대두했음을 확인할 수 있다.

그러나 이제까지의 서술에서도 명백해진 바와 같이, 이러한 윌슨 외교의 보편주의는 중앙아메리카-카리브해의 세력권 정책에는 거의 해당되지 않았다. 카리브해, 파나마 운하, 하와이를 잇는 방어선 안의 제국주의, 그 외부에 펼쳐진 세계와 미국 간의 관계를 규정하는 보편주의가 병존하는 이중성의 문제는 그 이후에도 장기간 미국 외교의 근본적인 모순을 형성했다. 하지만 여기서 중요한 사실은 유럽의 전쟁과 계속 거리를 두었던 미국이 중앙아메리카와 동아시아라는 성격이 다른 2개의 지역에 관여하는 가운데, 간접적으로 제1차 세계대전의 영향하에 끌려들어갔다는 것이다. 또한 그 과정에서 윌슨주의라는 제국 바깥의 세계정치에 대한 대응을 가능케 하는 외교 방안이 마련되었다는 것이다. 하지만 미국은 1915년의 단계에서는 아직 세계대전의 당사자가 되겠다는 각오가 없었다. 그렇다면 미국의 참전은 언제 어떤 경위를 거쳐 결정되었던 것일까? 교과서적으로는 1915년 5월에 발생한 루시타니아호 사건을 언급하는 경우가 많다. 이 속설에 약간의 고찰을 더함으로써 미국이 참전에 이르는 구체적인 경위를 규명할 것이다.

루시타니아호 사건

1915년 5월 7일, 아일랜드 남부의 앞바다를 항행 중이던 영국 여객선 루시타니아호가 독일 해군의 무제한 잠수함 공격으로 격침돼 128명의 미국인을 포함한 많은 승객이 희생되는 사건이 발생했다. 미국의 각종 미디어는 독일에 반대하는 애국주의를 격렬하게 부채질했다. 윌슨 대통령 또한 독일 정부를 엄정하게 질책하면서 동일한 사안의 재발 방지를 요구하는 각서를 송부했다. 이것은 확실히 일반 미국인에게 유럽 전쟁의 재난을 현실에서 실감하게 만든 사건이었다. 하지만 통상적으로 이야기되는 바와 같이 루시타니아호 사건이 불러일으킨 독일에 대한 복수심과 약 2년 후의 미국의 참전을 직접적으로 결부시키는 것은 불가능할 것이다.

우선 이 시점에서 윌슨의 정부는 총체적으로 독일에 대한 선전포고를 바라지 않았다. 외교 책임자인 브라이언 국무장관은 6월 대통령의 독일 정부에 대한 항의가 편중되어 있다면서 장관직을 사임했다. 영국의 해상 봉쇄로 인해 야기된 독일의 식량난이라는 비인도적 행위를 방치하고 독일의 잠수함 공격만 비난하는 것은 공평성이 결여되었다는 것이었다. 루시타니아호 사건이 발발하고 이틀 후에 중국의 위안스카이 정부가 21개조 요구를 수락했고, 나아가 그 이틀 후에 앞에서 언급했던 윌슨 주도의 제2차 각서가 제출되었는데, 동시기에 일어난 동아시아 외교의 이 같은 전개를 감안하면 브라이언의 사임이 순수하게 독일에 대한 문제 때문만은 아니었을지도 모른다. 어쨌든 당시 윌슨 자신이 "(미국은) 너무 고귀하기에 전쟁을 하지 않는다"라고 말했으며, 7월경에는 분쟁이 수습되었다.

전비 운동

다만 일련의 경위 속에서 미국 내에 일부 호전적인 정치운동이 생겨난 것도 사실이었다. 시어도어 루스벨트와 레너드 우드(Leonard Wood)[11] 등이 조직한 전비 운동(Preparedness Movement)은 독일의 1/20로 추정되던 미국 병력의 위기적 현상을 호소하면서 각지에서 애국적인 시위를 전개했다. 2년 전 혁신당을 이끌면서 복지국가의 원형이라고도 할 수 있는 사회정책을 세상에 내놓았던 루스벨트 일파는 이 시기에 권위주의적인 군국민족주의 주장에 봉착했다. 그들은 군비 확장에 더해 의무병역제 도입을 추구했으며, 군사 봉사에 기초한 국민 형성을 강하게 주장했다.

이러한 전비 운동이 전제로 삼는 국제관계관은 제1기 루스벨트 정권 시기에 중앙아메리카-카리브해에서 독일과 각축한 사건으로 소급되었다. 윌슨 정권

---

11 1910년 4월부터 1914년 4월까지 미국 육군참모총장을 역임했다._옮긴이

이 국제법상 중립국의 권리로 영국이 해상을 봉쇄하는 데 반대하면서 독일과의 교역을 유지하고자 했던 것과는 대조적으로, 전비파는 명확하게 반독일적이었다. 독일과의 역사적인 국익 대립을 토대로 당시의 세계 전쟁을 이해하고자 하는 이 입장을 뒷받침하는 사례도 있었다. 예를 들면, 1915년 3월에는 푸에르토리코의 산후안항에서 푸에르토리코 경비대가 독일의 상선 오덴발트호에 발포하는 사건이 일어났다. 무허가의 출항을 저지할 목적으로 실시한 위협사격이었다는데, 결국 이 상선은 나포되어 징용되었다. 그리고 나중에 오덴발트호가 대서양에 있는 잠수함에 물자를 보급하는 일에 종사했다는 사실이 밝혀졌다. 이 사건이 있은 지 겨우 2개월 후에 루시타니아호 사건이 일어났다는 것은 이미 살펴본 바와 같다. 무고한 미국인들의 목숨을 빼앗은 독일의 잠수함 작전은 중앙아메리카의 미국 세력권에 위협이기도 했다. 또한 매우 흥미로운 사실은 1915년 봄이라는 매우 이른 시기에 카리브해에 주둔한 식민지군에 의해 소규모이긴 하지만 독일에 대한 전투 행위가 벌어졌다는 것이다. 이들은 본토 미국인들에 앞서 세계대전의 현실에 마주하고 있었던 것이다. 이와 같이 전비 운동은 미국이 감지하기 시작한 전쟁의 현실주의를 날카롭게 반영한 정치운동이었다.

코즈모폴리턴적인 반전론

가까이 다가온 폭력에 대한 예감은 혁신주의의 국제파에게 또한 다른 현실을 환기시켰다. 코즈모폴리턴적인 국제주의를 제창했던 제인 애덤스와 여성 참정권 운동 그룹은 유럽 전쟁의 격화와 장기화에 큰 위기감을 가졌고, 1915년 1월 여성평화당(Woman's Peace Party: WPP)을 창설했다. 여성평화당은 건설적인 평화를 위한 프로그램을 발표하고 군축과 자결주의, "세력균형이 아닌 여러 국민의 협조를 위한 연합 형성" 등의 정책을 세상에 내놓았다. 이 운동이 영국 노동당 계통의 지식인들이 주창한 반제국주의와 반전론의 영향을 받은 것이라는 점은 명백하다. 여성평화당의 정책은 램지 맥도널드(Ramsay MacDonald)[12] 등이 1914년 11월 영국 런던에서 발족한 민주적 통제 연합(Union of Democratic

Control: UDC)의 강령과 많은 점에서 일치했다. 이 같은 국제적인 외교 민주화 조류에 편승해 여성평화당은 1915년 4월에는 네덜란드 헤이그에서 열린 국제 여성회의(International Congress of Women)를 주도했다. 이 회의는 즉시 정전 과 국제분쟁을 조정하는 기구의 설립을 결의했으며, 이와 함께 항시적인 평화 를 지향하는 단체인 영구 평화를 위한 국제여성위원회[13]를 발족했다. 또한 인보 관 그룹은 이듬해인 1916년 1월 미국반군국주의연맹(American Union Against Militarism: AUAM)을 설립해 국제적인 반전 평화운동과 국내의 반전 전비 운동 을 결합하는 운동을 전개했다.

전쟁의 아프리카 기원

반제국주의와 반식민주의에서 시작된 전쟁을 비판하는 경향은 혁신주의 좌 파와 사회주의자 사이에서 넓게 나타났는데, 그중에서도 가장 중요한 것은 흑인 지도자 두 보이스가 제기한 논의였다. 1915년 5월, 두 보이스는 「전쟁의 아프리 카 기원(The African roots of war)」이라는 제목의 논문을 오피니언 잡지 ≪디애 틀랜틱 먼슬리(The Atlantic Monthly)≫[14]에 발표했다. "지금 눈으로 마주하고 있는 추악한 문명의 붕괴는 아프리카에서 기인한 것이고", "이 암흑 대륙에 숨겨 져 있는 (전쟁의) 근원은 지금의 분쟁뿐만 아니라 장래 전쟁의 위협이기도 하다" 라는 내용의 이 논문은 글로벌한 제국주의 경쟁에서 대전의 원인을 찾으면서 제 국주의와 각 지역에 만연해 있는 인종주의의 밀접한 관계를 간파했다. 두 보이 스에 따르면, 지금 독일군에 의해 유린되고 있는 벨기에를 포함해 유럽이 역사

---

12 영국의 총리, 노동당 대표 등을 역임했다._옮긴이
13 International Committee of Women for Permanent Peace(ICWPP)를 일컫는다. ICWPP의 발족과 함께 제인 애덤스가 위원장으로 선출되었으며, 미국의 여성평화당(WPP)은 ICWPP 의 지부로 편입되었다. 또한 1921년 ICWPP는 평화와 자유를 위한 국제여성연맹(Women's International League for Peace and Freedom: WILPF)으로 명칭이 바뀌었다._옮긴이
14 1857년 미국 보스턴에서 창간된 잡지로, 지금은 ≪디애틀랜틱(The Atlantic)≫으로 명칭이 바뀌었다._옮긴이

적으로 아프리카에 대해 취해온 착취와 노예제 때문에 "유색(인종)은 세계의 사상에서 열등하다는 것과 같은 의미가 되어버렸다." 따라서 "흑인을 모든 인종 및 민족으로 구성되는 세계 민주주의의 자유롭고 평등한 시민으로 취급하지 않는다면 세계로부터 전쟁을 근절시키는 것은 불가능할 것이다"라고 역설했다. 두 보이스의 논문은 반드시 반전을 도덕적으로 주장하는 것은 아니었지만, 전비라는 것이 군국주의파가 내세우는 제국의 대의임을 예리하게 비판하는 힘을 지니고 있었다.

대중의 전쟁 혐오

미국 사회에는 루시타니아호 사건의 혼란을 거치면서 전쟁에 대한 비판과 전쟁 혐오 감정이 나름 두텁게 존재했다. 예를 들면, 1915년 「아들을 병사가 되라고 키웠던 것이 아니다」[15]라는 제목의 반전가가 전례 없는 빅히트를 쳤다. 이 노래의 가사는 다음과 같다. "누가 감히 자신의 어깨에 총을 짊어지고 다른 어머니의 애지중지하는 아들을 죽이려 했는가 …… 총과 검을 내려놓을 때가 도래했다 …… 세상의 어머니들이 '아들을 병사가 되라고 키웠던 것이 아니다'라고 외친다면 오늘날의 전쟁은 없어질 것이다."[16] 이 반전가의 악보 판매량은 65만 부에 달했으며, 1915년 7월 시점에서는 상위 20위에 올랐다. 후술하는 바와 같이, 이듬해의 대통령선거에서 두 번째 당선을 노리는 윌슨 대통령이 '그(윌슨)가 미국을 전쟁으로부터 멀어지게 만들었다'[17]라는 캐치프레이즈를 내걸고 선거전을 치러야 했다.

이렇게 보면, 독일에 대한 복수를 요구하는 국민감정에 압도되어 미국이 참

---

15 영어 제목은 'I Didn't Raise My Boy to Be a Soldier'이다. _옮긴이
16 생략된 부분을 포함한 이 부분의 영어 가사 전체 원문은 다음과 같다. Who dares to place a musket on his shoulder / To shoot some other mother's darling boy? / Let nations arbitrate their future troubles, / It's time to lay the sword and gun away. / There'd be no war today, If mothers all would say, / 'I didn't raise my boy to be a soldier.'_옮긴이
17 영어 원문은 'He Kept Us Out of War'이다. _옮긴이

전했다는 말은 거의 성립할 수 없다. 이 속설은, 후술하는 것처럼, 참전 이후의 국내 프로파간다에 의해 사후적으로 수정된 집합적 기억 중의 하나였다. 그렇다면 미국은 왜 1917년 4월에 참전에 나섰던 것일까? 이와 관련해서는 윌슨 대통령을 중심으로 하는 국내외 권력정치의 전개를 주시할 필요가 있다.

2. 참전에 이르는 과정

윌슨의 갈등

1915~1916년 윌슨이 수립한 대유럽 외교의 기본 전략은 전쟁의 당사자가 되지 않으며, 사심 없는 제3자로서 강화를 주도하는 것이었다. 자신의 복심이던 하우스 대령(Colonel House)[18]을 특사로 삼았던 윌슨의 측근 외교는 1915년 봄부터 각종 평화공작을 시도했으며, 이듬해인 1916년 봄에는 하우스 대령이 교전 중인 각국을 다시 방문해 국제 평화 조직의 창설을 포함한 구체적인 강화회의를 제안했다. 다른 한편으로 윌슨 정권은 모건 계통의 은행을 통해 교전국에게 자금을 공여했으며 무기수출도 금지하지 않았다. 그 결과 특히 영국-프랑스의 연합국에 대해 20억 달러라는 거액의 채권을 보유하기에 이르렀다. 이로써 미국은 경제적으로는 유럽 전쟁의 혼돈에 발을 들여놓았다고 할 수 있었다.

미국 내의 전비 문제는 더욱 복잡해졌다. 참전을 피하고자 했던 윌슨은 처음에 루스벨트의 군국주의 운동을 강하게 경계했다. 그중에서도 징병제로 연결될 수밖에 없는 의무 병역과 관련된 논의를 문제시하면서, 내각의 추진파였던 린들리 개리슨(Lindley Garrison) 육군장관을 해임하고 혁신주의 좌파이자 평화

---

18 에드워드 하우스(Edward House)를 일컫는다. 주요 저서로 *What Really Happened at Paris: The Story of the Peace Conference, 1918-1919*(공저, 1921) 등이 있다. _옮긴이

주의자로 알려진 뉴턴 베이커(Newton Baker)를 후임으로 삼았다. 그럼에도 불구하고 전쟁이 장기화되자 윌슨은 점차 군비 증강론으로 기울었고 1916년 6월에는 미국반군국주의연맹의 격렬한 비판을 무릅쓰고 '국방법(National Defense Act)'의 근본적인 개정을 단행했다. 이 법에는 ① 연방 정규군을 현행의 2배인 17만 5000명으로, 주의 병사를 45만 명으로까지 확대, ② 유사시 주의 병사에 대한 지휘권을 대통령이 보유, ③ 전쟁 계획의 입안을 담당하는 국방회의 창설 등의 내용이 포함되었다. 또한 윌슨은 그 1주일 전인 5월 27일, 루트가 주재하던 외교 싱크탱크인 평화실시연맹[19]에서 국제연맹 구상의 원형인 강화 방안을 처음으로 공개했다. 참전 여부도 정하지 않은 상태에서 윌슨의 주도 아래 물질과 이념 양면에서의 전쟁 준비가 급속하게 추진되었던 것이다.

남미 문제와 국제연맹 구상

여기에서 중요한 것은 남미 국제정치에서 나타난 새로운 동향이다. 새로운 동향이란 중앙아메리카-카리브해의 미국 세력권을 포함하는 형태로 서반구라는 보다 광역의 국제질서가 구상된 것을 말한다. 윌슨은 1915년 말의 제2차 연차 교서에서 "범미주의(pan-Americanism)는 …… 제국의 정신이 아니다. 범미주의는 법과 독립, 자유와 상호 봉사의 정신이다"라고 밝혔는데, 이듬해인 1916년 1월에는 남미 국가들과의 상호적인 집단안전보장 협정안을 공개했다(일명 범미 협정). 이 배경에는 외국 세력으로부터의 자립을 지향하는 멕시코 베누스티아노 카란사 정권과의 관계를 회복할 수 없었던 미국의 초조함이 있었다. 윌슨 대통령은 미국-멕시코 양국과 아르헨티나, 브라질, 칠레를 더한 다국 간 교섭이 중앙아메리카 정치의 안정화로 연결되기를 바랐다. 그리고 바로 이 새로운 질서를 형성하기 위해 지정학적인 지배 논리와는 다른 신외교 이념을 전면에 내세웠다. 하지만 이 국제 교섭은 곧 암초에 부딪혔다.

---

19   영어 명칭은 League to Enforce Peace(LEP)이다._옮긴이

암초에 부딪힌 최대의 원인은 미국과 멕시코 양국 간의 무력 충돌이었다. 1916년 3월, 빈농 출신의 반미 민족주의자 판초 비야(Pancho Villa)[20]의 세력이 미국 영내로 침입해 뉴멕시코주의 군사 시설을 불태우고 10명의 미국인을 살해했다. 윌슨은 즉시 보복을 위해 멕시코에 1만 명의 병력을 파견했는데, 분쟁은 곧 진흙탕이 되었다. 존 퍼싱(John Pershing)이 이끄는 미군 토벌대는 한 달이 지나도록 비야를 체포하지 못한 상태에서 멕시코 영내를 500km 이상 침투해 공격했으며, 결국 카란사 정권의 멕시코 정규군과 전투를 벌이게 되었다.

이 와중에 1916년 5월, 칠레는 범미 협정에 가입하는 것을 미루기로 했다고 통보해 왔다. 당시 칠레는 자국이 실효 지배하고 있던 타크나 및 아리카 지역의 영유를 둘러싸고 페루와 분쟁을 겪고 있었다. 칠레가 범미 협정에 참가하는 것은 이미 전쟁 상태인 미국과 멕시코 사이에서 불 속의 밤을 줍는 일이 될 뿐만 아니라, 현상유지를 바라던 칠레의 국경 문제에 타국의 개입을 허용하게 될 것이었다. 그 결과 서반구의 집단안전보장이라는 구상은 공중에서 해체되었고, 미국의 중앙아메리카 정책은 장벽에 부딪혔다.

매우 흥미로운 것은 이 타이밍에 앞에서 언급했던 것처럼 평화실시연맹에서 윌슨 대통령이 연설을 했다는 점이다. 이 연설은 전쟁 방지를 위한 여러 국민의 보편적인 모임을 설명했던 것으로, 영국의 민주적 통제 연합(UDC), 제인 애덤스의 여성평화당(WPP)에 의한 여러 국민의 협조론도 이 연설에 영향을 미쳤다. 하지만 이 국제연맹 구상의 목적은 단순히 신외교의 이상을 구체화하는 것이 아니었으며, 그 배경에는 중앙아메리카-카리브해에서 작용하는 권력정치가 있었다. 윌슨은 미국이 도서 제국으로서의 세력권을 확보하기 위해 서반구 전체에서 20세기의 먼로 독트린을 재편하고자 했지만, 그 계획이 효과를 거두지 못하고 끝나자 남미를 포함하는 전 세계에 신외교의 논리를 전개했던 것이다. 그

---

20 프란시스코 비야(Francisco Villa)를 지칭하며, 본명은 도로테오 아랑고(Doroteo Arango)이다._옮긴이

리고 그것은 원래 미국과 아무런 관계가 없음이 분명했던 강 건너편의 전쟁, 즉 유럽 전쟁에 미국 제국의 원리가 적극적으로 관여했음을 의미했다.

1916년 선거

미국 내에서는 이러한 상황 속에서 1916년의 대통령선거가 치러졌다. 현직의 민주당 소속 윌슨 대통령에 대항한 인물은 공화당 후보 찰스 휴스(Charles Hughes)였다. 엘리후 루트가 전담했던 7월의 공화당 대회는 이전의 선거를 반성하면서 당내 보수파와 혁신파의 재통합을 도모했고, 가장 당파성이 희박한 연방법원 판사 출신의 휴스를 대통령 후보로 지명했다. 이 공화당 대회에서는 복당한 루스벨트도 출석해 전비와 병역의 의무를 공약으로 내세운 휴스를 공식적으로 지지했다.

이에 반해 민주당의 윌슨은 참전 문제를 일부러 쟁점으로 삼지 않고 '그(윌슨)가 미국을 전쟁으로부터 멀어지게 만들었다'라는 교묘한 캐치프레이즈를 내세우면서 반전파 사이에서도 지지를 확대해 갔다. 오히려 이 선거전에서 윌슨이 힘을 쏟아부은 것은 이 장의 앞부분에서 살펴보았던 노동 관련 대책이었다. 투표 직전에 여러 개의 노동법을 제정하는 등 구축된 조직 노동과 정치 연대를 맺은 것은, 그 이후의 민주당 정권에 의해 전시체제와 복지국가가 형성된 것을 고려하면, 역사적인 의미를 갖는 일이었다. 이듬해인 1917년 최초의 국방회의가 조직되었을 때, AFL의 회장 새뮤얼 곰퍼스(Samuel Gompers)는 7명의 자문위원 가운데 1명으로 선정되었다. 전국 노조는 전시 협동조합주의의 일각을 차지했으며, 그 이후 총력전에서 국민을 동원하는 추진자가 되었다. 11월 대통령선거의 결과, 일반 투표에서 912만 표를 득표한 윌슨이 근소한 차이로 승리를 거두었다.

1916년 선거에서는 하나의 역사적인 사건이 발생했다. 몬태나주에서 선출된 지넷 랭킨(Jeannette Rankin)이 여성 최초의 연방 하원의원에 당선되었던 것이다. 이미 살펴본 바와 같이, 미국의 투표권은 전통적으로 주 권한의 관할하에 있었다. 이 때문에 지역에 따라 흑인 투표권이 격차가 컸던 것처럼, 여성 참정권이 확립된 시기도 동일하지 않았다. 일찍부터 서부 여러 주는 여성의 정치 참여에 적극적이었으며, 1916년 선거까지 몬태나주를 포함한 11개 주가 여성 참정권을 인정했다. 랭킨은 유일한 여성 의원으로서 1920년 수정헌법 제19조(투표권에서의 합중국 및 각 주의 성차별 금지)를 실현하는 데 크게 공헌했다.

승리 없는 평화

대통령에 재선된 윌슨은 곧 전쟁 반대 공약을 망각한 것처럼 참전으로 전환했다. 1917년 1월 22일, 그가 연방의회 상원에서 했던 '승리 없는 평화(peace without victory)' 연설은 미국과 제1차 세계대전의 역사에 커다란 전기가 되었다. 이 연설은 세계대전 이후 실시될 강화에서 무병합·무배상 원칙을 채택할 것임을 설파한 것으로 유명한데, 더욱 중요한 것은 다음의 신외교 선언에 해당하는 부분이다. "만약 이 전쟁이 새로운 세력균형을 위한 것이라면 누가 새로운 질서의 안정을 보장할 것인가? …… 세력균형이 아니라 힘의 공동체가 요구되며, 조직된 경합 관계가 아니라 조직된 공통 평화가 요구되고 있다." 또한 이 연설은 "국가의 대소강약의 구별 없이 …… 여러 국가 간의 평등 위에 평화가 구축되지 않으면 안 된다"라고 하면서 약소국의 존엄에 대해서도 언급했다.

이러한 논의는 평화실시연맹에서 윌슨이 했던 연설을 발전시킨 것으로, 아마도 유럽에서 있었던 반제국주의 평화 언설에서 유래한 주장이었을 것이다. 이 때문에 과거에 아르노 조지프 메이어(Arno Joseph Mayer)가 설명했던 바와 같이, 민주적인 전쟁 목적을 구축하고 반전쟁파로부터 민주외교론을 찬탈한 것은 전쟁 혐오 분위기가 만연하던 영국과 프랑스의 사회주의 세력을 전선에 머물게 했으며, 나중에는 볼셰비키의 평화공세에 대항하는 의미를 지니게 되었다.

마찬가지의 효과는 미국의 국내 정치에서도 드러났다. 승리 없는 평화 연설을 한 직후부터 많은 혁신주의자들이 강둑이 터진 것처럼 참전을 지지하는 것으로 전환했다. 예를 들면, 과거에 루스벨트 혁신당의 지지자였던 ≪뉴리퍼블릭≫의 논객도 일제히 이 연설을 칭찬했다. 특히 월터 리프먼은 전쟁정책에서 사회개혁의 기회를 찾아내 윌슨 대통령에게 급히 접근했다. 그밖에도 철학자 존 듀이(John Dewey), 시카고의 빈곤 반대 활동가 로버트 헌터(Robert Hunter) 같은 혁신주의 좌파나 사회주의자로 간주되는 지식인들도 차례로 윌슨의 전쟁 목적에 찬동했다.

존 듀이는 이듬해에 「전쟁의 사회적 가능성(The Social Possibilities of War)」 이라는 제목의 논문에서 다음과 같이 밝혔다. 즉, "전쟁에는 …… 모든 분야의 과학적 전문가의 집합적 지식과 기술을 활용해 공동체의 목적을 위해 조직하는 습성이 있다"라고 설명하는 한편, 전쟁 동원은 "사적인 성격도 가지고 있지만 또한 한편으로는 소유자가 가진 이해를 공적이고 사회적인 이익의 높은 수준에 종속시킬 것이다"라고 언급했다.

그러나 승리 없는 평화라는 주장은 반드시 리프먼과 듀이가 해석했던 것처럼 코즈모폴리턴적인 사상을 말하는 것은 아니었다. 이 연설에서 윌슨은 미국 독립선언을 인용해 "정부의 공정한 통치 권력은 어디까지나 피치자의 합의에서 유래하는 것이라는 원칙을 승인하지 않는 평화는 계속 연장될 수 없다"라고 강조하면서 세계의 민주화 자체를 전쟁의 궁극적인 목표로 삼았다. 이는 일부러 18세기 계몽사상의 레토릭을 이용해 세계 전쟁의 원인에 해당하는 근대 유럽 공법의 권력정치를 비판한 것이었다. 또한 윌슨은 관련된 민주 세계의 형성은 "여러 국민과 함께 먼로 대통령의 원칙을 세계의 교의로 받아들이는 것"이며, 그것이 "미국의 원칙이다"라고도 역설했다. 즉, 전쟁의 대의는 유럽 주권국가 질서의 외부에서 발전한 미국 체제를 유럽을 포함한 전 지구적 규모로 확대하는 것이라는 것이다. 협조적 평화와 각국의 국내 개혁, 그리고 미국적인 것을 불가분의 총체로 표명한 레토릭은 윌슨의 전쟁정책에서 중심을 차지했다.

3. 총력전과 시민사회

참전을 향하여

하지만 이러한 미국 체제는 미국-스페인 전쟁과 루스벨트 버전을 거치면서 변질되어 제국주의와 범미주의 사이에서 균열된 상태에 있었다. 윌슨의 세계전략의 핵심은 역시 중앙아메리카-카리브해에 있었다. 이러한 의미에서 1917년 2월 독일이 무제한 잠수함 공격을 재개한 것, 그리고 독일이 멕시코와의 군사동맹을 적극적으로 꾀했다는 사실이 발각된 것은 미국이 최종적으로 참전을 결정하도록 만들기에 충분했다. 2월 말, 독일 외교장관 아르투르 치머만(Arthur Zimmermann)이 주멕시코 독일대사관에게 보낸 암호 전보가 해독되어 공개되었다. 이 전보는 만약 미국과 독일 간에 전쟁이 일어날 경우 "멕시코에 대해 함께 싸우고 함께 강화하자는 조건에 입각해 동맹을 제안한다. 그리고 독일은 멕시코가 상실한 국토, 즉 텍사스, 뉴멕시코, 애리조나를 회복하는 것을 지원한다"라는 내용을 담고 있었다.

또한 그다음 달인 3월에 러시아에서 혁명이 발발해 로마노프 왕조가 붕괴된 것도 무시할 수 없었다. 로마노프 왕조가 붕괴됨으로써 미국이 연합국의 일원으로 참전할 경우 미국이 민주주의를 위한 전쟁을 제창하면서도 차르의 전제 권력과 동맹을 맺고 있다는 모순이 결국 제거되었다. 1917년 3월 20일 윌슨 대통령은 참전을 국무회의에서 결정했고, 이어서 4월 2일에는 의회에서 "우리의 (전쟁의) 목적은 세계의 삶 속에서 이기적이고 전제적인 권력에 반대하고 평화와 정의의 원칙을 확립하는 것이자, 이 원칙을 지키고 보증하기 위해 자치를 실시하는 여러 (국가의) 국민들 사이에서 협조 관계를 수립하는 것이다. …… 세계는 민주주의를 위해 완전해지지 않으면 안 된다"라고 말했다. 4월 6일, 미국은 독일에 대해 선전포고를 감행했다. 열강 간의 군사동맹을 혐오했던 윌슨은 연합국에 가담하는 것을 거부했으므로 이것은 어디까지나 전쟁 협력국으로서의 참전이었다.

미국이 참전한 것은 20세기의 미국이 스스로 재정의했던 제국의 먼로 독트린을 지키기 위해 원래의 먼로 독트린이 제기했던 금기를 깨뜨리고 유럽과 세계정치에 깊게 관여하기 시작했음을 의미했다. 의회는 즉시 참전을 지지하는 결의를 채택했는데, 상원에서 6표, 하원에서 50표의 반대표가 있었다. 이 반전 의원에는 직전의 선거에서 여성 최초의 연방 의원으로 당선된 지넷 랭킨, 로버트 라폴레트(Robert La Follette)[21] 등 중서부의 공화당 혁신파가 이름을 올렸다. 하지만 머지않아 그들의 반전론은 윌슨 정권의 국내 프로파간다가 창출한 전시 민족주의의 목소리에 의해 사그라졌다.

전쟁 동원

1년 6개월에 이르는 전쟁 기간 동안 미국 정부는 전례 없는 국민 동원을 감행했다. 역사상 최초로 전국적인 징병제가 도입되었으며, 철도, 광산 등의 주요 산업은 국가의 관리하에 놓였다. 또한 정부는 '전시 방첩법'을 제정해 반전 목소리를 봉쇄하는 한편, 법무부와 육군부[22]의 국내 첩보를 확충하고 사상을 감시하는 체제를 형성했다. 그러한 한편으로 전시 정부는 민간의 여성 단체와 에스닉 집단이 식량 보존과 전쟁공채운동에 자발적으로 참가하는 틀을 모색했다. 민주주의를 위한 전쟁이 되려면 적어도 형식적으로는 광범위한 공중의 합의 아래 수행되지 않으면 안 되었다.

총력전 체제에서 핵심 조직은 뉴턴 베이커 육군장관을 비롯한 주요 각료와 산업계·노동계의 민간 지도자로 구성된 국방회의[23]라는 준국가기관이었다. 민간

---

21 위스콘신주 출신의 상원의원(1906~1925년 재임), 하원의원(1885~1891년 재임)을 역임했으며 제20대 위스콘신주 주지사(1901~1906년 재임)를 지냈다._옮긴이

22 전쟁부(Department of War)를 지칭한다. 원래는 1789년에 창설되어 미국 육군을 지휘·관리하던 미국 내각 중의 하나였다. 그 이후 1798년 미국 해군부, 1947년 미국 공군부로 나뉘었다가 1947년 9월 국가군사기구(National Military Establishment: NME)로 통합되었으며, 1949년 국방부(Department of Defense)로 명칭이 바뀌었다._옮긴이

23 The Council of National Defense를 일컫는다._옮긴이

자문위원에는 볼티모어-오하이오 철도의 사장 대니얼 윌러드(Daniel Willard), AFL 회장 새뮤얼 곰퍼스, 그리고 월스트리트의 거물급 투자가 버나드 바루크(Bernard Baruch) 등이 이름을 올렸다. 국방회의는 말하자면 중앙정부와 산업계·노동계가 결합된 맹아적인 조합주의를 구현했다. 또한 이러한 관민 공동체는 무수한 업계와 지역에 하부 조직을 보유했고, 구체적인 동원 정책 입안, 각종 자원자에 의한 애국 활동을 추진했다. 아울러 이 조직기구에서 전시 생산의 계획화를 추진했던 전시산업국(War Industries Board: WIB, 국장은 버나드 바루크), 철도에 대한 국가 차원의 관리를 담당했던 전시철도청, 군수산업에서 노사 관계를 조정했던 전시노동위원회(National War Labor Board: NWLB) 등이 탄생했다. 그리고 이러한 전시기관에서는 전쟁 관리자라고 불리는 젊은 행정 관료와 전문가들이 효율의 최대화를 지향하는 관리를 강력하게 추진했다.

전시 노동정책

주목해야 할 것은 새뮤얼 곰퍼스가 이끄는 전국노조 AFL이 이 같은 집산주의의 일부를 담당했다는 점이다. 원래 곰퍼스가 제창해 온 산업의 입헌주의는 정부의 개입에 대해서는 부정적으로 간주하는 사상이었다. 하지만 제1차 세계대전 아래에서 AFL의 지도층은 전시국가의 권위를 배경으로 전국노조가 맺는 노동협약에 정통성을 확보하는 길을 택했다. 이러한 방침의 배경에는 전시하의 노동력 부족으로 노동자의 교섭력이 확대되었고 이로 인해 전례 없는 규모로 노동쟁의가 빈발했다는 점이 작용했다. 노동부 노동통계국의 자료에 따르면, 1917년 1년 동안 발생한 쟁의는 4450건으로, 1881년부터 1937년까지의 기간 동안에서 가장 많았다. 쟁의의 폭발적인 확대는 1917년 가을까지 전시 생산에 위협이 되었고, 산업의 평화와 안정을 위해 통일적인 노동정책을 마련해야 한다는 목소리가 정부 안팎에서 높아졌다. 그 이후 국방회의와 제조업자 단체, AFL 간에 약 반년 간에 걸쳐 격론이 오간 끝에 1918년 3월 말 연방정부에 의해 전시 노동정책의 통일 원칙이 채택되었다.

통일 원칙에서는 노동정책의 한 가지 전제로 전쟁 중에 어떤 파업이나 폐쇄도 있어서는 안 된다고 규정함으로써 쟁의권을 포기하도록 했다. 하지만 동시에 노동자의 단결권과 단체 교섭권에 대해서는 전반적으로 옹호하는 입장을 취했다. 각 사업소의 단체 교섭 양식에 대해서는 오픈숍[24] 제도를 포함해 현상유지를 인정했다. 이에 대해서는 "노동자가 노동조합을 결성하고 노동조합에 가입할 권리를 …… 부정 또는 방해하지 않는다"라고 명확하게 명기했다. 이러한 사고방식은 단순히 노동조합이 요구를 관철했다는 데 의의가 있는 것이 아니었다. 같은 시기에 대통령으로부터 위탁을 받아 노동관계 실태 조사를 실시했던 하버드 대학의 펠릭스 프랑크푸르터(Felix Frankfurter)[25]도 노동자를 개인으로 취급하는 것이 아니라 그들의 조직을 정부가 승인하는 것은 "산업 공정을 조정하는 데 있어 불가결하다"라고 결론 내렸다. 프랑크푸르터는 테일러협회의 좌파 성향의 경영자와도 가까운 사이였으며 ≪뉴리퍼블릭≫ 계통의 자유주의자였는데, 그의 주장의 근저에는 사회 효율의 관점에서 노사의 조직적 균형을 추구하는 논리가 자리하고 있었다.

또한 정부는 전쟁정책에 통일 원칙을 확립하기 위해 1918년 4월 8일 긴급 대통령 성명의 형태로 전시노동위원회를 창설했다. 이 위원회는 1914년에 창설된 산업관계위원회의 프랑크 월시가 노동계 측 공동위원장으로, 태프트 전 대통령이 경영자 측 공동위원장으로 임명되어 양자의 협의를 축으로 운영되었다. 전시노동위원회는 효율적인 전쟁 수행에 필요한 생산 부문으로부터 합계 1251건의 제소를 받아들이고 그중 490건에 대해 판결 및 결정을 내리는 등 전시 산

---

24 기업에 고용된 노동자가 그 회사의 노동조합에 가입할지 여부를 자신의 의사에 따라 결정할 수 있는 제도를 일컫는다._옮긴이

25 1882년 오스트리아 비엔나의 유대인 랍비 가문에서 출생했으며, 1902년 뉴욕시립대학을 졸업한 후 하버드 대학 로스쿨을 거쳐 변호사가 되었다. 1914년부터 하버드 대학 로스쿨 교수를 역임했으며 1939년부터 1962년까지 연방대법원 배석판사를 맡았다. 주요 저서로 *The Business of the Supreme Court: A Study in the Federal Judicial System*(공저, 1928) 등이 있다._옮긴이

업의 최고법원으로 군림했다. 관련된 판결은 1100개 이상의 사업소, 71만 명이상의 노동자에게 영향을 미쳤으며, 138건의 파업을 막았다.

전시노동위원회의 활동에서 특기할 만한 것은 조직화되어 있지 않은 산업에서는 직장위원회라는 노동자 자치조직이 신설되어 단체 교섭의 당사자가 되었다는 것이다. 이 직장위원회 선거에서는 기존의 AFL 노조에 가입하지 못했던 여성 노동자와 비숙련 이민 노동자(귀화 1차 서류 제출을 조건으로 했다)도 투표를할 수 있었다. 실제로는 전시노동위원회가 설치했던 125개 직장위원회의 다수를 현지의 남성 숙련공이 지배하긴 했지만, 공장의 전체 종업원을 망라하는 이조직 방식은 산업별 조합의 맹아라고도 추정된다. 무엇보다도 전시노동위원회는 대부분 남부의 산업에 개입할 수 없었기 때문에 인종 차별적인 이중 임금 제도를 존속시켰다는 한계를 지니고 있었다. 하지만 한편으로는 위의 사례가 보여주듯이 남유럽과 동유럽 계통의 이민과 여성 노동자를 사회적으로 포섭하는데 크게 기여했다.

전시 홍보

개별 동원 정책을 검토해 보면, 가장 일찍 본격적으로 정비된 것은 미국 내프로파간다 분야였다. 중립 시기 이래 미국 대중에게서 잠재적으로 반전 감정이 계속 부각되었다는 것을 고려하면 이것은 당연한 일이었다. 또한 결국 참전을 결의한 윌슨 정권으로서는 총력전을 수행하기로 한 이상 이제까지 비민주적이라고 반대해 왔던 징병제를 도입하지 않을 수 없었고, 이러한 모순을 호도하기 위해서라도 국내 선전은 가장 중요한 과제였다.

참전한 지 1주일이 지난 4월 14일, 전시의 건전한 여론 형성을 담당하는 전시홍보위원회(Committee on Public Information: CPI)가 대통령 행정명령의 형태로 설치되었다. 사업 전체를 총괄하는 위원장에는 민간의 저널리스트 조지 크릴(George Creel)이 취임했다. 크릴은 전비 운동을 지지했던 루스벨트파의 혁신주의자였는데, 윌슨의 선임으로 "여론이 국방의 중요한 일부임을 인식하고

…… 국내의 충성과 통일"을 위해 진력하기로 맹세했다.

CPI에 부여된 최대 임무는 사람들에게 전쟁의 목적을 주지시키고 해설하는 것이었다. 예를 들면, 제1호 팸플릿 「전쟁은 미국에 어떻게 도래했는가」에서는 다음과 같이 참전 경위를 설명했다. 즉, 미국은 대전이 발발한 이후에도 중립을 유지했으며 "새로운 세계의 여러 공화국에 대한 책임을 수행하면서" 유럽 분쟁에서의 조정자가 되고자 했다. 하지만 독일은 잠수함 공격으로 루시타니아호를 격침시켰으며 "우리의 중립국으로서의 권리를 침해했을 뿐만 아니라 인류의 근본 개념에 배치되는 행동을 보였다." 또한 독일의 모략은 "쿠바, 아이티, 산토도밍고에서 반란을 선동하는" 등 "먼로 독트린에 대한 공격을 감행하면서 …… 미국의 중립 정책을 위협해 왔다." 계속해서 이 팸플릿은 승리 없는 평화 연설 가운데 일부, 즉 "정부의 공정한 통치 권력은 어디까지나 피치자의 합의에서 유래하는 것이라는 원칙을 승인하지 않는 평화는 계속 연장될 수 없다. …… 나는 여러 국민과 함께 먼로 대통령의 원칙을 세계의 교의로 받아들이도록 제안한다"라는 내용을 발췌해 수록하면서 이념의 전쟁을 강조했다. 그리고 마지막에는 치머만 전보 사건과 독일의 잠수함 공격 재개에 대해 언급하면서 미국의 참전이 불가피했던 사정을 밝혔다.

여기에서 제시된 전쟁 목적은 참전 직후 미국 정부의 공식 견해로 간주해도 무방하다. 먼로 독트린의 전통과 장래의 평화 구축을 결부시키는 레토릭, 그리고 독일의 전제와 미국이 의거하고 있는 피치자의 합의를 이항 대치시키는 논법은 CPI가 제작한 다양한 매체에 등장하는 주요 모티브가 되었다. 또한 여기에서 여론을 유도하는 감정의 고리로 루시타니아호 사건이 특별히 포함되었다는 점도 지적할 수 있을 것이다. 이미 살펴본 바와 같이, 2년 이상 전에 일어났던 루시타니아호 사건은 미국 참전의 직접적인 원인이라고 보기 어렵다. 하지만 전시하의 국내 선전에 의해 이 두 가지 사건은 미국인의 집합적인 기억에서 알기 쉽게 결합되었다. 팸플릿 「전쟁은 미국에 어떻게 도래했는가」는 총 543만 부라는 엄청난 수량이 인쇄되었다. 미국 전역의 방방곡곡에 배포되었던 것이다. 그 이후 휴전될 때까지 1년 6개월 동안 CPI는 방대한 정보를 국민사회를 향해 계속 발신했다. 각 신문에 발송한 보도 자료 횟수는 6000회를 넘었고 총계 7500만 부의 팸플릿과 무수히 많은 포스터를 발행했다. 또한 CPI는 대규모의 연설 운동과 영화 제작도 주도하면서 거대한 전쟁 프로파간다를 형성했다.

시민적 자유를 억압하다

정부 홍보라는 통치 권력을 주체로 민의를 형성하려는 시도는 이미 그 자체로 원래의 시민의 영역을 침식하는 것이었다. 하지만 윌슨 정부는 나아가 일련의 스파이 대책법을 이용해 정부와 대립하고 있던 시민의 표현의 자유를 제한했다. 1917년 6월에 제정된 '전시 방첩법'은 "허위의 정보 및 성명으로 …… 군대 내에 불복종, 불충, 반란을 야기하거나 …… 의도적으로 징병을 방해한 자에게는 20년 이상의 징역"을 부과한다고 규정하고 있으며, 체신부 장관에게 이 법에 저촉되는 신문과 잡지의 유통을 규제할 수 있는 검열 권한을 부여했다. 또한 이듬해인 1918년 5월 제정된 '전시 소요법'에서는 이에 더해 "정부의 형태 또는 국기, 군복에 대해 경멸하거나 비방하는 발언"까지 처벌의 대상이 되었다. 하지만 처음부터 이러한 조문은 헌법이 보장하는 시민적 자유(표현의 자유)에 반하는 것으로 우려되었다. 왜냐하면 미합중국 수정헌법 제1조에는 "의회는 …… 언론과 출판의 자유, 그리고 평화적으로 집회할 국민의 권리를 제한하는 법을 제정해서는 안 된다"라고 되어 있기 때문이다.

이 문제가 크게 주목받은 것은 1918년 6월 미국사회당의 당수 유진 뎁스가 전쟁을 비판하는 연설을 했다는 이유로 체포되고 기소되는 사건이 발생했기 때문이었다. 미국사회당은 미국이 참전한 이후에도 반전을 일관되게 주장한 세계적으로도 매우 드문 사회주의 정당이었는데, 이는 카리스마적 지도자 뎁스의 완강한 의사에서 비롯된 바가 컸다. 6월 16일, 오하이오주 캔턴의 니미실라 공원[26]에서도 뎁스는 전쟁의 계급 억압적인 성격을 날카롭게 비난했다. 전쟁 중에 "피를 흘리며 희생된 노동자 계급은 원래 선전했을 때 찬성 여부의 의사를 표명할 기회조차 없었던 것이 아닌가"라는 발언이 문제가 되어 뎁스는 같은 달 말에 '전시 소요법' 위반 혐의로 클리블랜드의 연방 법원에 송치되었고 유죄 판결을 받았다. 이에 불복한 뎁스는 항소했는데, 대법원도 연설이 징병 방해에 해당한 다고 인정해 1919년 3월 전원 일치로 징역 10년의 실형 판결을 언도했다. 그리고 4월 뎁스는 애틀랜타 연방 형무소에 수감되었다.

명백하면서도 현존하는 위기

대법원의 뎁스 관련 판결은 '전시 방첩법' 및 '전시 소요법'과 수정헌법 제1조 간의 정합성에 대해서는 특별히 논하지 않았다. 하지만 1주일 전에 진행된 '셴크 대 미합중국(Schenck v. United States) 재판'이라는 동일한 종류의 분쟁과 관련된 판결을 참조해야 한다고 적시했다. '셴크 대 미합중국 재판'의 발단은 역시 미국사회당의 서기장이었던 찰스 셴크(Charles Schenck)가 징병 대상인 청년들을 향해 군역에 불복종하도록 촉구하는 내용의 정치 전단을 1만 5000장 배포한 사건이었다. 셴크 또한 '전시 방첩법' 위반으로 유죄 판결을 받았는데, 그때 대법원은 다음과 같은 법리를 전개했다. "언론의 자유를 최대한 엄격하게 보호하더라도, 사람들로 가득 차 있는 극장에서 화재가 발생했다는 거짓말을 크게 외치고 패닉 상태를 유발하고자 하는 사람을 보호하는 것은 불가능하다. 문제는 …… 그 발언이 명백하면서도 현존하는 위기를 야기하는 것과 같은 환경에서 그러한 성격을 지니는 것으로서 이용되는지 여부이다." 요약하자면 명백하면서도 현존하는 위기가 있다고 판단될 경우 헌법상의 시민권은 제한될 수 있다는 것이었다.

다만 대법원이 이 원칙을 완전히 남용한 것은 아니라는 것도 부언해 두어야 할 것이다. 1918년 8월에 뉴욕시의 유대인 거리 로어 이스트 사이드에서는 미군이 러시아 내전에 출병하는 데 반대하는 전단지가 뿌려지는 사건이 발생했

---

26 Nimisilla Park를 일컫는다. _옮긴이

다. 셴크 판결에서는 전원 일치였던 대법원 판사의 판단이 이 사건에 대해서는 나뉘어져 7 대 2로 유죄 판결이 이루어졌다['에이브람스 대 미합중국(Abrams v. United States) 재판']. 반대 의견을 냈던 자유주의 성향의 판사 올리버 홈스(Oliver Holmes)와 루이스 브랜다이스(Louis Brandeis)는 문제가 된 전단지가 이디시어[27]로 쓰여 있었다는 점을 이유로 들어 명백하면서도 현존하는 위기로 인정하지 않았던 것이다. 그렇다고는 해도 이 원칙은 결국 공공의 안전이라는 통치자의 논리가 시민적 자유에 우선한다는 것을 선언한 것이나 마찬가지였다. 나중에 제2차 세계대전 시기에 이루어진 일본계 이민에 대한 강제 수용, 냉전 시기에 발생한 인권 침해의 대다수가 국가의 안전보장을 이유로 이루어졌다는 것을 고려하면 이 판례가 지니는 의미는 매우 무겁다.

또한 역사적으로 볼 때 이 시기에 처음으로 표현의 자유와 언론의 자유가 정치 문제화되었다는 사실도 매우 흥미롭다. 19세기에 시민의 권리가 법정에서 다투어졌을 때, 그 대부분은 재산권에 관한 것이었다. 잡지에 피임 도구를 광고하는 것을 외설적인 문서로 규제했던 '컴스톡 법(Comstock Laws)'의 사례가 있긴 했지만, 시민적 자유가 통치 권력과 서로 대항하고 있다는 인식은 제1차 세계대전 시기에 처음으로 정착되었다. 여기에 전시의 국가 팽창을 배경으로 시민사회의 여러 원칙이 사라졌다는 사실을 확인할 수 있다. 제1차 세계대전이 종결된 직후에 탄생한 미국시민자유연맹(American Civil Liberties Union: ACLU)[28]처럼 오늘날에도 존속하는 인권 관련 단체가 생겨난 것이 그러한 증거였다.

---

27 9세기 무렵에 중앙 유럽에서 발생되었으며, 고지 독일어를 바탕으로 한 방언에 히브리어, 아랍어, 슬라브어, 로망스어 계열의 요소가 결합된 언어이다. 초기 아슈케나지 유대인 집단을 중심으로 사용되었으며, 1935년 기준으로 이디시어를 사용하는 인구는 1060만 명(북미 지역 298만 7000명 포함)이 넘었다. _옮긴이

28 1920년 1월 제인 애덤스, 펠릭스 프랑크푸르터 등에 의해 창설되었으며, 주로 표현의 자유, 인권 문제에 중점을 두고 활동했다. _옮긴이

'선별징병법'

CPI가 설립된 직후부터 가장 중요한 전쟁정책이던 징병이 서둘러 추진되었다. 윌슨 정권은 1917년 5월 18일 '선별징병법'[29]을 제정해 1년 6개월 동안의 참전 기간 동안 네 차례의 징병을 실시했으며, 합계 약 280만 명의 일반 시민을 병사로 만들었다. 무엇보다 징병과 윌슨 정권의 관계에는 복잡한 부분이 있었다. 중립 시기의 윌슨은 루스벨트의 전비 운동에 대항하고 있었으므로 징병제 도입에 비판적인 입장을 취했었다. 하지만 1916년 선거 이후 대통령에게 신속하게 접근했던 월터 리프먼 등 ≪뉴리퍼블릭≫ 계통의 지식인들은 유럽 원정을 위한 대규모 병력을 단기간에 정비하기 위해서는 징병이 불가피하다고 설득했다. 또한 미군 내부에서도 새로운 세대의 테크노크라트(기술관료)들이 사회 효율의 관점에서 징병을 강하게 주장했다. 인적 자원의 합리적인 배치를 유지하면서 산업과 농업에 피해를 주는 일 없이 거대한 군대를 만들기 위해서는 병사의 선발을 계획적으로 통제할 수 있는 징병제가 필요하다는 것이었다. 그 이후에도 윌슨은 전통적인 지원병 원칙을 포기하는 것에 머뭇거렸지만 참전 교서 연설을 하기 수일 전에 이르러 결국 징병제를 도입했다.

제1차 세계대전 시기에 징병과 관련된 제도 설계 전반을 담당했던 사람은 육군의 헌병 사령관 에녹 크라우더(Enoch Crowder)였다. 그는 다른 많은 중견 엘리트 군인과 마찬가지로, 미국-스페인 전쟁 이후 제국을 운영하는 가운데 두각을 드러낸 인물이었다. 군인이 법조 자격을 갖고 있던 세기의 전환기에는 군 법무관으로서 필리핀의 형사 사법 제도를 구축하도록 지도했으며, 러일전쟁 시기에도 관전 무관[30]으로 극동 지역에 머물렀다. 또한 태프트 정권 시대에는 쿠바

---

29 영어로는 'Selective Service Act of 1917'로 표기한다._옮긴이
30 전쟁 중에 교전국의 허가를 받은 후 전쟁의 전개 양상을 시찰하는 제3국의 장교를 일컫는다. 1898년 미국-스페인 전쟁에서는 일본의 아키야마 사네유키 해군 대위가 관전 무관으로 활동했고, 러일전쟁 시기에는 미국, 영국, 스페인 등 13개 국가에서 70명 이상의 관전 무관이 파견되었다._옮긴이

총독부로 가서 현지의 선거 감시 등에서 실적을 쌓기도 했다. 그 이후 미국 본국으로 돌아와 1911년부터 군 법무총감에 취임했다.

이러한 경력을 지니고 있던 크라우더가 기초한 '선별징병법'은 다음과 같은 세 가지 점에서 획기적인 내용을 담고 있었다. 첫째 특징은 징병 등록이라는 형태로 개인 정보를 대규모로 수집했다는 점이다. '선별징병법'은 ① 등록, ② 면제, ③ 추첨 선발이라는 3단계를 거쳐 시민사회에서 병력을 추출했는데, 이 가운데 등록은 미국에 체류 중인 외국인과 적국 시민을 포함한 징병 연령의 전체 남성 주민에게 의무화되었다. 1917년 6월 5일의 제1차 등록일에는 미국 전역의 21세부터 30세까지의 남성 978만 명이 지역의 징병위원회에 출두했으며, 미국 전역에 걸쳐 통일적으로 제공된 질문표에 직업, 가족 구성, 결혼 여부, 인종, 국적, 신체상의 문제 등과 관련해 답했다. 미국 정부는 이 거대한 성인 남성 데이터베이스를 일원적으로 관리하면서 전쟁 계획의 기초로 삼았다. 이는 혁신주의에서 전형적으로 살펴볼 수 있는, 사회적 통제를 위한 사회조사와도 흡사했다. 등록자의 수는 종전 시기까지 2391만 명에 달했다고 한다.

징병 면제의 의미

'선별징병법'의 둘째 특징은 면제 절차의 독특함에 있었다. 이 법은 ① 부양해야 할 가족이 있는 기혼 남성, ② 산업과 농업에서 중요한 역할을 수행하고 있는 유산계급과 숙련 노동자, ③ 신체상 장애가 있는 자, ④ 적국 국적의 외국인과 귀화 1차 서류를 제출하지 않은 외국인 등 네 가지 종류를 면제의 범주로 예시했으며, 등록자 가운데 이러한 조건에 해당하는 자는 면제를 신청할 수 있도록 했다.

특히 주의를 요하는 것은 ①의 부양해야 할 가족이 있는 기혼 남성의 면제이다. 크라우더는 "우리는 가장 친밀하고 신성한 가족 관계를 무너뜨리고 싶지 않다"라고 설명했지만, 가부장주의적인 가치관은 숨길 수가 없었다. 잘 알려져 있는 바와 같이, 제1차 세계대전 시기에는 많은 남성이 입대함에 따라 인력 부족이 발생한 몇 가지 직종에서 처음으로 여성이 고용되었다. 노면 전차의 차장, 구급차의 운전수, 포탄 제조창 등 이제까지 남성뿐이었던 직장이 어느 틈엔가 여성만으로 채워졌다. 이러한 현상에 입각해 세계대전의 총력전이 남녀평등과 여성의 사회 진출을 진전시켰다고 생각하는 사람이 많다. 하지만 실제로는 이 전쟁은 남녀 시민권의 비대칭성을 재확인하는 장이 되었다. 원래 국가에 군사 봉사한다는 시민적 의무는 대부분 남성만 독점했으며, 또한 징병 면제 과정에서는 방대한 수의 여성이 자신이 피부양자임을 신고함으로써 가까운 관계에 있는 남성에 대한 징병 면제를 청원했다.

게다가 '선별징병법'의 면제 조건에는 인종적인 측면이 있었던 사실도 간과할 수 없다. 크라우더는 면제 규제에 해당하지 않는 젊은이, 즉 징병되어야 할 대상자를 "독신 남성 및 그가 없더라도 피부양자가 적절한 지원을 받을 수 있는 소수의 기혼자, …… 산업과 농업에서 자기실현을 지향하지 않는 자, …… 소수의 비숙련 노동자 등"으로 개괄했다. 예를 들면, 여기에서 "그가 없더라도 피부양자가 적절한 지원을 받을 수 있는 소수의 기혼자"라는 것은, 구체적으로는 입대 이후의 수당이 월 50달러였으므로 수입이 이보다 적은 기혼 남성을 의미했는데, 이것은 남부에서 타작[31]하던 소작인과 일용직 노동자를 상정한 것이었다. 즉, 많은 경우 면제가 인정되지 않았던 기혼자는 가족을 부양할 수 없는 흑인이었다. 가난한 흑인 남성은 전통적인 남성성을 향유할 존재임이 인정되지 않았던 것이다.

'선별징병법'의 셋째 특징은 철저하게 지역적으로 시행되었다는 것이다. 이법은 미국 전역을 4648개의 징병 지구로 분할하고 등록, 면제를 비롯한 선별업무를 각 지구의 징병위원회에 위임했다. 정부는 전국 공통의 징병 등록 카드를 작성하고 일원화된 면제 기준을 강제하면서 "징병은 …… 민간과 지역의 일이다"라는 외관에 집착했다. 피치자의 합의 아래에서의 전쟁은 원래 국가에 의한

---

31 타작이란 수확고에 따라 일정한 비율로 소작료를 납부하던 것을 의미한다._옮긴이

시민의 징용과 양립할 수 없었기 때문이다. 이러한 양면성 때문에 지역 공동체는 한편으로는 국책의 하부 조직으로 통합되면서 다른 한편으로는 지역 명망가에 의한 지배를 유지하기도 했다. 지구 징병위원회를 구성했던 유력자는 자신들이 잘 아는 청년 및 그 지인들로부터 무수한 면제 신청을 받았고, 그 생사여탈을 주관할 때마다 선발 실무를 수행했다. 연구자 제럴드 셴크(Gerald Shenk)가 지적한 바와 같이, 전시하에 "유산자인 백인 남성은 연방의 대리인이 됨으로써 자신들이 공동체 내에서 이미 유지하고 있었던 권력과 위신을 강화"했으며, 그 결과 그들이 중시하는 사회질서와 문화적 가치를 반영했던 정치가 미국 전역의 지역 생활을 뒤덮었다. 총력전은 국가와 사회 간의 거리를 급속히 축소시켰고 옛 권위를 매개로 새로운 형태가 상호 침투하는 관계를 만들어냈다.

징병과 시민사회

1917년 '선별징병법'에 대해 다소 상세하게 살펴보았는데, 마지막으로 이 법의 합헌성에 대해 문제를 제기한 재판 투쟁이 있었다는 사실도 언급해 두고자 한다. 조지아주의 정치가 톰 왓슨(Tom Watson)과 뉴욕의 인권 변호사 해리 와인버거(Harry Weinberger)가 원고단으로 지원했던 이 재판['아버 대 미합중국(Arver v. United States) 재판']에서는 정부의 징병 정책이 수정헌법 제13조가 규정하고 있는 "의사에 반하는 고역의 금지"에 저촉되는지가 쟁점이 되었다. 이 문제제기는 '민주주의의 전쟁'에 수반된 국가에 의한 강제라는 커다란 모순을 부각시켰다. 앞에서 살펴본 것처럼 크라우더가 지역별로 징병하는 방안을 구상한 것도 이러한 문제를 교묘하게 피하기 위한 것이었다.

이 논점과 관련해 '선별징병법'이 발효된 5월 18일, 윌슨 대통령은 다음과 같이 국민에게 설명했다. "우리가 전쟁을 위해 창설하고 단련하지 않으면 안 되는 것은 군대가 아니라 국민이다. …… 이 법률은 선발을 통해 국민을 전쟁을 위해 조직하고 가장 좋은 부서에서 …… 봉사할 수 있도록 분류한다. …… 그것은 바라지 않는 자에게 강제하는 징용이 아니라 자발적으로 참가하고자 하는 국민

중에서 선발하는 것이다." 그리고 그 직후부터 CPI는 '무장한 하나의 국민, 1억 명의 자원자 군단'을 표어로 삼고 징병 프로세스의 민주성을 강조하는 대대적인 선전을 감행했다. 여기에 호응하듯 1918년 1월 대법원 아버 법정에서는 "시민이 병역을 수행해야 하는 상호적 의무는 헌법이 인정하고 있는 바이다"라고 판결하면서 징병을 합헌으로 간주했다. 주지하는 바와 같이, 미합중국 수정헌법 제13조와 마찬가지로 신체적 자유권과 관련된 규정은 일본 헌법 제18조에도 있으며, 이 조항은 일본에서 징병제를 부정하는 논거의 하나가 되고 있다. 하지만 과거에 미국에서는 봉사는 고역이 아니라는 논리로 약 280만 명이 징병되었다는 사실을 기억해야 할 것이다.

그런데 앞에서 언급한 아버 재판의 원고 측에 에이브람스 재판 등에서 국가권력이 시민사회를 침식하는 것을 비판했던 와인버거 변호사뿐만 아니라 인종증오를 정치적으로 이용하는 것도 불사하는 포퓰리스트로 알려져 있던 왓슨도 이름을 함께 올렸다는 사실은 불가사의하다. 왓슨의 진의는 와인버거와는 전혀 다른 데 있었다. 즉, 왓슨은 흑인을 징병하고 무장시키는 것을 깊이 혐오했던 것이다. 이러한 적과의 협력은 그들이 의거했던 수정헌법 제13조가 원래 노예제의 폐지를 선언하는 문서였다는 것을 떠올려보면 다소 기괴하기까지 하다. 이러한 현실을 알면 윌슨이 말하는 "전쟁을 위해 창설하고 단련하지 않으면 안 되는 것은 …… 국민이다"라는 말이 의미하는 바가 과연 무엇이었는지에 대한 의문이 다시 솟아오른다.

4. 전쟁과 민족주의

국민을 창출하는 전쟁

앞에서 언급한 '선별징병법'에서의 면제 규정, 그중에서도 ④ 적국 국적의 외국인과 귀화 1차 서류를 제출하지 않은 외국인 범주에서 미루어 짐작할 수 있는 바와 같이, 제1차 세계대전 시기의 미국은 장래 귀화하겠다는 의사를 선언한 외국인을 징병의 대상으로 삼았다. 또한 귀화 선언을 하지 않은 자와 적국 국적의 외국인이라 하더라도 스스로 면제 절차를 밟지 않는다면 미군에 입대해 미국에 대한 충성을 보여주는 것이 가능했다. 그 결과 미군 내의 외국인 병사의 수는 종전 시기까지 41만 4389명에 달했다. 여기에 귀화 시민의 병사를 더하면 외국에서 출생한 자는 약 50만 명에 이르러 전시 미군 총병력의 15.7%에 달했다. 미국의 유럽 원정군[32]이 프랑스에서 발행했던 홍보지에는 병사의 편지에 대한 검열을 49개국의 언어로 실시하고 있다는 내용이 적혀 있는데, 이러한 이민병은 약 80%가 남유럽과 동유럽 출신이었고 10만 명은 비영어권 출신이었던 것으로 추정된다. 따라서 혁신주의의 논점 가운데 하나였던 새로운 이민의 미국화는 전쟁정책에서도 중요한 과제였다.

중립 시기 초기부터 특히 우파의 논객은 군대의 훈련 프로그램이 이민에 대한 동화 교육으로서의 효과를 가질 것이라고 기대해 왔다. "용광로를 뜨겁게 가열하라!"라는 것은 의무 병역 운동 중에 레너드 우드가 내세웠던 슬로건의 하나였다. 이 흐름은 참전 이후에도 계속되어 CPI의 선전과 군의 문화정책은 (과거의) 조국을 잊고 철두철미한 미국인이 되라는 루스벨트류의 미국화론을 구현했다. 하지만 한편으로 전쟁은 많은 이민 집단의 민족 정체성을 자극하기도 했다. 그중에서도 폴란드계, 체코계 등 동유럽 이민은 제1차 세계대전을 조국을 재생하거나 독립하기 위한 좋은 찬스로 보고 오히려 전례 없을 정도로 유럽과의 연계를 추구했다. 이 때문에 참전 초기의 권위주의적인 동화정책은 이민의 사기를 유지하는 데 별로 효과가 없었다.

1918년 4월, 내무부 교육국은 국방회의의 지원을 받아 전국적인 미국화 회의[33]를 개최하고 이민에서 발생하는 민족 차원의 문화생활을 존중하는 방향으

---

32 American Expeditionary Forces(AEF)를 일컫는다._옮긴이
33 National Americanization Conference 또는 National Conference on Americanization으로 표기한다._옮긴이

로 노선 전환을 도모했다. 이에 따라 5월, CPI는 외국 태생 대책부를 신설하고 주요 민족단체를 그 하부 조직으로 편입시키는 것과 함께, 이민을 대상으로 한 외국어 선전 활동을 본격화했다. 또한 군대 내부에서도 이민 병사를 배려해 유대교의 예배와 민족적인 경축일을 인정하는 대책을 취했다. 동시에 YMCA의 강사를 초빙해 영어 프로그램을 정비했으며, 1918년 5월 '귀화법' 개정에서는 이민 병사가 미국 시민권을 특례적으로 쉽게 취득할 수 있도록 하기도 했다. 한 가지 놀랄 만한 것은 전쟁이 끝날 때까지 15만 명의 이민 병사가 군대 내에서 귀화했다는 점이다.

원주민과 식민지군

군사 봉사를 매개로 했던 국민통합은 하나의 주변화된 집단, 즉 미국의 원주민에 대해서도 적용되었다. 역사적으로 원주민 병사의 소집을 둘러싸고는 지리에 정통한 특성과 생활 문화를 활용하기 위해 분리 군단을 조직해야 한다는 논의가 있었다. 실제로 1916년 판초 비야를 토벌하기 위한 전쟁에서는 국경 지대의 지리에 정통한 아파치족으로 구성된 일종의 척후대가 편성되었다. 이 분리 군단 구상은 참전 이후에도 계속 제기되었고, 이듬해인 1917년 4월 말에는 인디언 기병대 법안이 의회에 상정되었다. 하지만 이 법안은 19세기 말 이래 기숙학교 제도를 축으로 젊은 원주민의 미국화를 추진해 왔던 연방 인디언 사무국 (Bureau of Indian Affairs: BIA)으로부터 강한 반발을 받았다. 특히 연방 인디언 사무국 국장 카토 셀스(Cato Sells)는 군대에서 인디언과 백인을 혼합할 것을 요구했고 결국 육군도 통합군 방안을 지지했다. 이 처우는 입대 이후에 철저한 인종 격리를 강제받았던 흑인 병사의 사례와 현저하게 다른 것이었다. 어쨌든 전시하에 1만 2000명의 원주민이 소집되었다. 그리고 그중에는 다수의 인디언 기숙학교 졸업생이 포함되어 있었다. 또한 관련된 소수자를 동원한 것은 그들을 시민화하는 것과 결부되었다. 전후 1919년 11월, 연방의회는 원주민의 퇴역 군인을 미국 시민으로 간주하는 법률을 제정했고, 이어서 1924년의 '인디언 시민권법'에서는 전체 원주민에게 미국 시민권을 부여했다.

이처럼 징병과 시민권을 교환하는 방침은 미국 도서 제국의 요충인 푸에르토리코에 대해서도 적용되었다. 중립 시기에 발생했던 오덴발트호 사건에 대해서는 앞에서 언급한 바 있는데, 푸에르토리코는 미국이 참전한 이후에도 제국의 총력전을 계속 뒷받침했다. 미국 의회는 참전 1개월 전인 1917년 3월에 '존스-샤프로스 법(Jones-Shafroth Act)'[34]을 제정해 희망하는 푸에르토리코 주민에게 미국 시민권을 부여했고 이를 직후에 시작된 징병제 도입의 근거로 삼았다. 실제로 미국 정부는 전시하에 1만 8000명의 푸에르토리코 연대를 조직해 파나마 운하 지역의 방위를 맡겼다. 또한 미국 의회는 1918년 5월의 '귀화법' 개정에서도 시민권을 아직 취득하지 못한 푸에르토리코 병사들을 상당히 배려하면서 그들이 미국의 국민이 되도록 촉구했다.

그런데 식민지군을 동원하는 작업은 필리핀에서도 실시되었다. 미국의 유럽 원정군을 보조하는 병력으로 현지인 2만 5000명으로 구성된 필리핀 민병이 신설되었고, 기존의 필리핀 스카우트도 현지인 중심의 4개 연대로 대규모로 재편되었다. 제1차 세계대전을 계기로 식민지의 군사력에서 현지인이 차지하는 중요성이 비약적으로 증대했다. 또한 필리핀인 병사들 사이에서는 군사 봉사의 대가로 지위향상에 대한 기대감이 높아졌으며, 미국인 병사 및 군속과 평등한 권리를 요구하는 분위기가 조성되었다. 마닐라 근교의 기지에서는 임금 차별을 이유로 필리핀인 병사들의 대규모 반란이 발발했는데, 이것은 오히려 자립을 향한 흐름의 일환으로 여겨졌다. 이처럼 총력전은 지역마다 커다란 다양성을 포함하면서도 식민지 사람들로 하여금 권리를 각성하도록 촉진시켜 미국 제국의 본국-식민지 관계를 바꾸었다.

---

34 'Puerto Rican Federal Relations Act of 1917'이라고도 일컬어진다._옮긴이

흑인과 총력전

전쟁을 사회를 개량하기 위한 좋은 기회로 파악하고 군사 봉사를 통해 자신의 집단의 지위를 향상할 수 있을 것이라는 기대감은 인종 차별로 고뇌하던 흑인 지도자 사이에서도 넓게 존재했다. 참전 직후인 1917년 5월, NAACP가 주최한 전국 흑인 전쟁 회의에서 주요 흑인단체는 다음과 같은 내용으로 시작되는 합동 결의를 채택했다. "세계 전쟁의 진정한 원인은 …… 유럽의 여러 국가가 유색인에 대한 이기적인 수탈을 서로 경쟁적으로 벌인 데 있다. 피치자의 합의에 의해 통치한다는 원칙이 유럽의 소국뿐만 아니라 아시아, 아프리카, 서인도제도의 대중, 그리고 미국의 흑인 사이에서도 확대되어야 영원한 평화가 비로소 실현될 수 있을 것이다." 전쟁에 대한 이러한 비판은 이 결의문의 기초자인 두 보이스가 2년 전에 발표했던 논문 「전쟁의 아프리카 기원」에 입각한 것이었다. 그런데 이 결의문은 다음과 같이 이어진다. "과거의 불행한 역사에도 불구하고 …… 인종의 피부색에 의한 장벽이 없는, 민주주의의 위대한 희망은 …… 연합국 측에 있다고 열렬하게 믿는다. …… 그렇기 때문에 세계를 자유롭게 하기 위해 흑인 동포 시민들이 미국의 깃발 아래로 달려와서 군에 참가할 것을 강력하게 요구한다." 군사적인 헌신을 근거로 삼는 국민 공동체에 흑인들을 포섭하는 것이 흑인이 추구하는 전시 전략의 기초가 되었던 것이다.

그러나 같은 해 7월 2일, 일리노이주의 이스트세인트루이스시에서 발발한 인종 폭동은 민주주의와 국민통합의 전쟁이라는 명분을 무너뜨리는 참사가 되었다. 이날 이스트세인트루이스시의 백인 주민이 흑인 거주 구역을 습격했는데, 약 150명의 흑인이 린치를 당해 살해당했다. 이 사건의 배경에는 전시 경제가 야기한 전례 없는 인구의 이동이 있었다. 심각해지는 군수산업의 노동력 부족을 보완하기 위해 50만 명으로 추정되는 남부 흑인이 북부 도시로 이주했던 것이다. 중요한 군수품의 하나인 알루미늄 제조공장이 입지해 있던 이스트세인트루이스에도 매주 2000명 이상의 흑인이 유입되었는데, 이것이 오래 전부터 이곳에 거주해 온 백인 노동자 계층의 반발을 샀던 것이다.

미국 전역의 흑인 사회로서는 군수 증산의 요청에 응해 이주한 동포를 학살한 것은 바로 미국이 자신들을 배신한 것이나 다름없었다. 7월 28일에는 제임스 웰던 존슨과 NAACP의 호소로 대규모의 항의 시위가 뉴욕시에서 벌어졌다. 또한 그다음 달, 하버드 대학의 켈리 밀러(Kelly Miller)는 윌슨 대통령에게 보내는 공개서한을 발표해 정부의 부작위와 '민주주의의 전쟁'의 기만을 다음과 같이 엄정하게 논박했다. "흑인은 자신들이 미국 민주주의의 구성 요소로 추정되지 않는다고 느끼고 있다. 이것이 …… (우리들의) 모든 분노의 근저에 있는 불만이다. …… 세계의 국가들은 미국은 민주주의를 해외로 확대하려고 하기 전에 우선 국내의 문제에 대해 조치를 취하라고 할 것이다. …… 비난받고 있는 것은, 미국이 슬퍼해야 할 국내의 오류에 직면해 있으면서도 계속해서 세계의 민주화를 제창한다는 점이다."

국내 첩보와 흑인의 동원

이처럼 흑인 대중이 항의의 목소리를 낸 것은 거의 전례가 없는 일이었다. 미국 정부는 관련된 사태를 전쟁을 수행하는 데서의 위협으로 파악하고 이스트세인트루이스 사건을 널리 보도한 흑인 저널리스트 아이다 웰스(Ida Wells)와 켈리 밀러를 육군 정보부(Military Intelligence Division: MID)의 감시 대상으로 삼았다. 육군 정보부와 법무부 검찰국을 주축으로 하는 국내 첩보는 제1차 세계대전 아래에서 급성장한 정부 기능이었다. 육군 정보부는 미국-스페인 전쟁 직후에 당시의 루트 육군장관이 군의 근대화 일환으로 육군 참모본부와 육군참모대학[35]을 조직할 때만 하더라도 보좌진이 겨우 6명이었다. 중립 시기에도 인원이 수십 명에 불과했지만, 1917년에는 필리핀 총독부에서 근무한 경력을 갖고 있던 랠프 반데만(Ralph Van Deman)[36]의 지시하에 상근 직원만 282명을 보유하

---

35   United States Army War College(USAWC)를 일컫는다._옮긴이
36   미국 하버드 대학을 졸업했으며, 1906년 청나라 시기의 베이징에 파견되어 베이징을 정찰하고 교통선을 지도로 작성하는 비밀 임무를 수행했다._옮긴이

는 진용을 갖추었다. 법무부 검찰국은 1908년에 창설되어 역시 참전 시기에 약 400명의 조사원을 보유한 조직이 되었다. 육군 정보부와 법무부 검찰국은 '전시 방첩법'과 '전시 소요법'을 무기로 삼아 반전 사회주의자를 감시하고 징병 기피자를 적발했는데, 1917년 여름 이래에는 특히 '흑인의 파괴 활동'이라는 공유 파일을 작성했다. 정부는 흑인 대중을 잠재적인 반란분자로 간주했던 것이다.

이는 1917년 9월, 육군 참모본부가 공표한 흑인의 징병 방침에도 영향을 미쳤다. 우선 군은 흑인 징병의 대다수를 철도 건설과 항만 노동에 활용하는 것으로 하고 군사 훈련은 최소화했다. 이것은 흑인의 무장을 우려하는 백인 여론을 의식한 것으로, 실제로 36만 7000명에 달하는 흑인 병사 중에 전투에 참가한 인원은 겨우 4만 명 남짓이었다. 많은 흑인 병사에게는 전투를 통해 시민이 되는 길이 처음부터 닫혀 있었다. 흑인이 무장하는 것에 대한 경계심은 각 훈련기지에서 백인 병사와 흑인 병사의 안전한 비율을 2 대 1로 하고 흑인 병사의 수는 그 이하로 유지한다는 방침에서도 잘 나타나 있었다. 또한 군과 정부는 흑인을 분리 군단으로 조직해 기지 내의 시설 이용과 훈련 프로그램도 인종별로 실시한다는 방침을 굳혔다.

역사적으로 보면 흑인 병사는 미국 정규군 중에서 정예였다. 그들은 미국-스페인 전쟁의 쿠바 공략전에서부터 미국-필리핀 전쟁, 멕시코 간섭 전쟁 등에 이르기까지 모든 제국주의 전쟁에서 최전선에서 활약해 왔다. 하지만 징병제가 도입되어 거대한 국민군이 형성되는 과정에서 흑인 장교의 지휘를 기피하는 백인 신병의 불만이 정부에 쇄도했고, 주둔지 근린의 주민이 흑인 병사에 대한 혐오를 드러내는 일도 끊이지 않았다. 특히 이스트세인트루이스 폭동이 발발한 이후 윌슨 정권은 이러한 문제가 표면화되는 것을 꺼려 일부러 인종 격리 군단을 형성하는 한편, 각지에서 빈발하는 차별 사안에 대해 이러한 사실을 공식적으로 인지하지 않고 있다는 입장을 취했다. 이것은 민간 사회의 인종 편견이 총력전을 매개로 한 공적 제도에 침투되어 가는 과정이었다. 이처럼 군의 제도에서 승인된 인종 관행은 진국 규모의 공공성을 구현하면서 민간 사회에 환원되었다. 전시하에서 인종을 둘러싼 사회적인 불평등은 증폭되었다. 이러한 상황은 유럽 이민의 다원적 통합 및 원주민과의 동화와는 현저하게 달랐다.

유럽 원정군

그럼에도 불구하고 흑인 단체의 주류는 윌슨의 전쟁을 계속 밑받침했다. 두보이스는 전쟁 말기가 되어서도 "이 전쟁이 계속되는 한 우리의 특수한 불만을 잊고 민주주의를 위해 싸우면서 백인 시민 및 연합국의 국민과 서로 협력하자"라고 NAACP의 기관지에 기고했다. 그것은 미국이 어쨌든 자유라는 전쟁의 목적을 계속 유지했기 때문이다. 1918년 1월에 공표된 윌슨 14개조(Fourteen Points)는 국내적으로도 중요한 의미를 가졌다. 이 14개조는 강화의 조건으로 국제연맹 구상의 추진, 유럽 내의 민족자결, 식민지 문제의 공정한 해결 등을 열거했다. 이것이 단순한 이상을 표현한 데 불과하다고 할 수는 없다. 그 전년 말에 미오전쟁(미국-오스트리아·헝가리제국 전쟁)이 시작되어 합스부르크 다민족 제국의 해체가 현실감을 띠게 된 것, 러시아의 신생 볼셰비키 정권이 평화에 관한 포고(1917년 11월)에서 이미 무병합·무배상, 민족자결을 선언한 것이 커다란 동기부여가 되었다. 또한 당시에는 브레스트-리토프스크에서 독일과 소련 간에 휴전 교섭이 이루어졌으며, 동부전선을 유지하기 위해서도 블라디미르 레닌의 평화 공세에 대항할 필요가 있었다.

하지만 1918년 3월 러시아가 강화를 하자 전선을 일체화한 독일의 공세가 날이 갈수록 격렬해졌다. 미국은 이러한 시기에 200만 명 규모의 유럽 원정군을 파견했다. 당시 영국과 프랑스 양국군은 자국군의 소모를 보완하는 병력을 공급해 줄 것을 미국 측에 요구했다. 이에 대해 총사령관 존 퍼싱(John Pershing)은 흑인 2개 사단 중에 1개 사단을 프랑스에 양도하는 것으로 응해 미국의 독자적인 전선을 형성했다. 미국의 원정군은 6월 샤토 시에리 전투, 벨로 우드 전투에서 적군을 제압했고, 전황은 연합국 측으로 크게 기울었다.

시베리아 출병

제1차 세계대전 말기에는 동맹국과 연합국 간의 전투와는 성격이 다른 또 하나의 군사 행동이 있었다는 것도 잊어서는 안 된다. 1918년 8월, 미국은 러시아 영내에 남겨져 있던 체코슬로바키아 군단을 구출한다는 것을 구실로 삼아 약 8000명의 병사를 시베리아로 파견했다. 아마도 미국의 최대 관심 사항은 러시아군이 전선에서 이탈한 이후 다시 동부 전선을 구축하고자 했던 영국과 프랑스의 움직임과, 동부 시베리아와 북부 만주에 독자적인 야심을 품고 있던 일본의 움직임이었을 것이다. 이러한 연합 국가들과의 공동 출병을 선택했던 미국은 원래 볼셰비키 정권과 부딪힐 생각이 없었으며, 파병 이후에도 현지에서의 전투를 계속 피해왔다.

하지만 윌슨의 정부로서는 시베리아 출병이 제1차 세계대전의 일환으로 자리매김한 이상 시베리아 출병은 반독일 전략이어야 했다. 그리고 이는 러시아 영내의 반혁명 세력을 지원하는 성격을 지닌다는 것을 의미했다. 볼셰비키 정부가 이러한 연합국의 행위에 강한 불만을 느꼈으리라는 것은 상상하기 어렵지 않다. 원래 레닌을 비롯한 볼셰비키는 제1차 세계대전을 자본주의 국가 간의 치명적인 제국주의 전쟁으로 간주했으며, 동맹국과 연합국의 차이를 중시하지 않았다. 오히려 그들이 우려했던 것은 자본주의 국가들이 일치단결해서 반혁명을 간섭하는 전쟁을 가해오는 일이었다. 그렇기 때문에 시베리아 출병이라는 열강에 의한 영토 침범을 허용하기 어려웠다.

어쨌든 미국의 시베리아 출병은 모순으로 가득한 일이 되었다. 이 행동이 윌슨 자신이 언명했던 '14개조 평화 원칙'의 제6조 '러시아로부터의 철병 및 러시아의 자결'에 반한다는 점은 명백했다. 나아가 이러한 노골적인 내정간섭은 각국의 국내 개혁과 전쟁정책을 불가분의 것으로 설명했던 미국의 대의를 스스로 부정하는 것과도 같았다. 이 때문에 소극적인 자세로 시종일관했던 미국은 1920년 6월, 거의 아무것도 하지 않은 상태로 시베리아로부터 병력을 철수시켰다. 하지만 이 일련의 사건은 제1차 세계대전 중에 세계의 대국으로 이름을 올렸던 미국이 역시 제1차 세계대전 중에 출현한 소련이라는 새로운 국가와 일찍이 군사적으로 맞섰다는 사실을 말해준다. 미국은 독일 제국으로 대표되는 옛 식민지주의와 세력균형론을 비판하고 민주적인 국제주의를 내세우면서 대두했지만, 그 이후 20세기를 통해 소련 공산주의라는 또 하나의 국제주의 운동과 계속 대치할 예정이었다.

강화의 모순

1918년 11월 11일, 사회 혁명으로 황제가 퇴위한 독일은 결국 휴전 협정에 서명했고, 이듬해인 1919년 1월, 27개의 전승국으로 구성된 강화회의가 파리에서 시작되었다. 윌슨은 무엇보다 먼저 14개조를 승인해 줄 것을 요청했지만, 영국과 프랑스는 독일에 대한 징벌적인 강화를 바랐으며 그중에서도 특히 전쟁 중에 연합국 간에 체결된 비밀 조약에 집착했다. 여기에서는 승자가 가진 제국주의적인 이해가 드러났는데, 전후에 혁명과 반식민지주의가 각지로 확대되는 가운데 힘에 의한 질서 유지를 우선시하는 현실주의가 설득력을 가졌다. 또한 이 시점에서 연합국 측 국가들은 아직 시베리아에 병력을 주둔시키고 있었으며, 러시아 대표는 강화회의에 초청되지 않았다.

확실히 강화회의로 윌슨의 꿈이었던 국제연맹의 창설이 실현되었다. 하지만 국제연맹은 결국 신생 소련[37](소련이 정식으로 수립된 것은 1922년이다)을 배제하고, 일본의 산둥 영유를 인정하며, 열강에 의한 위임통치, 즉 옛 독일령 식민지의 재분배를 추진하는 형태가 되었다. 이 같은 전개는 아시아와 아프리카의 사람들로부터 분노를 일으켰다. 14개조 발표 이래 탈식민지라는 숙원이 이상주의의 이름 아래 정당화되었다는 확신이 확대되었기 때문이다. 중국에서는 각지에서 베르사유 조약 조인에 대한 거부 운동이 일어났고(일명 5·4 운동), 이집트

---

37 영어로는 Union of Soviet Socialist Republics(USSR)로 표기하며, 러시아어로는 Союз Советских Социалистических Республик(СССР)로 표기한다. _옮긴이

에서도 마찬가지로 항의의 목소리가 제기되었다. 원래 식민지주의를 온존하는 것 자체는 윌슨도 용인하는 바였다. 윌슨의 자결관은 개개의 민족을 역사적인 성숙 과정을 거쳐 형성되는 정치체로 보는 사고방식에 의해 뒷받침되었으며, 아직 자치를 달성하지 못한 뒤처진 사람들에게 주권을 부여하는 문제는 논외였기 때문이다. 사실 미국은 전후에도 변함없이 쿠바를 보호국으로 삼아 지배했으며, 미군은 아이티와 도미니카 공화국을 계속 통치했다.

미국 내에서도 그러한 윌슨 정권에 대한 환멸감이 확대되었다. 그 결과 1918년 11월 투표가 실시된 중간선거에서는 야당 공화당이 압승을 거두어 상원·하원 양원의 다수를 차지하기에 이르렀다. 또한 이듬해인 1919년 7월 윌슨이 귀국한 이후에도 국제연맹안은 자유주의 좌파로부터는 제국주의에 대한 타협이라고 비난받았고 우파로부터는 특히 연맹규약 제10조의 집단안전보장 조항이 미국의 주권을 제한하고 있다고 비난받았다. 게다가 '민주주의의 전쟁'에 협력해 왔던 흑인 지도자들도 실망의 목소리를 연이어 내기 시작했다. 같은 달에 제임스 웰던 존슨은 신문에 "열강 간 분쟁의 주요 원인인 아프리카 문제에 대해 강화 조약은 전혀 손을 쓰지 않고 있다. 아프리카는 전쟁 전과 마찬가지로 계속해서 착취당하고 수탈당하며 억압받고 있다"는 내용의 기고문을 게재했다. 그 이후 10월에 윌슨 대통령이 병으로 쓰러졌고, 11월 9일에는 연방 상원이 강화 조약의 비준안을 부결시키기에 이르러 미국의 국제연맹 참가는 뒤로 미루어졌다.

제3장

새로운 시대
1920년대의 미국

대낮에 당당하게 수도의 번화가를 행진하는 KKK의
모습(1920년대)

1. 반동 정치의 진상

전후의 혼돈

제1차 세계대전이 끝나고 난 전후 시기는 미국 역사상 유례를 찾아볼 수 없는 국내 폭력의 시대로 시작되었다. 일련의 소란과 권력 남용은 모두 전시의 정치 경제에서 기원된 것으로, 윌슨 정권의 구심력 저하와 맞물려 제동장치를 상실했다. 우선 1919년 여름, 25개가 넘는 도시에서 인종 폭동이 발발했다. 이 폭동은 많은 경우 전시의 이스트세인트루이스 폭동과 매우 흡사한 구도를 지녔다. 즉, 북부의 군수 관련 산업을 지향했던 남부 흑인이 대이동한 것이 그 배경이었다. 1919년 7~8월의 시카고 폭동에서는 백인 15명, 흑인 23명의 사망자가 나왔는데, 사건 이후에 설치된 인종관계위원회의 조사와 권고를 통해 거주구에서는 사실상의 인종 분리가 제도화되었다. 그 이후 시카고를 포함한 주요 북부 도시에서는 비백인에게 부동산 양도와 판매를 금지하는 인종 제한적인 부동산 약관이 만연해졌다. 짐 크로는 더 이상 남부 지역만의 인습이 아니었다.

제2의 폭력은 노동 분야로 확대되었다. 이제까지 AFL을 비롯한 조직 노동은 전시 조합주의의 일각을 구성하면서 윌슨 정권의 전쟁정책을 뒷받침해 왔다. 당시 전시노동위원회가 노동조합에 사실상의 법적 승인을 부여했던 것이 지니는 중요성은 이미 살펴본 바와 같다. 하지만 정부는 1919년 8월에 이 위원회를 폐지한 후 후속 기관을 만들지 않았다. 10월이 되어 전후 산업 질서의 재편을 협의하는 산업회의가 소집되었는데, 공권력이라는 방패가 사라진 노동 대표는 산업계가 제창하는 오픈숍 논의에 압도되었다. 그 사이에 노사 관계는 노골적인 실력행사의 양상을 보였다. 같은 해 1월 일어난 시애틀 총파업에서 시작된 대규모 쟁의는 9월에는 철강 노동자 35만 명의 파업으로 이어졌다. 이 1년 동안에만 3630건의 쟁의가 발생했으며, 비농업 종사자 7명 가운데 1명에 해당하는 수치인 416만 명이 각종 형태의 파업에 참가했다. 하지만 전시 노동정책이 해체됨으로써 철강 파업을 포함한 대부분의 분쟁은 노동자 측의 패배로 끝났다.

전후 현저해진 제3의 국내 폭력 또한 전쟁이 만들어낸 부정적인 유산이다. 1919년 3월 취임한 법무장관 알렉산더 미첼 팔머(Alexander Mitchell Palmer)[1]는 법무부 검찰국을 활용해 같은 해 11월과 이듬해인 1920년 1월 두 차례에 걸쳐 가혹한 반공 캠페인을 전개했다. 외국인을 중심으로 4000명이 넘는 좌익 활동가를 구속하고 약 500명을 국외로 추방한 그 행위는 미합중국 헌법상 커다란 의문을 남긴 사건이었다. 이러한 적색공포(Red Scare)는 1920년 봄에 이민 출신의 무정부주의자를 타깃으로 한 일종의 누명 사건인 사코-반제티 사건[2]도 만들어냈다. 하지만 그 이후에도 법무부 검찰국은 계속 성장해 1930년대에는 연방수사국(Federal Bureau of Investigation: FBI)[3]이 되었으며, 육군 정보부와 어깨를 나란히 하는 강력한 국내 첩보기관으로 성장했다.

이러한 전후의 혼란은 1920년 후반에 대체로 마무리되기 시작했다. 하지만 이제 막 종결된 전쟁에 대한 부정적인 평가와 일련의 폭력에 대한 기억은 여론을 현저하게 보수화시켰다. 1920년 11월 치러진 대통령선거는 공화당 후보 워런 하딩(Warren Harding)이 37개 주에서 승리를 거두면서(일반 투표의 60.3% 득표) 압승했다. 이 선거에서 공화당 진영이 내세운 선거 슬로건은 '정상적인 상태로의 복귀'였다. 이것은 명확히 윌슨주의와 전시의 사회개혁을 부정하는 것이었다. 미국 대중은 적어도 단기적으로는 이러한 정치 반발을 환영했던 것이다.

정상적인 상태로의 복귀인가

1920년대 전반부에는 전전의 혁신주의에서 전시의 집산주의로 이어진 개혁

---

1 1872년 펜실베이니아주에서 출생했으며, 변호사 출신으로 연방의회 하원의원, 제50대 법무장관(1919.3.5~1921.3.4)을 역임했다. _옮긴이
2 이탈리아계 이민 니콜라 사코(Nicola Sacco)와 바르토로메오 반제티(Bartolomeo Vanzetti)와 관련된 사건을 일컫는다. _옮긴이
3 1935년 연방수사국(FBI)으로 개칭되었으며 본부는 미국의 수도 워싱턴에 위치해 있다. 미국 내의 정보 수집을 수행하는 기관이지만 범죄의 국제화 등으로 인해 현재 한국에도 지부가 설치되어 있다. _옮긴이

에 대한 일종의 반발로 볼 수 있는 사건과 현상이 빈발했다. 그중 하나는 경제 정책의 보수화였다. 공화당이 다수를 차지하던 의회와 앤드루 멜런(Andrew Mellon)[4] 재무장관은 산업계의 요청을 받아들여 19세기 말 이래 고율의 보호관세('포드니-맥컴버 법'[5])를 부활시키는 한편, 법인세와 누진 소득세를 대폭 감세했다. 특히 후자의 감세 정책은 부의 재분배에 의한 사회 정책의 전망을 크게 후퇴시킨 것이었다.

노동 영역에서도 보수화 경향은 현저했다. 대법원은 1922년의 '베일리 대 드렉셀가구회사(Bailey v. Drexel Furniture Co.) 재판'에서 아동을 고용하는 기업에 과세하는 연방의 '아동노동규제법'[6]에 위헌 판결을 내렸고, 이듬해인 1923년 '애드킨스 대 아동병원(Adkins v. Children's Hospital) 재판'에서는 워싱턴 D.C.의 '여성 최저임금법'에 대해 무효라고 판시했다. 계약의 자유와 경영자의 재산권이 지닌 신성한 성격은 다시 예외가 없어진 것처럼 보였다. 또한 전미제조업협회[7] 등이 주도한 반노조 성격의 오픈숍 운동(일명 아메리칸 플랜)[8]은 커다란 세력으로 부상해서 노동조합의 가입자 수가 1920년대 말까지 100만 명 이상 감소했다.

제2차 KKK

이러한 반발은 문화생활 면에서 더욱 심각했다. 전시 중에 국내 프로파간다가 선동했던 편협한 민족주의는 갑작스러운 휴전 이후에 갈 곳이 없어졌다. 그러다가 동원 해제로 인한 전후 불황하에서 이민의 물결이 부활하자 매우 공격

---

4   1855년 펜실베이니아주에서 출생했으며, 미국 제40대 재무장관(1921.3.9~1932.2.12), 주 영국 미국대사 등을 역임했다._옮긴이
5   'Fordney-McCumber Tariff of 1922'를 일컫는다._옮긴이
6   'Child Labor Tax Law of 1919'를 일컫는다._옮긴이
7   영어로는 National Association of Manufacturers(NAM)로 표기한다._옮긴이
8   1920년대에 기업의 사용자 측이 추구한 오픈숍 전략을 일컫는다. 아메리칸 플랜은 노동조합을 미국적이지 않은 것(un-American)으로 간주했다._옮긴이

적인 배외의식으로 표출되었다. 이 같은 부정적인 움직임을 흡수해 거대해진 것이 KKK였다. 이 KKK는 남북전쟁 이후 결성된 같은 이름의 조직과는 직접적인 연계가 없으며, 인기 있었던 영화〈국가의 탄생〉의 영향을 받아 1915년에 결성된 조직이었다. 제2차 KKK의 특색 가운데 하나는 기존의 인종주의에 더해 반이민의 주장이 포함되었고 남부보다 중서부에서 세력이 신장했다는 것이다. 이 증오 운동은 '100% 미국주의'를 내세우면서 반가톨릭, 반유대인, 반아시아계 등 거의 전 방위적으로 배척주의를 외쳤다.

원래 KKK는 단순하게 전후의 반이민 논의에 편승해 소박한 편견을 피력한 데 불과한 단체가 아니었다. 여기서는 고도의 선전과 소비 시장을 통한 조직의 확대라는 현대적인 특징을 살펴볼 수 있다. 상징적인 것은 조직에서 2인자 지위였던 에드워드 클라크(Edward Clarke)[9]의 존재였다. 원래 클라크는 남부 광고연맹[10]의 회장을 역임한 광고 및 출판업자로, 제1차 세계대전 시기에는 KKK에 재적하면서 적십자, YMCA 등 전쟁 협력 단체에서 전시 홍보 업무에 종사했다. 전후에 클라크는 자신의 경험을 활용해 교묘한 광고와 선전, 그리고 여러 상법을 짜깁기한 입회 체제를 구축해 KKK에 일종의 전성시대를 가져왔는데, 한때는 KKK의 회원 수가 400만 명을 넘기도 했다. 이것은 흡사 소비시장에서 대중에게 인종 차별이라는 순혈주의의 슬로건을 팔아치우는 고도의 세일즈맨십과도 같았다.

'1924년 이민법'

배외 감정이 고조되자 이는 더욱 엄격한 이민 제한을 의회에 요구하는 압력으로 작용했다. 우선 1921년 5월, 남유럽과 동유럽 이민의 제한을 골자로 하는 시한 입법인 '긴급 할당 이민법'이 제정되었다. 이 법은 처음으로 출신국에 따라

---

9   1877년 조지아주에서 출생했으며, 출판사 모나크퍼블리싱(Monarch Publishing)의 사장이기도 했다. _옮긴이

10   Southern Publicity Association을 일컫는다. _옮긴이

입국 가능한 이민의 수를 할당하는 방식을 채택했는데, 이 규정은 3년 후 1924년에 더욱 강화되어 항구법이 되었다. 그것은 '1917년 이민법'에서 식자 능력에 따라 입국의 가부를 결정하는 배경에 자리했던 민족 차별을 더욱 노골적으로 표현한 것이었다. '1924년 이민법'은 서반구 이외의 지역으로부터의 이민(실질적으로는 유럽으로부터의 이민)에 대해 받아들이는 총수를 연간 16만 5000명으로 정한 뒤, 1890년을 기점으로 미국의 출신국별 인구를 산정하고 향후 3년간 2%를 각국에 허용되는 이민 수용의 수로 할당했다. 원래 출신국이라는 개념은 전적으로 20세기의 산물이었으며, 출신국을 규정하는 역사적인 근거와 통계는 존재하지 않았다. 다만 여기에는 미국인의 혈통을 신이민이 도래하기 이전(즉, 1890년 이전)의 것으로 돌리고자 하는 확고한 입법 의사가 자리하고 있었다. 이 법은 최고 전성기에는 연간 20만 명이었던 이탈리아 이민을 겨우 3845명으로 제한했으며, 폴란드 이민도 5982명으로 제한했다.

하지만 이러한 이민 정책을 단순한 전후 반발로 결말지을 수 없는 측면도 있었다. 예를 들면, '1924년 이민법' 개정 당시에는 우생학 기록국(Eugenics Record Office: ERO)의 해리 로플린(Harry Laughlin)[11] 이사장이 추진파의 의회 대책을 주도했다. 로플린은 공청회 등을 통해 범죄, 의존 등의 사회적 타락이 인종적 자질 때문에 남유럽과 동유럽 이민에서 많이 나타나고 있다고 크게 선전했다. 이것은 민주적 자치에 대한 능력을 기준으로 이민의 인종적 선별을 실시한다는 과거의 딜링엄 위원회(Dillingham Commission) 및 '1917년 이민법'의 식자 테스트 방침을 과학의 입장에서 지지하는 것이었다.

또한 '1924년 이민법'은 출신국별 원칙과는 별도로 귀화 불능 외국인 조항 등을 활용해 일본인을 포함한 아시아인 전반의 입국을 기본적으로 금지했다. 아시아는 '1917년 이민법'에서 이민을 금지하는 지리적 영역으로 규정되었으므로 이미 미국에 동화될 수 있는 능력이 없는 상태였다. 이 규정에 따라 남유럽계와

---

11 1880년 출생했으며, 프린스턴 대학에서 세포생물학 박사학위를 취득했다. _옮긴이

동유럽계는 할당에 의한 이민 제한의 최대 타깃으로 간주되면서 유색의 아시아 이민보다 상위에 있다는 것이 확인되었다. 달리 말하면, 이탈리아인과 폴란드인, 그리고 유대인들은 백인의 이점을 향유할 수 있었다. 그리고 이는 1930년대 이래 백인종을 포섭하는 국민통합의 방식에 커다란 영향을 미쳤다.

그런데 이 법은 또 하나의 커다란 이민의 흐름을 양적 제한으로부터 제외시켰다. 그것은 멕시코 혁명의 동란 속에서 급증한 멕시코 이민이었다. 미국에 거주하는 멕시코인은 1910년에 약 22만 명이었는데, '1917년 이민법'의 식자 테스트 대상에서 배제된 요인도 작용해 1920년에는 그 수가 65만 명을 넘었다. 그들은 자주 미국 국적을 지닌 멕시코계 미국인들과 함께 비백인 집단으로 간주되었으며, 멕시코인의 증가는 빈곤과 범죄의 이미지와 결부되어 사회문제화(일명 멕시코인 문제)되었다. 하지만 '1924년 이민법'이 형성되는 과정에서는 멕시코인을 대량으로 고용한 남서부 농장 경영자의 압력 때문에 멕시코인들을 이민 제한의 대상에서 예외로 삼았다. 또한 최종적으로 가결된 조문에서는 단순히 멕시코인을 예외로 삼은 것이 아니라, 앞에서 언급한 바와 같이 서반구 이외의 지역으로부터의 이민을 제한한다고 했고, 카리브해 도서와 남미로부터의 인구 이동도 규제하지 않았다. 제1차 세계대전 이후 미국은 이미 서반구를 특별한 정치 공간으로 간주하는 세계 인식을 유지했던 것이다.

전후의 대외 정책

세계를 변혁한다는 윌슨적 이상주의에 대한 반발과 전후의 혁신이 동거하는 상황은 1920년대 초 미국 외교에도 해당되었다. 워런 하딩 대통령(1921~1923년 재임), 캘빈 쿨리지(Calvin Coolidge)[12] 대통령(1923~1929년 재임)으로 이어지는 공화당 정권은 국제연맹과 거리를 두었으며, J.P.모건의 토머스 러몬트

---

12 1923년 워런 하딩이 급사한 이후 부통령에서 대통령으로 승격했으며, 이듬해인 1924년 대통령선거에서 당선되었다._옮긴이

(Thomas Lamont) 등 은행가와 기업가에 의한 민간 외교에 크게 의지했다. 정부가 해외의 정치 문제에 공식적으로 관여함으로써 각종 책임에 속박되고 행동의 자유가 제한되는 것을 꺼려했기 때문이다. 하지만 미국은 결코 고립주의로 회귀한 것이 아니었다. 확실히 전후 미국은 앞에서 살펴본 고관세 정책으로 유럽 국가들이 미국에 갚아야 할 전쟁 채무 처리를 늦추는 등 이기적으로 경제 이익을 추구하는 경향이 강했다. 하지만 1922년 독일 경제가 파탄나기 시작하자 도스 안(Dawes Plan)[13] 형태로 2억 달러의 민간 자본을 투입해 위기를 피하도록 했고, 또한 동아시아 정세와 관련해 여러 차례 국제 조약을 주재하는 등 열강의 이해를 조정하는 데에도 힘을 쏟았다.

이때 커다란 자원이 된 것은 역설적이게도 윌슨주의의 유산이라고도 할 수 있는 군축, 다국 간 협조 등 민주 외교 이념이었다. 그중에서도 군축은 1920년대에 공화당 정권이 추진한 여론 전략의 핵심이었다. 하딩 정권의 찰스 휴스[14] 국무장관을 중심으로 1921년 11월부터 1922년까지 개최된 워싱턴 회담[15]에서는 해군의 군축과 관련된 5개국 조약(Five-Power Treaty)[16]이 체결되어 미국, 영국, 일본, 프랑스, 이탈리아의 함대 보유량의 상한을 5 대 5 대 3 대 1.67 대 1.67로 제한했다. 이 조약은 일본과의 군함 건조 경쟁을 피할 수 있다는 경제적 이점에 더해 세계대전 이후 평화의 지원자로서의 미국의 위신을 세계에 과시하는 효과가 있었다.

워싱턴 회담에서는 그밖에도 9개국 조약(Nine-Power Treaty)과 4개국 조약(Four-Power Treaty)이라는 두 가지 중요한 조약이 체결되었다. 우선 9개국 조약에서는 중국을 포함한 전체 참가국 간에 문호개방과 중국의 영토 보전이 맹

---

13   찰스 도스(Charles Dawes)가 제기한 계획 방안을 의미한다. _옮긴이
14   미국 44대 국무장관(1921. 3. 5~1925. 3. 4)을 역임했으며, 뉴욕주 주지사, 연방법원 대법원장을 지내기도 했다. _옮긴이
15   영어로는 Washington Naval Conference라고 불린다. _옮긴이
16   공식적으로 워싱턴 해군 군축 조약(Washington Naval Treaty)이라고 불린다. _옮긴이

세되었다. 이전 세기 말 이래 미국의 동아시아 정책에서 나타난 한 가지 커다란 원칙은 결국 국제 조약으로 여러 국가 간에 공유되었다. 9개국 조약에 의해 일본의 특수한 권익을 용인했던 이시이-랜싱 협정은 폐기되었고, 중국과 일본 간에도 파리 강화회의의 방침을 변경해 산둥 권익을 반환하는 조약이 체결되었다. 또한 미국, 영국, 프랑스, 일본이 조인한 4개국 조약에서는 각국이 태평양 지역에서 지닌 영토와 권익을 상호 승인하고 분쟁 처리의 방식을 협의해서 정했다. 영일동맹은 폐기되었고, 그 대신에 다국 간 협의의 제도화가 추진되었다. 이처럼 적어도 동아시아에서는 미국 정부의 공식적인 관여에 기초한 국제주의가 구축되고 있었다.

워싱턴 체제라고 불린 이 새로운 체제는 중국 사람들에게 주권 회복을 향한 희망을 품게 하는 것과 동시에, 잔존해 있던 불평등 조약을 그 상태 그대로 유지하게끔 열강 간에 담합하는 측면도 지니고 있었다. 하지만 어쨌든 앞에서 언급한 3개의 조약은 태평양전쟁이 발발할 때까지 지속된 대일·대아시아 정책의 기본 구조를 구성했으며, 유럽에서 모건 계통의 민간 자금으로 독일 배상 문제를 진정시키는 전개와도 맞물려 당분간 미국은 안정적인 세계 질서를 구축할 수 있었다. 이것은 대규모의 해외 투자를 모색해 왔던 전후 미국 경제에 새로운 인프라를 제공하는 것이기도 했다.

2. 새로운 시대

번영의 1920년대

1921년 말 무렵부터 1922년에 걸쳐 전후 불황은 종언을 고했고 미국에는 전례 없는 대호황이 도래했다. 경제성장의 규모는 엄청났으며, 1928년까지의 7년 동안 GDP가 40% 확대되었다. 특히 제조업의 신장이 현저했는데, 1920년대 중반에는 연간 190만 대의 T형 포드 자동차가 최첨단의 조립 라인에서 제조되었으며, 미국의 총 공업 생산액은 10년간 70% 증가했다. 에너지 산업의 성장도 번영의 1920년대의 특징 중 하나였다. 급격한 자동차 붐에 따라 석유는 증산이 계속되었고, 1929년 미국 내 원유 생산은 전전의 약 4배에 달하는 10억 배럴에 도달했다. 또한 이 시기에는 산업과 가정의 전기화가 급속하게 진전되었다. 웨스팅하우스(Westinghouse Electric Company)처럼 전국 규모의 거대 전력회사가 출현했으며, 1929년 미국의 전력 생산량은 거의 유럽 전체와 동일한 1167억kW에 달했다.

이러한 대량 생산은 이에 대응하는 대중 소비 사회를 필요로 했다. 이미 1920년대 미국에서는 내구 소비재를 저렴한 가격으로 소비자에게 공급하는 전국적인 시장 통합이 진전되었으며, 신용으로 대금을 지불하는 상관행도 일반화되었다. 또한 체인점, 백화점 같은 현대적인 소매업 업태, 신진 광고, PR 산업의 발전에 의해 새로운 소비 습관이 정착되었다. 1929년까지 자동차 등록 대수는 2670만 대(4명 중에 1명이 자동차를 소유한 수치이다)를 넘었으며, 미국 국민의 47%가 자신 소유의 자가에서 거주했다. 또한 같은 무렵 상업화된 오락 문화의 대중적인 소비도 확대되어 미국 전역에서 2만 개가 넘는 영화관에서 매년 1억 명 이상이 할리우드 영화를 즐겼다.

이러한 대중 소비는 미국의 국민 형성에도 영향을 미쳤다. 배외주의와 인종 격리가 만연함에도 불구하고, 소비 행동은 쉽게 인종과 민족의 장벽을 초월해 나아가기 때문이다. 흑인 문화의 중심지인 뉴욕시 할렘가에 있는 고급 재즈 클럽의 고객 다수가 백인 중산계급이었다는 것은 잘 알려져 있는데, 마찬가지로 대도시의 남유럽계와 동유럽계 지구에서는 기존의 에스닉 비즈니스가 미국 전역에 걸친 체인점의 진출로 압박을 받았고, 청년들은 미국의 대중오락에 매료되었다. 1920년대의 경제 번영은 매우 다양한 미국의 도시 생활자에게 일종의 공통 체험을 제공해 주었다.

새로운 시대의 협동적 국가

여기에서 주의하지 않으면 안 되는 것은 이러한 호경기가 '정상적인 상태로의 복귀' 등의 정치 표어가 이미지화했던 자유방임 경제와 고립주의로 회귀한 데 뒤따른 것이 아니라는 점이다. 물론 1920년대 공화당 정권의 경제 정책은 재계의 의향을 우선시하고 경영자의 자유를 옹호하는 경향이 강했을지도 모른다. 하지만 그것이 개개의 자본가에게 재량권을 주었다는 것을 의미하지는 않는다. 특히 허버트 후버(Herbert Hoover)가 이끌었던 상무부는 1920년대에 각종 업계 단체로 하여금 전국 규모로 자주적인 규제와 조정을 실시하도록 했다. 후버 자신도 전시에 미국 식량국(United States Food Administration)[17] 국장으로서 제1차 세계대전하의 식량 보존 대책에 분주했던 경험을 지니고 있었으므로 반관반민의 협의조직(국방회의)에서는 의사결정과 전문가 엘리트(전쟁 관리자)에 따라 정책을 운용하는 것이 이상적이라고 생각했다. 전후의 정부는 시장과 노동 관계를 직접 규제하는 것이 아니라, 예를 들어 산업 정보를 집적하고 공개함으로써, 또는 민간의 업계 단체와 싱크탱크가 자치를 하도록 촉진함으로써 경제 발전을 기술적으로 지원했다.

후버에게 이러한 협동적 국가는, 그 선진성에도 불구하고, 자신이 평생 신봉했던 개인주의 및 기회 균등의 이념과 양립할 수 있다고 여겨졌다. 거꾸로 말하면, 후버는 근본적으로 사회보장, 노동자 권리 등 개인주의에 대항하는 사회적인 가치에는 냉담했다. 예를 들면, 후버는 효율적인 협동적 국가의 구성 요소로서 노동자를 조직화하는 데서는 가치를 찾아냈지만 그것이 독립된 노동조합일 필요는 없었다. 1920년대 미국에서는 오픈숍 운동이 매우 번성하는 한편으로 조직화되지 않은 업계에서는 종업원 대표제가 널리 형성되었다. 이 사실상의 기업 조합에는 남유럽계와 동유럽계의 이민 노동자도 가입했으며, 이 기업이 주재하는 각종 복지사업의 혜택을 받았다. 복지자본주의라고도 불렸던 이 제도

---

17 1917년 8월 10일 미국 대통령의 행정명령에 의해 설립되었다._옮긴이

는 기업 경영자의 가부장주의적인 색채가 농후했지만, 종업원들에게 직장에서의 연대와 미국적 생활수준을 보장해 주었다는 점에서 중요하다. 그리고 이 제도는 후버를 비롯한 협동적 국가의 지도자들이 제1차 세계대전 시기의 노동정책으로부터 학습한 질서 유지를 위한 수법 중의 하나였다. 이 경우 1920년대를 단순히 정치 반발의 시기라고 보기는 어렵다. 제1차 세계대전 시기의 동원 정책으로부터 계승된 새로운 통치가 도처에서 나타났으며, 사실상 재계와 정부는 호황기에 돌입한 1920년대 중반을 경계로 '새로운 시대'라는 문구를 과시하듯 이용했다.

평균적 미국인

이와 같이 전시체제에서 새로운 시대로 이어지는 전개는 미국주의의 기본적인 인간관에도 수정을 가하도록 압박했다. 역사학자 올리비에 준즈(Olivier Zunz)[18]는 이 시기에 '평균적 미국인'이라는 개념이 널리 보급되었던 것에 주목한다. 이 개념은 대중 소비에 참가함으로써 문화적으로 평준화된 중산층 의식을 획득한 새로운 미국 국민상이었다. 또한 동시에 평균적 미국인은 소비 활동을 공학적으로 설계할 수 있는 관념상의 인간이기도 했다. 말할 필요도 없이 이 개념은 전시하에 발달한 인간 행동에 관한 연구에 의해 허구로 만들어진 하나의 픽션에 불과했다. 이처럼 규격화된 중산층 개념이 제시되고 이 개념이 신진의 홍보 기술로 선전되자 사람들은 스스로 이 개념에 직접 접근했다. 즉, 두 차례 세계대전 사이의 대중 소비 사회는 자본주의 시장에서 자연적으로 발생했던 것이 아니라 사회과학의 행동주의와 사람들의 물질적 욕망이 총력전을 계기로 발전한 홍보를 매개로 결부된 지점에서 출현했던 것이다.

---

18 미국 버지니아 대학 교수이며, 주요 저서로 *Why the American century?*(University of Chicago Press, 1998), *The Changing Face of Inequality: Urbanization, Industrial Development, and Immigrants in Detroit, 1880-1920*(University of Chicago Press, 2000) 등이 있다._옮긴이

또한 매우 흥미로운 사실은 이러한 소비자 대중이라는 모델이 미국이라는 특수한 생활환경을 떠나 국경을 초월했다는 점이다. 비인격화된 평균적 미국인은 세계를 동화하는 모듈이 될 수 있었으며, 미국의 대중문화 및 대량 소비의 생활양식은 전례 없는 규모로 각국에 침투되었다. 예를 들면, 1920년대 유럽에서는 찰스턴 재즈가 유행했으며, 당시 영국에서 상영된 영화의 95%, 프랑스에서 상영된 영화의 70%가 할리우드 영화였다. 유럽을 여행하는 미국인은 1920년대 말 25만 명이 넘었으며, 이러한 미국인 여행자의 모습을 통해 유럽 사람들은 미국의 풍요롭고 효율을 중시하는 생활양식을 알게 되었다. 그리고 미국에서 시작된 신문화는 추상성과 보편성으로 인해 쉽게 모방될 수 있었다. 프랭크 코스티글리올라(Frank Costigliola)[19]의 표현을 빌리면, 그것은 "무엇보다도 기술적인 것이었으며 …… 물질주의에는 효율, 거대함, 기계화, 표준화, 자동화, 대량 생산, 대량 소비, 대중민주주의, 테크노크라시, 통일성, 현실성, 개혁주의, 낙관주의, 동시성, 관대함, 공개성과 같은 특징이 있었기" 때문이다. 또한 역사학자 이리에 아키라[20]는 당시의 분위기를 "문화의 미국화는 시대의 풍조였으며, 세계 각국이 미국적 문화의 영향으로 상호 간에 연결되었던 시기라고 지적하는 사람도 있었다. …… 대중문화의 획일성을 통해 세계의 평화가 촉진되고 있다는 것이다"라고 설명했다.

---

19 미국 코네티컷 대학 교수이며, 주요 저서로 *Awkward Dominion: American Political, Economic and Cultural Relations with Europe, 1919-1933*(1984), *France and the United States: The Cold Alliance since World War II*(1992), *Roosevelt's Lost Alliances: How Personal Politics Helped Start the Cold War*(2013) 등이 있다._옮긴이

20 1934년 일본 도쿄도에서 출생했으며, 현재 미국 하버드 대학 명예교수이다. 일본 출신으로는 최초로 미국역사학회(AHA) 회장, 미국외교사가학회(SHAFR) 회장을 역임했다. 주요 저서로 *After Imperialism: the Search for a New Order in the Far East, 1921-1931*(1965), *From Nationalism to Internationalism: U. S. Foreign Policy to 1914*(1977), *The Origins of the Second World War in Asia and the Pacific*(1987), *Cultural Internationalism and World Order*(1997), *Global Community: the Role of International Organizations in the Making of the Contemporary World*(2002) 등이 있다._옮긴이

1920년대의 대중사회

확실히 대중문화의 획일성은 인간 사회에 일종의 평등을 담보하고 민족과 인종의 벽을 초월한 통합의 자원이 될 수 있을지도 모른다. 하지만 이것은 보기에 따라서는 공동체 생활을 상실한 원자화된 사람의 무리가 소비가 가져온 물질적 쾌락과 사회공학을 구사한 교묘한 선전에 의해 수동적으로 결부되었을 뿐인 디스토피아[21]일지도 모른다. 과연 그러한 대중사회가 자립한 개인의 주체적인 임무를 필수로 하는 민주정치와 양립할 수 있을까? 1920년대에는 그러한 우려가 특히 좌파 지식인들로부터 많이 제기되었다. 그들의 회의적인 눈길은 정치적 무관심의 문제로 향했다. 정치학자 찰스 메리엄(Charles Merriam)과 해럴드 고스넬(Harold Gosnell)은 1924년『불투표(Non-Voting)』[22]라는 제목의 책을 발표해 1920년대 대통령선거에서 투표율이 40%대로까지 하락했다는 사실을 지적했다. 19세기 말 치러진 대통령선거의 투표율이 약 80%였다는 점을 고려하면 당시의 무관심은 새롭게 탄생한 여성 참정권과 귀화 시민의 투표를 상쇄해 버릴 정도로 심각했다.

이러한 민주정치의 부진을 구조적인 요인으로 돌리며 분석한 책이 월터 리프먼의 『여론(Public Opinion)』(1922)이었다. 리프먼은 윌슨 대통령의 브레인과 홍보관으로서 전시 프로파간다에 관여하기도 했는데, 이러한 경험을 토대로 대중민주주의의 장래에 대해 매우 부정적인 결론을 도출했다. 즉, 지금과 같은 대량 정보사회에서는 사람들이 자기 결정에 필요한 모든 정보에 직접 접촉할 수 없으며 "스스로 현명하다거나 바람직하다고 생각되는 유사 환경을 만들어낼" 수밖에 없다는 것이었다. 이 유사 환경에서 사람들은 "대부분의 경우 본 것을 정의내리는 것이 아니라 정의내려진 것을 보게" 된다. 이러한 상황에서는 대중이 판단을 내릴 때 토대가 되는 정보 자체가 "고정관념화된 상태에서 지각"되며

---

21 유토피아의 반대말로 공상의 암흑세계를 일컫는다._옮긴이
22 원서 제목은 *Non-Voting: Causes and Methods of Control*(2004)이다._옮긴이

항상 왜곡과 단편화를 수반한다. 또한 만약 그렇게 된다면 그러한 불완전한 정보 인지에 의존하는 대중자치와 피치자의 합의는 어느 정도 가치가 있다고 할 수 있을까? 리프먼은 이렇게 개탄하면서 오히려 전문가에 의한 통치와 의사결정을 지향했다. 1920년대에 리프먼이 하우스 대령, 엘리후 루트 등과 함께 초당파 싱크탱크인 미국외교협회(CFR)의 활동에 깊이 간여한 것은 그 때문이었다.

이러한 대중사회에 대한 비판에는 반론도 존재했다. 그중에서 중요한 것은 존 듀이의 『공중과 그 문제들(The Public and its Problems)』(1927)이다. 이 저작에서 듀이는 전문가에게 통치를 위탁할 것이 아니라 미디어를 매개하지 않은 대면 상태에서 숙의가 이루어지는 장을 재건할 필요가 있다고 설파했다. 듀이도 리프먼과 마찬가지로 총력전에 의한 사회 개선의 가능성을 믿었으며, 전쟁의 비민주적인 현실에 배신당했던 자유주의자였다. 그럼에도 그는 민주주의의 미래를 계속 믿고자 했다. 전후 듀이는 지역 사회에서 광범위하게 활동하면서 전문가와 일반 대중이 직접 대화 속에서 서로 학습하는 민주 포럼 운동을 실천했다. 이와 더불어 국제적인 전쟁 불법화 캠페인에도 진력했다. 하지만 이러한 방향성의 차이에도 불구하고 현 상황에 대한 듀이의 분석은 리프먼과 별로 다르지 않았다는 점도 지적할 수 있다. 듀이는 "정치적 무관심은 …… 특정한 쟁점과 자기 자신을 관계 짓는 능력이 결여된 것으로부터 발생"한다고 설명했다. 즉, 대중은 "자신들이 이해하거나 통제하기에는 매우 거대한 힘의 흐름에 붙잡혀 있다"라고 느끼고 있으며 "정치 행동의 유효성에 대해 …… 회의적"이 되고 있다고 보았다.

새로운 조류: 페미니즘

주류사회에 뿌리 깊은 무관심이 만연하는 한편으로, 1920년대에는 여성과 흑인이 새로운 정치 주체로서 존재감을 발휘하고 있었다. 우선 여성에 대해 살펴보면, 1920년 8월에 수정헌법 제19조(여성 참정권)가 비준되었기 때문에 같은 해 11월의 의회 선거에서는 처음으로 전체 주에서 여성이 투표하는 기회를 갖게 되었다. 이 선거의 결과 3명[23]의 여성 하원의원이 탄생했고, 상원에서도 레베카 펠턴(Rebecca Felton)[24]이 처음으로 당선[25]되었다. 그 이후 1920년대 말까지 여성 하원의원의 수는 9명[26]에 달했다.

그런데 수정헌법 제19조를 비준한 것은 이제까지 참정권 요구와 관련해 결집되어 왔던 여성운동에 심각한 분열을 초래했다. 이로 인해 다음의 목표를 남녀의 완전 평등으로 정할 것인가, 아니면 더욱 실질적인 모성 보호를 지향할 것인가 하는 노선을 둘러싼 논쟁이 발생했기 때문이다. 우선 제1차 세계대전 시기에는 앨리스 폴(Alice Paul) 등 젊은 세대의 운동가가 전통적인 전미여성참정권협회(National American Woman Suffrage Association: NAWSA)에서 갈라져 나와 세웠던 전국여성당(National Woman's Party: NWP)에서는 늦어도 1922년 무렵까지 평등권파가 대세를 차지했다. NWP는 폴을 중심으로 남녀의 평등은 미합중국과 그 통치하에 있는 모든 지역에서 부정되거나 삭감되지 않는다는 헌법의 남녀평등권 수정조항(ERA)[27]을 정치 의제로 내세웠다.

한편 여성 투표권이 확립된 이후 NAWSA가 개조·개칭해서 만든 여성유권자연맹(League of Women Voters: LWV)은 모자 연금, 출산 지원 등을 요구하는 모성주의를 전면에 내세웠다. 또한 플로런스 켈리의 전국소비자연맹(NCL), 1920

---

23 위니프레드 허크(Winnifred Huck), 마에 놀란(Mae Nolan), 앨리스 로버트슨(Alice Robertson)을 일컫는다. Jennifer E. Manning and Ida A. Brudnick, *Women in Congress, 1917-2019: Service Dates and Committee Assignments by Member, and Lists by State and Congress* (Congressional Research Service, 2019), p.107._옮긴이

24 미국 상원의원 가운데 최고령에 해당하는 87세에 상원의원이 되었고, 상원의원으로서의 재직 기간도 가장 짧은 1일이었다._옮긴이

25 정확하게는 궐위로 인한 임명에 해당한다._옮긴이

26 플로런스 칸(Florence Kahn), 루스 매코믹(Ruth McCormick), 펄 올드필드(Pearl Oldfield), 루스 프랫(Ruth Pratt), 에피진 윈고(Effiegene Wingo), 캐서린 랭글리(Katherine Langley), 마리 노턴(Mary Norton), 루스 오언(Ruth Owen), 에디스 로저스(Edith Rogers)를 일컫는다. Jennifer E. Manning and Ida A. Brudnick, *Women in Congress, 1917-2019,* p.106._옮긴이

27 Equal Rights Amendment로 표기한다._옮긴이

년 창설된 연방여성국(United States Women's Bureau) 등도 1922년 무렵에는 모성 보호, ERA 반대라는 태도를 선명히 했다. ERA에 반대한 이유는 헌법에 남녀의 완전한 평등을 삽입할 경우 여성 노동자와 싱글맘을 보호하는 모든 법과 제도가 무효화된다고 여겨졌기 때문이다. 이러한 상황에서 1923년 ERA는 처음으로 연방의회에 제안되었지만 그 이상 진전되지 못하고 폐안되어 버렸다.

오히려 1920년대에 눈에 보이는 성과를 올린 것은 켈리와 LWV가 추진한 모성 보호 운동이었다. 그들은 40개 주에서 모자 연금을 제도화했으며, 전국 정치에서도 1921년 '셰퍼드-타우너 출산 및 신생아 보호법'[28]에서 모자 보험 복지사업에 대한 대규모 정부 지원을 실현했다. 방문 간호사 파견, 조산사의 질을 높이기 위한 면허제 도입 등 출산 시 모친과 유아에 대한 돌봄을 진전시켰던 것이다. 원래 이 법은 3년 전에 당시 유일한 여성 연방 의원이었던 지넷 랭킨이 헐 하우스 출신으로 연방아동국(United States Children's Bureau) 국장이었던 줄리아 래스롭(Julia Lathrop)과 함께 작성한 법안을 토대로 했다. 또한 이 법의 가장 큰 특징은 주를 사업 주체로 삼으면서 연방이 주에 대해 이른바 매칭펀드를 제공하는 틀을 갖추고 있었다는 점이다.

이미 살펴본 바와 같이, 1920년대는 일반적인 노동관계 규제나 사회 정책의 흐름이 크게 정체된 시기였다. 따라서 모자 연금과 '셰퍼드-타우너 법'이 이룬 성과는 오히려 과거 모성 복지의 흐름을 이어받은 것이라고 볼 수 있을지도 모른다. 하지만 여기서 큰 의의를 지니는 것은 연방정부가 거의 처음으로 구체적인 사회복지에 자금을 투입했다는 것이다. '셰퍼드-타우너 법' 자체는 1929년에 중단되었지만, 매칭펀드에 의한 주-연방 관계의 제도화를 포함해 다가올 뉴딜 시기의 사회보장 제도를 형성하는 데 이 법이 선제적으로 기여했다는 점은 평가할 만하다. 1920년대에 집단으로서의 여성은 미국을 변화시키는 강력한

---

28 정식 명칭은 'Promotion of the Welfare and Hygiene of Maternity and Infancy Act'이며, 일명 '셰퍼드-타우너 법(Sheppard-Towner Act)'이라고 불린다._옮긴이

주체로 출현하고 있었던 것이다.

새로운 흑인

미국 흑인의 사회 운동 또한 사회개혁의 비전과 이니셔티브에서 크게 비약했다. 첫째로 전시하에 시작된 대이동을 계기로 북부 도시를 거점으로 하는 새로운 지적·문화적 활동이 부상했다. 전후 발발한 일련의 인종 폭동에 의해 1920년대에는 북부에서도 사실상 거주구 격리가 추진되었는데, 흑인들은 북부로의 이동을 멈추지 않았다. 전후 10년 동안 추가로 100만 명의 흑인이 남부의 면화 농장을 떠났고, 그 결과 뉴욕시의 할렘(빈민가)과 시카고의 사우스사이드는 수만 명의 인구를 자랑하는 흑인 메트로폴리스가 되었다. 이곳은 일종의 해방구처럼 흑인이 각종 문화 표현의 주체가 되는 장을 제공했다. 특히 할렘은 1920년대의 호경기와 대중 소비의 혜택을 받아 흑인 재즈 음악과 문학 운동의 성지가 되었다. 알랭 로크(Alain Locke)는 할렘 르네상스(Harlem Renaissance)라고 불렸던 이러한 문화 현상 속에서 인종의 긍지를 외쳤던 사람들에게 깊은 경의를 표하면서 그들을 '뉴니그로(New Negro)'라고 일컬었다. 또한 시카고에서도 브론즈빌[Bronzeville, 동색(銅色)의 거리]이라고 불렸던 사우스이스트의 흑인 지구가 활황을 보였다. 11만 명의 인구를 보유했던 이 지구에는 흑인의 비즈니스와 대중문화가 번성했고 1928년 의회 선거에서는 유일한 흑인 하원의원 드프리스트[29]를 당선시켰다.

흑인 운동에서 나타나는 또 하나의 새로운 전개는 그 운동이 국제적인 차원을 지녔다는 점이다. 제2장에서 살펴본 바와 같이, 미국의 흑인들은 일찍부터 제국주의와 인종주의, 그리고 세계대전 간의 밀접한 관계를 지적해 왔다. 하지만 결국 이러한 지적이 미국의 참전에 대한 비판으로 연결되지 못했던 데서 알 수 있듯이 그들 또한 미국의 식민지 지배를 자각하지 못했었다고 할 수 있다. 이

---

29 오스카 드프리스트(Oscar De Priest)를 일컫는다. _옮긴이

러한 의미에서 전쟁 직후 시기에 인기를 끌었던 서인도제도 출신의 마커스 가비(Marcus Garvey)의 운동은 참신했다. 가비는 1916년 미국으로 이민한 이후 뉴욕시에 세계흑인개선협회(UNIA)[30]를 발족하고 미국 흑인과 과거의 노예무역으로 전 세계에 흩어져 있던 아프리카인 간의 새로운 연대를 호소했다. 이 운동에서 주목해야 할 점은 가비가 미국 흑인이 지닌 아프리카인으로서의 정체성을 강하게 환기시키고 자금을 모아 이들을 아프리카로 귀환시키는 계획을 내세웠다는 점이다. 여기서는 20세기 후반의 흑인 민족주의와도 관통되는 분리주의의 경향이 표출되었다.

구미의 식민지주의에 대한 새로운 감수성은 흑인 운동의 주류에서도 공유되었다. 예를 들면, 두 보이스는 아직 강화회의가 끝나기 전에 파리에서 세네갈 출신의 프랑스 대의원 블레즈 디아뉴(Blaise Diagne) 등과 함께 아프리카의 자치를 요구하는 범아프리카 회의(Pan-African Congress)를 발족했다. 두 보이스는 가비가 주도하는 운동의 불투명한 자금 관리와 분리주의를 비난하는 한편, 양차 대전 사이의 시기를 통해 이러한 반식민지의 국제주의를 추진해 갔다.

또한 제임스 웰던 존슨은 1920년 그때까지 미군 해병대에 의한 통치가 계속되고 있던 이스파뇰라섬을 조사한 후 「아이티의 민족자결(Self-determining Haiti)」이라는 제목의 장편 보고서를 ≪네이션(The Nation)≫ 지에 공표했다. "(아이티 점령은) 우리의 아들들이 민주주의를 위해 …… 이국의 땅에서 쓰러지며 죽었을 때 행해졌다. …… (미국이) 전 세계에 군국주의의 폭정을 타도하겠다고 맹세했지만, 아이티 사람들은 실제로는 미국의 군사 지배에 예속되었던 것이다." 이처럼 카리브해 소국의 민족자결을 옹호하는 존슨의 보고서가 지니는 중요성은 아이티의 현 상황으로부터 미국 내에서 흑인을 종속자의 지위에 두고 있는 백인사회의 예속과 동일한 논리를 찾아냈다는 점에 있다. 존슨은 다음과 같이 말했다. "(미국의) 간섭, 즉 무방비 상태에 있던 3000명의 현지인에 대한

---

30   전체 명칭은 Universal Negro Improvement Association이다. _옮긴이

무자비한 학살을 정당화하기 위해 아이티인의 열등성, 후진성, 야만성이 (의도적으로) 크게 선전되고 있다." 즉, 뒤처진 아이티라는 담론은 아이티인들이 스스로 통치할 수 있을 정도로 성숙되어 있지 않다는, 발달 단계에 입각한 평가를 매개로 해서 미국이 지배할 것을 요청한다. 이와 마찬가지의 논의는 민주주의를 알지 못하는 흑인과 아시아계에는 사회적 평등을 부여하기 전에 일정 기간 보호(즉, 지배)와 순응의 프로세스가 필요하다는 미국 내의 인종 차별 용인론에서 나타난다. 존슨의 아이티 독립론은 이러한 점진적인 적응주의를 거부한다는 것을 의미하기도 했다.

그 이후 1920년대의 존슨은 할렘 르네상스의 영웅 가운데 한 명으로 간주되었으며, 또한 NAACP의 대표간사로 뛰어난 수완을 보였다. NAACP는 제1차 세계대전을 계기로 회원 수가 9만 명인 큰 조직이 되었다. 미국 흑인을 정치 주체로 확립시킨 것, 그리고 두 보이스와 존슨이 식민지 사람들과 연대하려고 구상했던 것은 1920년대의 배외적이며 인종주의적인 정치 문화에 대항하는 잠재력이 되었다.

3. 떠나가는 평화

평화의 이데올로기

실제로 1920년대의 국제관계는 윌슨적인 이상주의와 대국 지배의 현실, 그리고 전후의 국제질서에 불만을 품은 각국의 민족주의(또는 반제국의 민족주의) 간의 마찰 속에서 전개되어 왔다. 하지만 그 전제로 제1차 세계대전 이후의 세계에서는 평화 그 자체가 커다란 가치를 지녔다는 사실을 재차 확인해 두고자 한다. 그중에서도 일반적인 군축이 광범위하게 지지받았을 뿐만 아니라 전쟁을 국제법상 불법으로 삼으려는 국제적 조류가 형성되었다는 점도 주목할 만하다. 제인 애덤스 등이 1915년 결성한 영구 평화를 위한 국제여성위원회(ICWPP)가 전후 개조·개칭해 만들어진 평화와 자유를 위한 국제여성연맹(WILPF)은 1920 년대 후반에 전쟁 불법화 운동을 열정적으로 전개했으며, 1927년에는 3만 개의 서명을 당시의 쿨리지 대통령에게 제출했다. 그 성과는 이듬해인 1928년 8월 "국가의 정책 수단으로서의 전쟁을 방기한다"라고 정한 파리 부전조약[켈로그-브리앙 조약(Kellogg-Briand Pact)][31]으로 결실을 맺었다. 이 조약이 수립되는 과 정에서 미국인이 보인 존재감은 작지 않았다. 시카고의 변호사 새먼 레빈슨 (Salmon Levinson)과 공화당 고립주의 블록의 윌리엄 보라(William Borah) 상 원의원, 앞에서 언급한 철학자 존 듀이 등이 강하게 자국 정부에 압력을 가했다. 그중에서도 전쟁불법화위원회라는 시민운동을 조직한 레빈슨은 파리 부전조 약의 조문 작성에도 관여했으며, WILPF와 함께 1920년대의 평화에 크게 기여 했다. 이 부전조약에는 미국, 영국, 프랑스, 독일, 일본 등 15개의 초창기 체결 국에 더해 1929년 7월의 발효일까지 소련을 포함한 여러 개도국도 참가했다.

미국의 평화 이니셔티브는 이른바 문화국제주의의 영역에서도 크게 발휘되 었다. 과거에 역사학자 이리에 아키라가 지적한 바와 같이, 미합중국은 국제연 맹에 가입하지 않았지만 1920년대에 미국의 주요 인물들은 국제연맹 안팎에서 국제적인 문화교류 활동을 뒷받침하는 움직임을 보였다. 록펠러 재단의 간부 레이먼드 포스딕(Raymond Fosdick),[32] 국제노동기구(International Labour Organization: ILO) 창설을 추진한 역사학자 제임스 숏웰(James Shotwell)[33] 등 은 유네스코(UNESCO)[34]의 전신인 국제연맹 국제지적협력위원회(League of

---

31 파리조약이라고 일컬어지기도 하며, 공식 명칭은 General Treaty for Renunciation of War as an Instrument of National Policy이다._옮긴이
32 프린스턴 대학과 뉴욕 로스쿨에서 수학했고, 변호사로 활동하면서 1936년부터 1948년까지 록펠러 재단의 이사장을 역임했다. 주요 저서로 *American Police Systems*(1920), *Police Administration*(1921), *The Story of the Rockefeller Foundation*(1952) 등이 있다._옮긴이
33 캐나다에서 출생했고 미국 컬럼비아 대학 교수를 역임했으며, 주요 저서로 *War as an Instrument of National Policy*(1929), *The Origins of the International Labor Organization* (1934), *The Long Way to Freedom*(1960) 등이 있다._옮긴이
34 UN교육과학문화기구(United Nations Educational, Scientific and Cultural Organization)

Nations Committee on Intellectual Cooperation)에 깊이 간여했으며, 다른 미국인 엘리트도 구겐하임 기금, 태평양조사회(Institute of Pacific Relations: IPR)[35] 등 무수한 국제교류 프로그램의 창설에 공헌했다. 여기에 더해 전술한 것처럼 미국 대중문화가 유럽과 일본으로 침투한 것도 넓은 의미에서 문화 국제주의의 성과에 포함되는 것으로 볼 수 있다. 이리에 아키라에 따르면, 문화와 지성의 보편성 또는 국경초월성에 의거해 국제 이해가 확대됨으로써 평화는 1920년대의 헤게모니 이데올로기가 되었다. 즉, 평화 속에 존재하는 세계는 일반적이고 규범적인 반면 전쟁은 일탈이라는 개념이 미국과 세계에 널리 공유되었다.

평화의 한계

하지만 모든 평화가 그러하듯이, 1920년대의 평화 또한 단순한 가치와 규범의 수준을 넘어 현상유지를 강제하는 힘으로 발현되자 다양한 이의에 직면했다. 그러한 의미에서 1925년 무렵부터 중국에서 본격화된 반제국주의를 지향하는 민족주의를 무시할 수 없다. 같은 해 5월, 상하이의 일본계 방적공장에서 일어난 파업에 대한 탄압을 발단으로 열강과의 분쟁은 칭다오와 광둥에도 파급되었고, 수입품을 보이콧하거나 불평등 조약의 철폐를 요구하는 운동이 전국적으로 일어났다(일명 5·30 운동). 7월에는 반제국주의 운동을 주도하는 중국국민당이 광저우에서 국민정부를 수립했고, 이듬해인 1926년에는 국가의 통일을 지향하는 북벌을 개시했다.

이 사이에 9개국 조약의 가맹국은 모두 중국 민족주의자 그룹과 개별적으로 교섭하는 것이 일반적이 되었으며, 다국 간 협조주의의 원칙은 크게 후퇴했다. 미국은 국민당 정부와의 협의 끝에 관세자주권을 인정하는 새로운 협정을 체결했는데(1928년 7월), 일본은 이 협정에 강하게 반발했다. 원래 산둥 반환 문제를

를 일컫는다. _옮긴이
35 태평양문제조사회 또는 태평양관계연구소로 표기하기도 한다. _옮긴이

다룬 워싱턴 체제 자체에 불만을 갖고 있던 일본과 국민당 정부의 관계는 악화 일로를 걸었고, 1931년 9월에는 결국 만주사변이 발발했다. 이로 인해 미국이 주도했던 새로운 동아시아 국제질서의 꿈은 산산조각 나버렸다. 후버 정권은 스팀슨 독트린(Stimson Doctrine, 1932년 1월)을 공표해 일본이 중국의 주권을 침해하고 파리 부전조약을 위반하는 것을 비판했지만 원래 군사 행동으로 응할 의도는 없었다. 하지만 이는 결과적으로 만주국의 건국을 허용해 버렸다.

미국의 역사학자 로이드 암브로시우스(Lloyd Ambrosius)[36]는 상호의존 이념을 중요한 토대로 삼았던 이 시기의 미국 외교에 대해 극복하기 어려운 문화적 차이에 의해 분열된 다원적인 세계 구조에 현실적으로 대응할 능력이 결여되어 있었다고 설명했는데, 동아시아에서 일어난 일련의 정치 과정은 이를 잘 예증했다. 또한 달리 표현하자면, 미국이 내세웠던 보편주의는 민주적 자치의 약속이 실현되지 않는 한 비유럽 지역의 주민과 패전국의 국민에게 대국 지배의 장치에 불과했다. 제1차 세계대전 이후 확립된 국제질서는 동아시아에서 반제국주의 성향을 지닌 중국의 민족주의로부터 도전을 받아 일본의 일탈을 억지할 수 없었다. 그뿐만 아니라 유럽에서도 전후 국경 변경에서 중유럽과 동유럽 각국에 소수민족으로 남겨진 독일인들로부터 민족자결을 요구받았다. 민족자결의 원칙과 자유무역에 기초한 자유주의적인 다국간주의를 정합적으로 양립하는 것은 매우 어려운 과제였던 것이다. 아래에서 살펴볼 세계 공황으로 인해 사태는 더욱 악화되어 갔다.

대공황

1929년 10월, 뉴욕 주식시장의 주가 폭락에서 시작된 대공황은 당시 사람들

---

36 미국 네브래스카 대학 명예교수이며, 주요 저서로 *Woodrow Wilson and the American Diplomatic Tradition*(1987), *Wilsonian Statecraft*(1991), *Wilsonianism: Woodrow Wilson and his Legacy in American Foreign Relations*(2002), *Woodrow Wilson and American Internationalism*(2017) 등이 있다._옮긴이

에게 다소 의외의 사태로 받아들여졌다. 그 전년 11월에 치러진 대통령선거에서는 만장일치로 공화당의 대통령 후보로 지명된 허버트 후버(Herbert Hoover)가 번영의 1920년대의 공로자답게 '모든 가정의 냄비에 닭고기를, 모든 창고에 자동차를'이라는 선거용 슬로건 아래 압승했다. 후버는 민주당 후보 앨 스미스(Al Smith)에게 일반 투표에서 530만 표 이상의 큰 차이를 보였고, 전체 48개 주 가운데 40개 주에서 승리를 거두었다. 또한 공화당은 아울러 실시된 의회 선거에서는 하원에서 32개 의석이, 상원에서 6개 의석이 증가해 양원에서 안정적인 다수를 확보했다. 이듬해인 1929년 3월에 대통령에 취임한 후버가 이 세상의 봄이 영원히 계속될 것이라고 믿었다 하더라도 불가사의한 일이 아니었다. 하지만 파국은 그로부터 겨우 7개월 후에 찾아왔다.

징후가 전혀 없었던 것은 아니다. 그 무렵 수년간 주식시장은 버블 상태였다. 뉴욕 주식시장의 공업주는 1926년 평균 약 180포인트였으나 1929년 초에는 330포인트, 초가을 무렵에는 450포인트를 넘어섰다. 이 현상으로부터 도스 안을 통해 유럽에 제공되었던 미국 자본까지 뉴욕으로 환류되었음을 엿볼 수 있다. 증권 시장이 건전하지 않은 투기열로 넘쳐나고 있었다는 것은 명백했다. 주가는 1929년 10월 24일부터 급락하기 시작해 한 달 만에 38%가 하락한 것으로 알려져 있다. 주식 상장의 와해는 1920년대의 호경기를 뒷받침했던 제조업에도 엄청난 영향을 미쳤다. 불황의 최초 4년간 GDP는 정확히 반감했고, 공황 이전에 비해 철강 생산은 60%, 주택 건설은 25%, 자동차는 14%까지 하락했다. 실업자 수는 전체 노동인구의 25%에 해당하는 1300만 명에 달했으며, 매년 20만 명이 주택을 상실했다.

농업의 불황은 더욱 심각했다. 아마도 만성적인 생산 과잉이 원인이었던 것으로 추정되는데, 미국의 농산물 가격은 1920년대의 호경기 시기에도 계속 침체되어 있었기 때문이다. 농업의 수익률은 제조업과 커다란 차이가 있었는데, 농민들은 그 사실에 불만을 품었다. 그러한 상황 아래에서 대공황이 발발하자 농산물 가격은 대략 최초 3년 동안 공황 이전에 비해 약 40%까지 하락했다. 즉,

평균 농업 소득이 1/3로 감소했던 것이다. 이러한 농업의 불황과 연동되는 형태로 1930년 말부터는 은행 분야에서 공황이 시작되었다. 농촌의 지방은행에서 시작된 급격한 경영난은 세계적인 금융위기를 초래했고, 1931년 한 해 동안 2300개의 은행이 도산하는 등 최악의 상태를 맞았다.

후버의 공황 대책

이 시기까지 후버 대통령은 산업계의 각종 단체와 대기업에 고용과 임금을 유지해 줄 것을 요청했으며, 주와 지자체에 대해서는 실업 대책을 실시하도록 권고하는 등 이른바 연방정부의 간접적인 영향력과 업계 자치의 원칙에 입각한 정책을 추진했다. 이것은 이제까지 후버가 내세운 협동적 국가론에서부터 일관되어 온 경제 접근법으로, 적어도 이 시점에서는 제1차 세계대전부터 번영의 1920년대를 이끌었던 성공 체험을 기반으로 한 것이었다.

하지만 이미 지적한 바와 같이 불황은 갈수록 악화일로를 걷고 있었고 대통령에게 미치는 정치적 압력은 극대화되었다. 이로 인해 후버는 이제까지와 달리 직접적으로 개입하는 경제 정책을 결단했다. 1931년 12월에 발표된 대통령 교서에서는 아마도 처음으로 연방정부에 의한 공공사업 실시와 민간 금융 기관에 대한 지원을 선언했다. 이를 수용하는 형태로 1932년 2월에는 전국의 은행에 연간 10억 달러의 공적자금을 지원하는 '부흥금융공사 설치법'이 의회를 통과했고, 이어서 6월에는 소득세의 최고 세율을 25%에서 63%로 인상하는 새로운 '연방 세입법'이, 그리고 7월에는 지자체의 실업 대책에 대해 연방 자금을 투입하기로 정한 '긴급구제 건설법'이 제정되었다. 그런데 이러한 경기 관련 대책은, 예를 들어 후버가 '긴급구제 건설법'의 입법 과정에서 취했던 부정적인 태도로부터 알 수 있는 바와 같이, 후버의 원래 정치철학과는 상당히 동떨어져 있는 것이었다. 이는 오히려 앞으로 도래할 프랭클린 루스벨트(Franklin Roosevelt) 정권의 뉴딜(New Deal) 수법에 가까웠다.

후버가 세운 대공황 정책의 또 하나의 특징은 국제주의적인 접근법이다. 후버는 1931년 6월, 격화하는 금융 공황에 대한 대책으로 후버 모라토리엄(Hoover Moratorium)을 공표하면서 국제 채무를 1년간 일시 동결했다. 또한 그는 세계적인 자유 무역을 추진함으로써 불황 탈출의 가능성을 찾아냈으며, 런던 경제회의 (1933)를 개최하는 데 집념을 불태웠다. 대공황의 영향을 받았던 각국은 이미 블록 경제로 향했는데, 이를 저지하고 무역을 다시 활성화시키는 것이 주요 목적이었다. 이러한 후버의 국제협조 노선은 1920년대 외교의 연장선이기도 했지만, 동시에 후버 정권이 대공황의 원인을 국내 문제에서가 아닌 세계 규모의 경제 구조에서 찾았다는 점에 기인하는 것이기도 했다. 이것은, 뒤집어서 말하자면, 장기간 계속되는 불황으로 신음하고 있던 미국 대중의 삶에 대해 정부가 둔감했음을 의미한다. 공황이 발발한 이래 대기업의 복지 자본주의는 급속하게 축소되었고, 이민의 상호부조적 사업과 흑인 지구의 비즈니스도 연이어 쓰러졌다. 노동자와 소수자에 대한 경제적인 안보는 순식간에 상실되었으며, 노동조합 가입률도 변함없이 낮아 12~13%를 오갔다.

후버는 어려운 처지에 내몰려 있는 서민을 외면하고 은행을 비롯한 부유층만 보호하고 있다는 이미지가 점차 확대되었다. 1932년 7월 발발한 보너스 아미[37] 사건(Bonus Army Conflict)은 이러한 혹평을 결정적인 것으로 만들었다. 워싱턴 D.C.에는 첫여름 무렵부터 곤궁해진 퇴역 군인 1만 7000명을 포함한 4만 3000명의 군중이 전국에서 모여들어 제1차 세계대전의 참전에 대한 보너스 지급을 앞당겨서 즉시 현금으로 지불해 줄 것을 요구했다. 하지만 의회는 그들을 구제하는 내용의 법안을 부결시켰고, 이후 이를 납득하지 못한 약 2000명의 퇴역 군인이 캠프 생활을 하며 농성을 벌였다. 그들에게는 파괴분자라는 딱지가 붙어 FBI의 감시 대상이 되었다. 7월 중순이 되어서도 대통령의 퇴거 명령에 따르지 않자 결국 7월 28일 밤, 더글러스 맥아더(Douglas McArthur)가 이끄는 연방 제12 보병 연대와 조지 패튼(George Patton)이 이끄는 제3 기병 연대가 이들

---

37 당시 보너스 아미는 하사관 출신의 월터 워터스(Walter Waters)가 지휘했다._옮긴이

을 물리적으로 해체시켰다. 이 뉴스는 순식간에 미국 전역에 퍼져 미국을 떠들썩하게 만들었고, 후버에 대한 사람들의 실망감은 깊어졌다.

　이 사건이 발생한 지 3개월 뒤에는 차기 대통령선거가 기다리고 있었다. 이 선거는 미국 역사에서 하나의 전환점으로 여겨졌다. 절망적인 상황 속에서 미국의 정치 엘리트는 어떤 효과적인 경제 정책을 제기할 것인가? 무관심에 빠져버린 것으로 보이는 미국 대중은 새로운 정치를 능동적으로 파악할 수 있을까? 인종과 민족으로 분열된 국민의 문화생활은 어떻게 회복될 수 있을까? 물질적인 풍요로움과 대중 소비에 대한 기억은 대공황 아래의 정치에 어떤 의미를 갖게 될 것인가? 그리고 10개월 전에 발발했던 만주사변 이후의 세계에 새로운 질서를 제공하는 것이 가능할 것인가? 1932년 11월의 대통령선거를 둘러싸고 이와 같은 몇 가지 심각한 문제가 제기되었다.

제4장

뉴딜과 제2차 세계대전

1933년 3월 대통령 취임식 행사에서 오픈카에 탑승한 프랭클린 루스벨트 대통령 내외. 함께 탑승하고 있는 인물은 남부민주당의 지도자 조지프 로빈슨으로 뉴딜 시기에 상원에서 다수당 리더로서 원내총무를 맡았다.

1. 100일 의회

뉴딜 시대의 개막

1932년의 선거는 미국 현대사에서 커다란 분기점이었다. 민주당 후보인 뉴욕주 수지사 프랭클린 루스벨트가 대통령에 당선되었고, 동시에 행해진 연방의회 선거에서도 민주당이 하원에서는 97개 의석을, 상원에서도 12개 의석을 늘리는 데 성공했다. 이로써 제1차 세계대전 이후 12년간 계속되었던 공화당 정권은 결국 종언을 맞이했고, 그 이후 1969년까지 36년 동안 공화당의 드와이트 아이젠하워(Dwight Eisenhower) 2기(1953~1961)를 제외하고는 민주당이 정권을 독점하는 긴 뉴딜의 시대가 도래했다.

루스벨트가 후버로부터 정권을 이어받았을 때 미국의 정치와 경제는 위기적인 상황에 놓여 있었다. 실업자는 여전히 1000만 명이 넘었고 취임 1개월 전인 1933년 2월에는 디트로이트에서 시작된 예금 인출 소동이 미국 전역으로 확대되고 있었다. 국제 정세로 눈을 돌려보면, 같은 해 1월에는 독일에서 나치 정권이 탄생했으며, 3월에는 아돌프 히틀러(Adolf Hitler)의 독재체제가 확립되었다. 동아시아 정세와 관련해서는 2월의 국제연맹 총회에서 리턴 조사단(Lytton Commission)[1]의 만주사변 관련 보고서가 채택되었고, 그다음 달에 일본이 공식적으로 국제연맹을 탈퇴했다. 전 세계적으로 자유민주주의와는 다른 전제적인 국가 형태가 속속 생겨났고, 1920년대를 수놓았던 국제 협력의 분위기는 상실되고 있었다.

1933년 3월, 대통령에 취임한 직후 루스벨트가 가장 먼저 착수한 것은 이미 38개 주에 파급되고 있던 은행 패닉에 대응하는 일이었다. 루스벨트는 제1차 세계대전 시기에 실시되었으나 장기간 정지되었던 '대적 통상 금지법'을 활용해

---

[1] 영국의 정치가 빅터 불워-리턴(Victor Bulwer-Lytton)이 국제연맹 군사단장의 자격으로 이 조사단을 이끌었다._옮긴이

서 3월 6일부터 강제적으로 미국 전역의 은행을 휴업시켰다. 그런 다음 3월 9일 소집된 의회에서 '긴급 은행법'을 당일 통과시켰는데, 이를 통해 후버가 창설한 부흥금융공사가 은행주를 매수하는 형태로 은행 체제에 대한 신용을 회복하려 했다. 그 결과 미국 전역의 은행은 3월 13일에 영업을 재개했고 소요 사태는 진정되었다. 이 같은 기적적인 효과는 루스벨트의 카리스마적 인기에 힘입은 부분이 적지 않았다. 루스벨트는 은행이 다시 문을 열기 전날 밤 라디오 방송[일명 노변 담화(爐邊談話)]을 통해 거실에 모여 있던 대중에게 직접 은행의 안전성을 호소했는데, 이러한 신임 대통령에게 연일 국민으로부터 격려와 기대, 구제에 대한 소망의 내용을 담은 편지가 무수히 도착했다. 편지의 수는 그 1주일 동안에만 45만 통이었으며, 그 이후에도 하루 평균 7000통에 달했다.

100일 의회와 '농업 조정법'

루스벨트가 소집한 임시의회는 속칭 100일 의회라고 불린다. 6월 16일까지 약 3개월 동안의 회기에서는 초기 뉴딜의 주요 15개 법안이 차례로 제정되어 맹렬한 기세로 개혁이 진행되고 있다는 인상을 주었다. 그중에서도 주목할 만한 것은 농업 불황에 대한 대책을 최우선 조항 가운데 하나로 내세워 '농업 조정법(Agricultural Adjustment Act: AAA)'이라는 구체적인 형태를 지녔다는 점이다. 5월 12일에 제정된 '농업 조정법'의 취지는 밀, 면화 등의 주요 작물에 대한 생산 제한을 농민에게 요청하고 경작 축소에 대한 인센티브로 정부의 보조금을 공여하는 것이었다. 이러한 논의의 배경에는 미국 농업이 전반적으로 생산 과잉 상태이며 이 때문에 농산물 가격이 장기간 침체되어 왔다는 문제의식이 자리하고 있었다. 이로 인해 번영의 1920년대에도 제조업과 유통업에 비해 농업의 수익은 지나치게 낮았으며, 미국농민연맹(American Farm Bureau Federation: AFBF)[2] 같은 압력단체는 정치의 힘으로 농산물의 공정한 교환 가치를 되찾자고 주장했

---

2   Farm Bureau Insurance and Farm Bureau Incorporated(FB)로 표기하기도 한다._옮긴이

다. 이들의 요구는, 예를 들어 1928년 맥나리-호겐 법안[3]의 내용과 같이, 농산물 가격을 끌어올리는 잉여 농산물을 정부 기관이 매수한 뒤 싼 가격으로 해외 시장에 전매하는 아이디어로 발전했다.

'농업 조정법'의 입안을 맡았던 컬럼비아 대학의 렉스퍼드 터그웰(Rexford Tugwell)[4] 등은 공업 소득과 농업 소득의 불균형을 문제시하는 점에는 동의했지만 해외에 덤핑하는 데에는 반대하면서 엄격한 생산 조정을 주장했다. 이는 대공황의 원인을 기본적으로 국내 경제의 문제로 간주하는 터그웰의 입장을 반영하고 있었다. 즉, 터그웰 등은 1920년대 미국인의 구매력이 제조업 버블을 흡수할 정도로 확대되어 있지 않으며 내수의 상대적인 둔화 자체가 대공황의 주요 원인이라고 보았다. 이러한 인식은 제1차 세계대전이 만들어낸 전쟁 채무를 부적절하게 처리한 것이 자유무역을 저해하고 세계 경제의 파탄을 초래했다고 보았던 후버의 공황에 대한 기본적인 관점과 크게 달랐다. 이 때문에 루스벨트 정부는 정권 교체 시기에 진행 중이던, 후버가 공들였던 1933년의 런던 경제회의에 냉담했으며 금본위제에서도 이탈해 버렸다.

전술한 바와 같이, 경작을 축소함으로써 농산물 가격을 지탱하는 내용의 '농업 조정법'은 원래 해외로부터 값싼 농산물이 공급되지 않는 것을 전제로 삼고 있었다. 이것은 일종의 경제민족주의 정책에 해당했는데, 나중에 살펴볼 뉴딜의 노동보호 정책과 실업 대책도 저임금의 이민 노동을 도외시했다는 점에서 공통된 경향을 보였다. 이미 '1924년 이민법'에서 유럽과 아시아로부터의 이민이 제한되었으며, 규제에서 제외된 멕시코 이민자들은 국외 퇴거 정책 강화, AFL 계통 노조의 배외 운동 등으로 인해 대공황 시기에 약 40만 명이 다시 귀국길에 내몰렸다.

---

3 McNary-Haugen Farm Relief Act를 지칭하며, 당시 캘빈 쿨리지 대통령의 거부권 행사로 법안이 통과되지 못했다._옮긴이

4 1941년부터 1946년까지 푸에르토리코 총독에 임명되기도 했으며, 주요 저서로 *How They Became President*(1964), *The Emerging Constitution*(1974) 등이 있다._옮긴이

실업자 구제

100일 의회는 실업 대책과 관련된 입법에서도 성과를 올렸다. '농업 조정법'
과 마찬가지로 5월 11일에 제정된 '연방 긴급 구제법'은 실업자의 구제 사업을
실시하는 주에 대해 연방정부가 총 5억 달러를 공여한다는 획기적인 내용을 담
고 있었다. 더욱 정확하게 말하면, 절반인 2억 5000만 달러는 1920년대에 실시
된 '셰퍼드-타우너 법'의 모자 지원과 마찬가지로 각 주의 사업에 대한 매칭펀드
로 분배하고, 나머지 2억 5000만 달러는 경제적 약자에게 직접 제공하는 틀이
었다. 또한 이 법은 연방의 구제 프로그램을 총괄하는 연방 긴급구제국(Federal
Emergency Relief Administration: FERA)을 신설했는데, 루스벨트는 뉴욕주의
사회복지 담당자였던 해리 홉킨스(Harry Hopkins)를 국장으로 선임했다. 청년
시절에 크리스토도라 하우스(Christodora House)[5]에서 봉사 활동을 했던 홉킨
스는 프랜시스 퍼킨스(Frances Perkins) 노동장관(헐 하우스에서 활동했다) 등과
마찬가지로 혁신주의 시기에 인보 운동(settlement movement)에서 활약했던
인물로, 정치적으로는 사회민주주의에 가까웠다.

사회개혁자로서의 홉킨스의 개성을 보여주는 하나의 사례로, 그가 저널리스
트 로레나 힉콕(Lorena Hickok)[6]을 연방 긴급구제국의 직원으로 채용해 애팔래
치아의 광산에서 남부의 면화 지대까지 미국 전역의 빈곤을 현장에서 조사하도
록 지시했던 일화를 들 수 있다. 실제로 힉콕의 보고를 토대로 홉킨스가 추진했
던 연방의 구제 사업은 전체 뉴딜에서도 특히 인도적이었다. 하지만 홉킨스 자
신은 상당히 이른 단계부터 직접 구제에 대한 한계를 느끼기 시작했다. 구제 신
청자에 대한 기준이 각 지역 사회에 위임되었으므로 신청자를 거르는 과정에서
불합리한 인종 차별과 의존자라는 딱지 붙이기가 횡행했으며 경제적 약자의 인
격을 폄훼하는 사례가 빈발했기 때문이다. 그로부터 머지않아 홉킨스는 구제받

---

5   뉴욕시 로어 이스트 사이드의 빈민가에 위치해 있던 사회적 인보관이다._옮긴이
6   여성 저널리스트였으며, 주요 저서로 프랭클린 루스벨트 대통령의 영부인 엘리너 루스벨트
    (Eleanor Roosevelt)와 함께 집필한 *Ladies of Courage*(1954) 등이 있다._옮긴이

은 사람이라는 낙인을 수반하지 않는 사업을 통한 구제 방식, 즉 공적인 고용을 활용해서 실업자를 구제하는 방식에 경도되었다.

'국가산업부흥법'

회기가 종료되기 바로 직전인 6월 16일에 제정된 '국가산업부흥법(NIRA)'[7]도 100일 의회의 중요한 사안 가운데 하나였다. 이 법은 대략 세 가지의 서로 다른 요소로 구성된 법률이었다. 하나는 산업별로 동업자 단체를 조직하고 각각 생산량, 가격, 임금 등을 정한 공정 경쟁 규약을 만드는 것이었다. 여기에는 각 업계에 규제를 자주 요구함으로써 과잉 생산과 디플레이션을 억제하려는 노림수가 있었다. 이와 동시에 각 업계의 규약은 법적 구속력을 지니는 것으로 간주되었고, 감독기관에 해당하는 국가산업부흥국(National Recovery Administration: NRA)이 창설되었다. 이 같은 협동 조합주의자적인 구상은 제1차 세계대전 기간의 WIB에서부터 1920년대 후버 상무부 장관의 산업 정책으로까지 이어졌던 협동적 국가론과 매우 유사한 방식이었다. 실제로 NRA의 국장에는 전 WIB 구매부장이자 버나드 바루크(Bernard Baruch)의 주니어 파트너로 간주되었던 휴 존슨(Hugh Johnson) 전 육군 준장이 취임했다. 또한 이 법의 입법 과정에서는 재계의 리버럴파이자 제너럴 일렉트릭(General Electric) 사장인 제라드 스워프(Gerard Swope)[8]가 기초한 초안을 토대로 심의가 진행되었다. 여기에서 공황과 관련된 경제계 정책에서 나타난 하나의 합의를 살펴볼 수 있다.

하지만 '국가산업부흥법'에 포함되어 있던 둘째 요소, 즉 노동자 보호 조항(제7조 a항)에 규정된 내용은 각 업계가 노동자의 최저임금과 최장 노동 시간을 정하고 이를 규약으로 명기하는 것, 그리고 노동자가 자신이 선택한 대표자를 통해 경영자와 교섭할 권리를 승인하는 것이었다. 이 같은 노동자의 단결권과 단

---

7 'National Industrial Recovery Act of 1933'을 일컫는다. _옮긴이
8 1872년 미주리주에서 출생했으며, 제너럴 일렉트릭 사장을 1922년부터 1940년까지, 그리고 1942년부터 1945년까지 역임했다. _옮긴이

체 교섭권은 과거에 제1차 세계대전 아래 수립된 노동정책에서 일반적으로 승인되었던 것으로, 전후 '정상적인 상태로의 복귀'를 표어로 내세우면서 유명무실해졌었다. 이 같은 노동자 보호 조항은 공황이 발발한 이래 미국 전역에서 확대된 노동 불안을 고려했던 것이다. 그뿐만 아니라 조합을 인정함으로써 노동자의 교섭력을 증대시키고 나아가 노동자들의 소득을 인상함으로써 잠재적인 구매력을 상승시킬 것이라는 기대감도 있었다. 여기에는 또한 불황의 원인을 국내의 과소 소비에서 찾는, 루스벨트 정책에서 지배적이었던 공황 관련 관점도 표출되었다.

'국가산업부흥법'에 포함되어 있던 셋째 정책은 연방정부에 의한 공공사업에 관한 것이었다. 이 법은 공공사업국(Public Works Administration: PWA)을 신설하고 33억 달러의 예산을 배정했다. 그 이후 수년 동안 공공사업국 사업은 1만 1000개 이상의 도로와 고속도로를 건설하고 약 7500개의 학교 건물을 지었다. 또한 당시 건설 중이던 최대급의 수력발전 후버댐에 3만 8000만 달러를 공여하기도 했다. 루스벨트 정권은 전례 없는 대규모의 연방 자금 투입과 인프라 정비를 통해 냉각되어 있던 경제가 다시 활성화되고 대중의 구매력이 증진되어 경기부양의 기폭제가 될 것으로 기대했다.

사업 구제와 지역 개발

연방정부에 의한 공공사업은 100일 의회 중에 별도 계보의 사업으로도 형성되었다. 예를 들면, 3월 31일에는 '긴급 자원 보전법'[9]이 제정되었고 그다음 달부터 이 법에 기초해 민간자원보전단(Civilian Conservation Corps: CCC)이라는 조직이 발족했다. CCC는 실업 상태인 젊은 미혼 남성을 대상으로 국립공원 등에서 식림 및 시설 건설 작업에 종사하도록 하는 프로그램이었다. 최고 전성기에 30만 명에 달했던 참가자는 캠프 생활을 기본으로 한 집단적인 노동을 통해

---

9   'Emergency Conservation Work Act'를 일컫는다. _옮긴이

도덕적인 건전성을 회복할 수 있을 것으로 기대되었다. 또한 CCC는 흑인을 배제하지는 않았지만 1935년 여름까지 전체 캠프는 인종별로 만들어졌다.

1933년 5월 18일에 의회를 통과한 '테네시계곡 개발공사법' 또한 연방 직할의 공공사업이었다. 이 사업은 긴급한 실업 대책이면서 동시에 지역 사회의 경제개발을 중심으로 한다는 점이 특징이었다. 테네시계곡 개발공사(Tennessee Valley Authority: TVA)는 남부 7개 주에 펼쳐져 있는 계곡 일대에 수력발전소를 건설하고 여기에서 발생하는 전력을 이용해서 공황으로 인해 황폐해진 농촌 지대를 전기화하고 질소계 비료를 생산해 농업의 근대화를 도모하기 위한 기관이었다. 또한 TVA는 이 지구에서 실업자 고용 및 산업 유치에 나서고 나아가 주민의 건강 및 위생 상태 개선에도 나서는 종합적인 사회 정책 기관이기도 했다. 남부 농촌에 파견되었던 많은 전문가는 최신의 농업 기술과 방재 관련 지식을 현지 농민에게 전수하고 영농과 지역 사회의 재건에 모든 힘을 쏟는다는 입장이었는데, 이것은 과거의 인보 운동과 유사한 풀뿌리 자유주의의 측면을 함께 가지고 있었다.

푸른 독수리 운동과 강한 약

앞에서 살펴본 100일 의회의 입법군에는 후버의 산업 자치론을 계승하는 것에서부터 거액의 국가 자금을 시장에 투입하는 것, 나아가서는 혁신주의의 구빈, 공동체 운동을 방불케 하는 사회적인 정책 등 다양한 이념과 접근법이 존재했다. 하지만 법안들은 거의 모두 정부에 의해 세부 사항까지 입안되어 매우 단기간의 심의를 통해 제정되었고 모든 정책이 독립된 행정기관의 설치를 요구했다는 점에서 공통점을 가지고 있었다. 이러한 행정 주도는 1933년 가을 이래 정책을 실시하는 국면에서 갑자기 두드러졌다.

9월 초에 NRA의 존슨이 발족시킨 푸른 독수리(Blue Eagle) 운동에는 그러한 뉴딜의 개성이 잘 나타났다. 푸른 독수리 운동이란 NRA의 카르텔을 완전한 형태로 만들기 위해 규약에 대한 참가와 준수를 민간 기업과 개인 사업주에게 요구한 관제 캠페인이었다. 77개 업종에 걸쳐 조직된 이 운동은 'NRA: 우리는 각자의 역할을 한다'[10]라는 문구가 인쇄된 판배지와 점포용 배너를 가맹자에게 배포해서 비가맹자와 차별화했다. 또한 뉴욕 등의 도시 지역에서 대규모 퍼레이드를 전개하고 거대한 푸른 독수리 조각상을 전시했다. 이것은 명백히 제1차 세계대전의 애국 모델을 모방한 대중 선동이었는데, 루스벨트 자신도 푸른 독수리 배지를 야전병을 식별하는 표시로 본뜨도록 발언하는 등 국가에 의한 동원이라는 수법을 정당화했다.

유사 총력전과 흡사한 이 같은 정권 측의 구상은 1932년 치러진 선거전 와중에 루스벨트가 반복적으로 발언해 왔던 것이었다. 루스벨트는 일찍이 예비 선거가 실시되기 전인 4월의 라디오 연설에서 "이 계획(뉴딜)은 1917년의 계획과 마찬가지로 아래로부터 쌓아올리는 것이 아니면 안 된다. 톱다운은 좋지 않다. 이 계획은 경제 피라미드의 가장 저변에 있는 잊힌 사람들을 다시 한번 믿어보는 것이다"라고 말했다. 이를 통해 잊힌 사람들, 즉 직장을 잃고 농장에서 쫓겨났던 매우 보통의 미국 대중이라는 이름 아래에서 제1차 세계대전 시기와 마찬가지로 지원자 봉사 운동을 조직하는 결의를 보였다.

이처럼 불황과의 싸움을 국가 간의 전쟁과 동일한 차원으로 상정하고 오로지 위기를 선동하는 언사는 루스벨트의 취임 연설(1933년 3월 4일)에서도 살펴볼 수 있다. 즉, "우리가 두려워하지 않으면 안 되는 것은 공포 그 자체뿐이다. …… 국민은 행동을 요구하고 있다. 지금 바로 행동하라고 말이다. …… 의회에 또 하나의 위기에 대처하는 수단을 요구하고자 한다. 즉, 긴급 사태에 대한 전쟁을 실시하도록 행정권력을 확대하기를 희망한다." 우선 매우 흥미로운 것은 이 연설에서 신임 대통령이 공포라는 용어를 이용해 사람들에게 긴급하게 행동을 취하도록 촉구하고 있다는 점이다. 이 표현은 신시대의 개막을 알리는 발화로는 매우

---

10 구체적으로 푸른 독수리 그림 위에 'NRA Member'라고 표기되어 있고 그 아래에 'We Do Our Part'라는 문구가 쓰여 있다._옮긴이

불온한 협박의 내용을 담고 있었다. 되돌아보면, 긴 뉴딜은 공포 그 자체에서 시작되어 파시즘의 공포로, 나아가 냉전하의 핵 공포로 이어져 공포가 사람들의 심리를 계속 지배한 시대였다. 또한 그러한 긴박한 비상사태였기 때문에 특히 강력한 행정국가와 정책 집행자가 요구된 시대였다. 그리고 루스벨트는 절반은 확신범적으로 미국 헌정의 진리를 초월해서 강권적인 대통령이 되고자 했다.

당시의 정치 정세에서는 전체주의로 향하는 길이라고 할 수밖에 없는 수법이 일정한 지지를 획득했다는 사실을 기억해야만 한다. 1930년대에 점차 민주정치에 대한 회의감이 깊어졌던 월터 리프먼은 루스벨트의 대통령 취임에 큰 기대를 걸고 자신이 담당했던 인기 있는 신문 칼럼에 "이 (대공황의) 상황에서는 …… 강한 약이 필요하다"라고 썼다. 요컨대 불황을 극복하기 위해서는 부드러운 형태의 독재체제가 필요하다는 것이었다. 이러한 논의에는 전통적인 의회를 중심으로 하는 숙의민주주의에는 대응 능력이 결여되어 있다는 인식이 자리하고 있었는데, 이것은 100일 의회의 극단적으로 짧은 심의 기간을 용인하는 토대가 되었다.

2. 뉴딜 연합의 형성

뉴딜에 대한 반발과 혼란

하지만 초기만 하더라도 루스벨트 정권은 다방면에서 제기되는 반발에 직면해 있었으며 독재와는 거리가 멀었다. 그중 하나는 산업계에서 출현한 NRA 체제에 대한 불만이었다. '국가산업부흥법' 제7조 a항에서 규정하고 있는 노동자 보호에 대해 강한 저항이 존재했으며, 규약을 통해 국가 행정이 개입하는 것을 기피하는 분위기가 조성되었다. 그중에서도 1934년 4월에 닭고기 판매업계에서 제정된 규약에 관해 정부가 위반업자를 제소한 사건에서는 분쟁이 대법원까지 올라간 끝에 정부가 패소하는 사태도 발생했다('셰크터 닭고기회사 대 미합중국 재판)."¹¹ 1935년 5월에 나온 대법원 판결은 NRA가 이 업계의 구성원에게 규약을 강제하는 행위는 원래 입법부에 귀속되어 있는 권한이므로 헌법이 정한 행정의 범주를 벗어난다는 것이었다. 이 판례에 따르면, 100일 의회에서 수립된 무수한 독립 행정기관은 모두 헌법에 위반되는 것으로, 무효가 될 수밖에 없었다.

　뉴딜에 대한 반발은 잊힌 사람들 측에서도 분출되었다. 예를 들면, 1934년 초에 연방 상원의원 휴이 롱(Huey Long)¹²은 '우리의 재산을 나누자(Share Our Wealth)'라는 프로그램으로 일종의 정치운동을 일으키면서 부유층에 대한 증세와 철저한 재분배를 주장했다. 롱은 출신지였던 루이지애나주에서 카리스마적인 인기를 누리고 있었는데, 그의 단순한 개혁안은 순식간에 각지로 확대되었다. 또한 캘리포니아의 의사였던 프랜시스 톤젠드(Francis Townsend)는 60세 이상의 시민에게 매월 200달러를 지급하는 노령연금 안¹³을 제창했는데, 이 연금 계획의 보급을 지향하는 단체의 수가 미국 전역에 3400개에 이를 정도였다.

　또한 급진적인 그룹도 뉴딜을 공격했다. 아이오아주의 농협에서 파생된 농민휴일연맹¹⁴은 '농업 조정법'의 경작 축소 정책을 비판하면서 1933년 10월부터 농산물 출하를 거부하는 운동을 개시했다. 정부는 경작을 축소할 것이 아니라 농산물의 생산 비용에서 산출해 낸 적정 가격(즉, 생산비)을 무조건 보장해야 한다는 것이 이 단체의 핵심 주장이었다. 또한 미네소타와 위스콘신에서 강한 영향력을 갖고 있었던 노농혁신주의의 제3정당 운동도 사회보장과 집산주의의 노선을 요구하면서 루스벨트의 보수성을 논박했다. 게다가 남부의 면화 지대에서는 타작(打作)¹⁵을 하던 흑인 소작농들이 저항했다. '농업 조정법' 제도 아래에

11　'A. L. A. Schechter Poultry Corp. v. U. S. 재판'을 일컫는다._옮긴이

12　제40대 루이지애나주 주지사, 미국 의회 상원의원(1932. 1. 25~1935. 9. 10)을 역임했다. "모든 국민이 왕이다(Every Man a King)"라는 슬로건을 내세우면서 프랭클린 루스벨트의 뒤를 이을 유력 대권 후보로 부상했지만, 1935년 루이지애나주의 의회 건물에서 암살되었다._옮긴이

13　Townsend Plan으로 불리기도 한다._옮긴이

14　Farmers' Holiday Association을 지칭하며, 1932년 3월 밀로 르노(Milo Reno)에 의해 조직되었다._옮긴이

서는 경작 축소로 인한 보상금이 토지 소유자인 지주에게 지불되었기 때문에
이 법은 대량의 소작 계약을 해제하고 농업 노동자를 해고하는 결과를 낳았다.
그들은 1934년 7월, 남부 소작농연맹(STFU)[16]을 결성해 빈농에 대한 토지 재분
배라는 급진적인 요구를 내세우면서 투쟁했다.

이러한 문제가 심각했던 이유는 이 같은 저항이 뉴딜에 대한 사상적인 반발
이나 사보타주(태업)였던 것이 아니라 루스벨트의 개혁정치 자체에 대한 반발
이었기 때문이다. 마찬가지로 뉴딜의 성과에서 출현하는 혼란은 노동 운동 영
역에서도 일어났다. 즉, '국가산업부흥법' 제7조 a항은 특히 조직화되지 않은 산
업에서 노동자를 자극했는데, 예를 들면 통일광산노조(UMW)에서는 조합원 수
가 약 4배로 증대했다. 또한 철강업과 자동차 산업은 기존의 종업원 대표제(기
업 조합)를 정비함으로써 규약을 유지하고자 했지만, 일반 노동자 사이에서는
독립된 산업별 조합을 요구하는 목소리가 강했다. 1934년에는 미국 전역의 각
지에서 노동자 조직의 형태를 둘러싼 분쟁이 계속해서 발생했고, 루스벨트 등
이 처음에 상정했던 AFL과의 제휴 노선을 뛰어넘는 데까지 사태가 진전되었
다.[17] 100일 의회의 성과를 영속시키기 위해, 그리고 2년 후로 바짝 다가온 2기
째의 대통령선거에서 이기기 위해 루스벨트 정권은 특정한 대응 방안을 마련해
야 하는 상황에 내몰렸다.

복지국가를 향하여: WPA의 꿈

1935년 봄부터 여름에 걸쳐 뉴딜은 다시 활성화되었고 급진적으로 보이기도

---

15   수확고에 따라 일정한 비율로 소작료를 내는 제도를 일컫는다. _옮긴이
16   전체 명칭은 Southern Tenant Farmers' Union이다. _옮긴이
17   1935년 '전국 노동관계법(National Labor Relations Act)'[일명 '와그너법(Wagner Act)']이
     통과된 이후 산업별노조위원회(Committee for Industrial Organization)가 설립되었다.
     1938년 산업별노조위원회는 AFL에서 탈퇴하면서 산업별조합회의(Congress of Industrial
     Organizations: CIO)로 개칭했다. 그 이후 1955년 12월 AFL과 CIO가 결합해 AFL-CIO이 되
     어 현재까지 유지되고 있다. _옮긴이

하는 정책을 차례로 제기했다. 이 같은 전개를 살펴보면, 루스벨트가 진정한 위협을 느낀 것은 보수적인 산업계와 법원에서가 아니라 급진적인 포퓰리즘과 풀뿌리 운동에서였다는 것은 명백하다. 우선 5월 6일, 정부는 연방 긴급구제국(FERA)을 개편해 마찬가지로 해리 홉킨스를 수장으로 하는 사업촉진국(Works Progress Administration: WPA)[18]을 창설했다. WPA는 사업을 통해 구제한다는 이념을 계승한 것으로, 연방이 발주한 공공사업에 대규모의 실업자를 고용했다. 이때에 이르러 홉킨스가 수급자에게 낙인을 찍을 것이라고 우려했던 직접적인 구제 방식은 폐지되었다.

그런데 연인원 850만 명의 실업자를 고용했던 WPA의 프로그램이 특히 참신했던 이유는 대공황의 타격을 받았던 예술 활동을 조직적으로 원조했기 때문이다. 그림, 음악, 연극, 문학의 네 가지 부문에서 수천 명의 예술가가 자금을 지원 받아 참신한 창작 활동을 전개했다. 이 활동은 멕시코에서 초빙된 좌익 벽화화가 디에고 리베라(Diego Rivera)가 참가하는 등 전위적인 노동 문화의 장이 되기도 했다. 예를 들면 농업안정국(Farm Security Administration: FSA)[19]의 사진 프로젝트는 도로시아 랭(Dorothea Lange) 등에게 기회를 제공했으며, 그 결과 대공황 시기의 상황이 극명한 사진 기록으로 남겨졌다. 랭은 제2차 세계대전 시기에는 만자나에 있는 일본계 이민 수용소[20]에 들어가 수용자에 대한 동정적인 시선으로 일상을 촬영하기도 했는데, 이는 오늘날 당시를 파악하는 데 귀중한 역사자료가 되고 있다.

WPA는 청년층의 취학을 원조하는 데에도 힘을 쏟았다. 1935년 6월에 설치된 전국청년국(National Youth Administration: NYA)은 고등학교와 대학에 재학 중인 청년들에게 교내의 잡무를 분배하는 대신 장학금을 지급했고, 또한 직

---

18 공공사업진흥국으로 일컬어지기도 한다._옮긴이
19 농업보장국으로 표기하기도 한다._옮긴이
20 만자나 강제수용소(Manzanar internment camp)를 지칭하며, 당시 공식 명칭은 Manzanar War Relocation Center였다._옮긴이

〈그림 4-1〉 디트로이트 공립도서관의 벽화. 뉴딜에 포함되었던 좌익 노동문화를 전하는 벽화로, 멕시코의 작가이자 혁명가 디에고 리베라의 작품이다.

업 훈련의 프로그램을 수강하도록 했다. NYA는 동일하게 청년층의 구원을 목적으로 했던 CCC와 달리 여성을 배제하지 않았으며, 메리 베슌(Mary Bethune)이 흑인 학생 부문[21]을 운영했다. NYA는 각 주에 지부를 설치하고 지역의 이니셔티브를 중시했는데, 그중에는 26세로 텍사스 지부장으로 발탁된 린든 존슨(Lyndon Johnson) 같은 차세대 자유주의자도 포함되어 있었다.

이처럼 WPA의 프로그램은 여러 방면에 걸쳐 있었는데, 역사적으로 볼 때 중요한 것은 흑인의 실업자와 학생이 처음으로 거대한 사회 정책의 수익자로 포섭되었다는 점이다. 이것은 이제까지 기본적으로 링컨[22]의 정당인 공화당을 지지해 왔던 흑인들이 복지국가 노선의 민주당으로 갈아타는 역사적인 전환을 촉진시켰다. 하지만 한편으로는 어디까지나 실업 대책인 WPA 공공사업은 민간사업을 압박한다는 우려로 인해 최저임금을 각 지역의 관행에 따르도록 했기 때문에 특히 남부에서는 인종별로 다른 이중 임금이 용인되었다. 흑인의 사회적·경제적 평등을 어떻게 확보할 것인가 하는 문제는 여전히 다음의 과제로 남았다.

---

21 Division of Negro Affairs를 일컫는다._옮긴이
22 에이브러햄 링컨(Abraham Lincoln)을 일컫는다._옮긴이

'와그너법'과 CIO

전술한 것처럼, 1935년 5월 말 대법원의 '셰크터 재판'에서 '국가산업부흥법'에 대해 위헌이 선고되자 루스벨트 정권은 이 판결을 덮으려는 듯 더욱 민첩하게 반응했다. 의회에 대한 정부의 움직임은 적극적이었다. 7월 5일에는 새롭게 '전국 노동관계법(National Labor Relations Act)'[일명 '와그너법(Wagner Act)']을 제정해 '국가산업부흥법' 제7조 a항의 노동자 보호를 철저히 했다. '와그너법'은 그 중에서도 전국노동관계위원회(National Labor Relations Board: NLRB)를 신설했으며, 경영자에 의한 종업원 대표제 도입, 노동조합과의 교섭 거부를 부당 노동 행위로 단속했다. 이처럼 항구법으로 노동자의 단결권과 단체 교섭권이 확립된 것은 노동 운동에 전례 없는 순풍이 되었다. 노동조합원 수는 제2차 세계대전까지 약 3배로 늘었고 조직율도 30%에 가깝게 상승했다. 특히 이제까지 조직화되지 않았던 자동차, 철강 등의 대량생산 산업에서 산업별 조합이 차례로 탄생했고, 같은 해 11월에는 산업별조합회의(CIO)라는 전국 조직이 결성되었다.

산업별 노동조합인 CIO가 부상한 것은 미국 정치사에서 매우 중요한 의미를 갖는다. 첫째, 이 비숙련·반숙련의 노동자 단체는 뉴딜을 추진하는 민주당에 표를 몰아주는 가장 유력한 조직이 되었다. 노조는 '와그너법'에 의해 복지국가 조합주의의 일부를 차지했으며, 민주당의 자유주의파는 1970년대에 이르기까지 노동조합의 조직적인 표에 계속 의존했다. 둘째, 대량생산 산업의 노동자들이 CIO에 규합한 것은 다수를 차지하던 새로운 이민자와 그 자녀 세대를 국민적으로 포섭하는 것과 밀접하게 관련되었다. 엘리자베스 코언(Elizabeth Cohen)은 1930년대에 남유럽계와 동유럽계의 새로운 이민들이 CIO 노조를 매개로 전국적인 뉴딜 정치에 기능적으로 참가했던 사실을 중시한다. 코언에 따르면, 1920년대 이민의 생활은 매우 과도적이었다. 그들은 대중문화 소비자로서 평균적인 미국인의 문화와 가치를 누렸지만, 동시에 가톨릭 교구와 이탈리아어 영화관에 의해 민족적인 문화 유대도 계속 생겨났다. 또한 경영자의 가부장주의적인 복지자본주의가 이민의 소비 생활을 뒷받침했던 한편으로, 민족 차원의 상부상조

조직과 보험 사업도 일종의 안전망으로 기능했었다. 그런데 대공황이 모든 문화적·경제적 기반을 날려버렸으므로 1930년대의 이민 대중은 CIO와 민주당에 안전을 기대할 수밖에 없었고 그 과정에서 민족적인 경계를 초월해 전체 사회에 참여하게 되었다.

이러한 논의는 미국 최대의 산별 노조인 합동피복노조(ACWA)[23]의 위원장이자 CIO의 고위급 간부였던 시드니 힐먼(Sidney Hillman)이 1934년에 "(경제적) 안정에 대한 요구 자체가 현대인의 생활에서 중심적인 논점이다"라고 말했던 것과 깊게 관련되어 있다. 즉, '와그너법'과 CIO가 약진한 것은 과거와 같은 민족적인 유대에 뒷받침되는 노동 문화를 만들어내거나 혁명적인 노동 운동을 지향했기 때문이 아니었다. 이들이 단결할 수 있었던 본질은 미국인으로서의 소비 생활을 기초 짓는 경제적인 보장 자체였다. 그리고 이는 노동자와 경영자 간의 힘의 관계가 균형을 이루게 함으로써 노동자의 구매력을 향상시키고 불황을 극복하고자 하는 뉴딜 정책 입안자의 구상과 매우 밀접했다.

'사회보장법'

제2의 100일 의회라고 불렸던 제74차 의회에서 또 하나의 핵심 사안은 1935년의 '사회보장법(Social Security Act)'이었다. 8월에 제정된 이 법은 헐 하우스의 레지던트 출신으로 최초의 여성 각료였던 프랜시스 퍼킨스 노동장관을 중심으로 마련된 것으로, 그 내용은 사회 보험과 빈민 구제(생활 보호), 이 두 가지를 주축으로 삼았다. 사회 보험에는 실업 보험과 노령연금이 있었고, 생활 보호에는 부양 아동 수당 및 가난한 고령자와 시각 장애인에 대한 구제가 포함되어 있었다.

우선 실업 보험은 세제상의 우대조치 등을 통해 각 주에 독자적인 제도 도입을 촉진시키는 형태를 취했다. 이 때문에 전국에 매우 다양한 실업 보험이 만들어졌는데, 이는 노동력이 주 사이를 이동하는 것을 방해할 우려도 있었다. 하지

23　Amalgamated Clothing Workers of America를 일컫는다. _옮긴이

만 한편으로는 헌법상의 지방자치 원칙을 지키면서 일시적인 실업에 대한 연방 정부의 책임을 명확히 할 수 있었다.

한편 노령연금의 최대 특징은 본인 부담금(보험료 납부)을 기초로 제도를 설계했다는 것이었다. 이는 사실상 역진적 징세와 같은 것이었는데, 이 덕분에 연금 수급은 일종의 권리로 인식되었으며 아래에서 살펴볼 생활 보험의 사회적 낙인과는 관계가 없었다. 오히려 더욱 큰 문제는 노령연금 대상을 매우 좁게 한정했다는 점이다. 연금 적용에서 제외된 사람들을 보면 농업 노동자, 가사 노동자, 파트타임 노동자 등 흑인과 여성이 많이 취업한 직종이 포함되어 있었는데, 총 940만 명의 노동자가 사회보장의 바깥에 방치되었다.

경제적 약자에 대한 직접 구제와 관련해서는 부양 아동 지원(ADC, 나중의 AFDC)[24]으로서 싱글맘의 빈곤 대책이 여기에 포함되었다. 이것은 이미 혁신주의 시기에 맹아를 보였던 모성 복지의 계보를 잇는 것으로, 출산, 육아 등의 젠더 역할을 당연시하는 토대 위에 사회적 약자가 된 가난한 모친을 복지로 보호하려는 것이었다. 하지만 앞에서 언급한 규정에 따라 약 60%의 여성 노동자가 사회보장의 바깥에 방치되었다. 곤궁한 모자에 대해 지역 행정에 따라 가혹한 수입 조사를 부과하고 의존자라는 낙인을 찍는 일처리 방식은 더욱 심각하게 인식되었다. 역사학자 낸시 콧(Nancy Cott)[25]은 뉴딜이 만들어낸 노동할 권리와 적절한 생활을 영위할 권리는 결국 백인 남성의 것이었으며 '사회보장법'은 "남편이자 집안에서 돈을 버는 남성 시민과 모친이자 피부양자인 여성 시민을 처음부터 준별하는" 것이었다고 지적한다.

그럼에도 불구하고 이 같은 불황 속에서도 1930년대 말에는 약 70만 명의 모

---

24 1935년 도입된 Aid to Dependent Children(ADC)은 1962년 Aid to Families with Dependent Children(AFDC)으로 개칭했고, 1996년 Temporary Assistance for Needy Families(TANF)로 다시 명칭이 바뀌었다. _옮긴이

25 미국 예일 대학과 하버드 대학에서 교수로 재직한 바 있으며, 주요 저서로 *Public Vows: A History of Marriage and the Nation*(Harvard University Press, 2000) 등이 있다. _옮긴이

자 가정이 ADC를 받고 생활을 유지했고 1940년대 초에는 노령연금 지불이 시작되었던 점은 높이 평가해야 할 것이다. 확실히 정책 입안자의 구상에는 기존의 모성주의에 대한 집착이 있었을 뿐만 아니라 여성과 고령자를 고단한 노동시장으로부터 멀리 떨어뜨리려는 생각도 있었을지 모른다. 하지만 아직 불충분하더라도 영구적인 안전망이 개인주의 국가인 미국에서도 구축되고 있었다는 사실은 역시 중요하다. 그리고 이는 정치적으로는 루스벨트 정권이 가장 우려했던 풀뿌리 급진세력의 대안을 무마시키는 효과를 갖고 있었다.

뉴딜 연합

1936년 11월에 치러진 루스벨트 2기째의 대통령선거는 루스벨트의 압도적인 승리였다. 일반 투표에서 60.8%를 득표했던 민주당 후보 루스벨트 진영은 전국 48개 주 가운데 46개 주를 제압했고, 선거인 표에서는 523 대 8로 공화당 후보와 큰 격차를 벌였다. 휴이 롱과 프랜시스 톤젠드의 지지자는 중서부의 연합당[26] 세력과 연대해 독자적인 대통령 후보[27]를 옹립했지만 득표율은 2%가 채되지 않았다. 뉴딜은 특히 노령연금과 재분배 정책을 도입함으로써 좌우 급진주의자들의 반발을 무마하고 체제화하는 데 성공했다. 또한 이 선거에서는 전체 투표율이 61%에 달하는 등 각 층의 유권자들이 적극적으로 간여했다. 이 수치는 거의 20세기 초 수준을 회복한 것으로, 특히 민주당이 뛰어난 구심력을 발휘했다. 민주당은 같은 날 행해진 의회 선거에서도 대승을 거두어 선거 이후의 의석은 하원에서 334 대 88, 상원에서도 74 대 17로 공화당을 압도했다.

민주당 루스벨트가 제패할 수 있었던 것은 복잡한 이해를 갖고 있던 다양한 정치 세력이 대동단결했기 때문이었다. 뉴딜 연합[28]이라고 불리는 이 통일전선은 ① 민주당과 도시정치(백인), ② 노동조합(CIO/AFL), ③ 중서부와 남부의 농

---

26 1936년 창당된 Union Party를 일컫는다._옮긴이
27 윌리엄 렘케(William Lemke)를 일컫는다._옮긴이
28 영어로는 New Deal Coalition으로 표기한다._옮긴이

민, ④ 도시 지역의 좌파 지식인, ⑤ 북부의 흑인 노동자, ⑥ 남부민주당(인종 격리주의자)으로 구성되어 있었다. 이 연합체의 모든 요소에 공유되는 이상 또는 이데올로기를 찾아내는 것은 불가능했다. 그중에서도 뉴딜 자유주의자가 제창했던 평등주의는 남부민주당의 뿌리 깊은 인종주의와 양립할 수 있으리라고 도저히 생각할 수 없었다. 실제로 '와그너법'의 기초자였던 로버트 와그너(Robert Wagner) 상원의원은 1934년에 반린치 법안[29](린치 사건의 기소를 의무화하는 내용)을 의회에 제안했으며, CIO는 흑인 노동자를 적극적으로 모집하는 방침을 취하는 한편 미조직 상태였던 남부의 이중 임금을 특히 문제시했다. 이에 반해 남부민주당의 간부는 흑인의 격리된 저임금 노동을 유지하는 것 자체가 자신들이 지배하는 사회질서의 원천이라고 생각해 차별을 유지하도록 요구했다. 하지만 역설적이게도 1935년 이래 급진화된 것으로 간주되는 뉴딜이 가장 견고하게 제휴를 맺었던 상대는 바로 이 남부민주당 세력이었다.

남부에서는 1877년에 연방군이 철수한 이래로 부활한 민주당이 모든 공직을 독점해 왔다. 이 때문에 남부에서 선출되는 연방 의원은 거의 민주당 당원이 차지해 왔으며, 게다가 당선 횟수가 매우 많아지는 경향이 있었다. 이것은 선임권 때문에 남부민주당이 주요한 의회 위원회의 의장직을 점유하는 것을 의미했다. 루스벨트는 중요한 법안을 통과시킬 때 반드시 남부민주당의 협력을 얻지 않으면 안 되었던 것이다. 한편 남부에서도 뉴딜 정책은 없어서는 안 되었다. 남북전쟁 이후 미국 내 최대의 빈곤 지대가 된 남부 여러 주는 대공황으로 인해 가장 심각한 경제 피해를 입었다. 연방 긴급구제국의 힉콕 보고서에 따르면, 도시 지역인 앨라배마주의 버밍엄에서는 공황 아래에서 실업을 면한 자가 겨우 8000명뿐이었으며, 조지아주의 농촌에서는 "절반은 기아 상태의 백인과 흑인이 …… 개의 사료보다 적은 양의 먹을 것과 개집보다 열악한 집을 놓고 서로 다투었다." 남부의 정치 지도자는 괴멸적인 지역 경제를 재건하기 위해 뉴딜의 공공

---

29 Costigan-Wagner Anti-Lynching Bill을 일컫는다. _옮긴이

사업과 개발투자에 크게 의존했다. 앨라배마와 조지아를 포함한 남부 7개 주에 걸쳐 있는 TVA가 초기 뉴딜의 최대 계획으로 실시된 배경에는 이러한 맥락도 작용했을 것이다.

승리의 대가

다만 모순으로 가득한 동맹 관계를 핵심으로 하는 뉴딜 연합이 유지될 수 있었던 이유는 결국 인종 및 민족 문화에 대한 입장이 서로 다르기는 하지만 그것이 적과의 협력을 파탄 낼 만큼 중요하지는 않았기 때문이다. 그 점은 루스벨트 대통령이 반린치 법안[일명 코스티간-와그너(Costigan-Wagner) 법안]에 대해 보인 냉담한 태도에서도 확인할 수 있다. 1934년에 제안된 이 법안은 결국 한 차례도 제대로 심의되지 못하고 1938년에 폐안되었다. 이러한 취급에 항의해 대통령과의 면담을 요구했던 NAACP의 월터 화이트(Walter White) 대표에 따르면, 루스벨트는 다음과 같이 말했다고 한다. "의회의 선임권에 의해 상원·하원 양원의 대부분의 위원회에서는 남부가 의장직 또는 전략적인 자리를 장악하고 있다. 지금 반린치 법안을 통과시킨다면 그들은 미국인을 빈곤에서 구해내기 위한 전체 법안을 방해할 것이다. 나는 그러한 리스크를 감수할 수 없다." 어느 흑인 단체의 지도자는 "흑인은 여전히 가장 잊힌 인간이다"라며 뉴딜에 대한 실망감을 드러냈는데, 당분간 그러한 목소리는 묵살되었다.

왜냐하면 광범위한 뉴딜 연합을 연결하고 있었던 것은 문화적인 민족주의나 사회 공정에 대한 희망이 아니었기 때문이다. 아마도 시드니 힐먼이 말했던 경제적 안정에 대한 요구 자체가 훨씬 중요한 합의였을 것이다. 그러한 정치 연합이 가능했던 전제로는 이 시기 미국의 인종 및 민족 관계가 역사상 유례를 찾을 수 없는 안정기였다는 점도 지적할 수 있다. 1920년대 중엽까지 인종 격리와 남부의 흑인 투표권 박탈은 거의 완성되었고 포괄적인 이민 제한법에 의해 민족 문제에 대한 관심이 옅어졌다. 즉, 1960년대까지 이르는 민주당의 장기 지배를 뒷받침했던 뉴딜 연합은 이 연합에 다소 선행해서 확립된 미국의 20세기 국민질서를 기초로 수립되었다. 예를 들면, 역사학자 제퍼슨 코위(Jefferson Cowie)[30]가 지적하는 바와 같이, 당시 급성장했던 CIO 노조가 백인 원주민, 남유럽계와 동유럽계의 새로운 이민, 흑인 노동자를 규합해 전국정치에서 커다란 힘을 가졌던 것은 역사적으로 인종 및 민족에 의해 분열되는 상황으로 계속 고뇌해 온 미국 노동자 대중에게는 예외적인 경험이었다. 그렇다면 이러한 예외를 뒷받침하는 경제적 안정의 연합에서는 언젠가 재연될 인종 및 민족을 둘러싼 투쟁이 가장 커다란 잠재적 위협이기도 했다.

최후의 개혁

민주당이 대승을 거두었던 1936년 선거 이후 소집된 제75차 의회(1937~1939)는 복잡하면서도 양면적인 전개를 보였다. 이 의회는 일면 이제까지의 뉴딜 개혁을 집대성한 것이었다. 1937년 7월에는 소작농의 토지 구입을 지원하는 '뱅크헤드-존스 농장 임차인법'[31]이 통과되었고, 9월에는 저소득 세대의 주거 환경 개선을 위한 '공영 주택법'(Housing Act of 1937, 일명 '와그너-스티걸 법'[32])이 제정되었다. 또한 이듬해인 1938년에 제정된 '공정 노동 기준법(FLSA)'[33]은 '국가산업부흥법' 제7조 a항의 아동 노동 금지를 재차 조문화하고 최저임금, 최장 노동 시간, 초과 근무 수당에 대해서도 엄격하게 정했다. 이 법의 규정은 혁신주의 시기 이래 제기되어 온 노동 기준 규제의 한계를 극복한 획기적인 것이었다.

이처럼 사회 정책의 입법화에서 성과가 나타나는 한편으로, 1937년의 의회에서는 뉴딜의 좌절이 시작되기도 했다. 루스벨트 정권은 2월에 법원 개조 법안[34]을 제출해 대법원 판사의 증원과 정년제 도입을 시사했다. 이제까지 대법원

---

30 밴더빌트 대학 교수이며, 주요 저서로 *Stayin' Alive: The 1970s and the Last Days of the Working Class*(2010), *The Great Exception: The New Deal and the Limits of American Politics*(2016) 등이 있다._옮긴이

31 'Bankhead-Jones Farm Tenant Act of 1937'을 일컫는다._옮긴이

32 'Wagner-Steagall Housing Act'를 일컫는다._옮긴이

33 'Fair Labor Standards Act'를 일컫는다._옮긴이

은 '국가산업부흥법'과 '산업 조정법'에 대해 위헌 판결을 냈으며, 향후 '와그너
법'과 '사회보장법'에 대해서도 마찬가지의 결정을 내릴 가능성이 있었다. 이 때
문에 대통령이 판사 구성에 손을 대고자 했던 것이다. 삼권분립의 원칙과도 관
련된 이 정치적 행태는 두 가지 방향에서 영향을 남긴 것으로 추정된다. 첫째 영
향은 의회 내외에서 루스벨트 대통령에 대한 비판이 고조된 것이었다. 대통령
이 독재를 지향하고 있다는 불만의 목소리가 시민들로부터 터져 나왔으며, 결
국 법안은 통과되지 못했다. 그럼에도 불구하고 법원 개조 법안이 초래한 둘째
영향은 대법원의 판례에 새로운 경향이 표출된 것이었다. 법안을 심의하던 중
인 1937년 3월, 대법원은 1905년 '로크너 재판' 이래 고수하던 방침을 전환해
워싱턴주의 '최저임금법'에 대해 합헌 판결을 내렸다. 또한 대법원은 4월에는
'와그너법'에 대해 합헌 판결을 냈으며, 5월에는 '사회보장법'에 대해서도 헌법
상 유효하다고 선고했다. 그 이래 연방대법원은 대략 반세기에 걸쳐 정부의 사
회경제와 관련된 입법에 대해 위헌 판결을 내지 않았다. 이때에 이르러서는 뉴
딜의 주요한 성과가 영구적인 제도로 정착되었다.

　　그러나 법원 개조 문제는 루스벨트의 구심력을 급속하게 감퇴시켰다. 또한
1937년 가을에 시작된 두 번째 경제 후퇴도 이제까지 순조롭게 경제 회복을 추
진해 온 것처럼 보였던 뉴딜 정책에 대한 신뢰를 실추시켰다. 이러한 일련의 사
태는 의회 내에서는 보수세력을 활성화하는 것으로 연결되었다. 특히 주목해
야 할 것은 남부민주당의 일부[35]가 공화당 보수파와 제휴하면서 잠정적인 반루
스벨트 동맹을 구축하기 시작했다는 점이다. 그들은 1937년 말 '보수파 선언문
(Conservative Manifesto)'[36]이라는 문서를 채택하고 감세, 반복지, 균형 예산 등
작은 정부로의 회귀를 주장했다. 특히 남부 세력은 1938년 '공정 노동 기준법'

34　Judiciary Reorganization Bill of 1937을 일컫는다. _옮긴이
35　대표적인 인물로는 해리 버드(Harry Byrd), 카터 글래스(Carter Glass), 존 가너(John Garner),
　　조시아 베일리(Josiah Bailey) 등이 있다. _옮긴이
36　공식적인 제목은 "An Address to the People of the United States"이다. _옮긴이

이 정한 최저임금이 남부의 평균적인 흑인의 임금을 상회했기 때문에 좌익적인 뉴딜주의자들에게 위협을 느꼈다.

이러한 의회의 반발 흐름 속에서 1938년 반미활동 조사위원회[37]라는 반공산주의·반자유주의 관련 조사기관이 하원에 창설되었다. 이 위원회의 위원장은 남부민주당의 중심인물로 텍사스주에서 선출된 마틴 다이스(Martin Dies)[38]였다. 다이스는 홉킨스, 퍼킨스 등 정부 내의 좌파 자유주의자를 눈엣가시 같은 적으로 간주했으며, 1939년 이래 특히 WPA의 예술가 지원 프로젝트를 공격의 대상으로 삼았다. 반미활동 조사위원회가 그 이후 제2차 세계대전 시기부터 냉전기에 걸쳐 각종 공청회를 통해 자유주의의 시민적 자유를 가혹하게 억압했다는 사실은 잘 알려져 있다. 이때에 이르러 미국 전체 국민을 휩쓸었던 개혁정치로서의 뉴딜은 바야흐로 막을 내리려 하고 있었다.

하지만 1937년의 불황은 1929년의 불황보다 더욱 심각했으며, 여전히 실업자는 1000만 명에서 내려가지 않았다. 그리고 이 사이 국외에서는 1936년에 스페인 내전이 시작되었고, 1937년에는 중일전쟁이 발발했으며, 1939년 9월에는 독일군의 폴란드 침공에 의해 제2차 세계대전이 시작되었다. 경제 부흥을 위해 남겨진 과제는 뉴딜이 창출한 새로운 복지국가의 구조를 기초로 삼으면서 갈수록 군사적인 안전보장의 논리 속에 편입되었다.

3. 선린 외교에서 제2차 세계대전으로

뉴딜 외교의 갈등

앞에서 언급한 것처럼, 루스벨트 정권은 발족 당시 국내 대책에 전념했기 때

---

37 Special Committee to Investigate Un-American Activities를 일컫는다. _옮긴이
38 1901년 텍사스주에서 출생했으며, 연방 하원의원(1931~1945년, 1953~1959년 재임), 상원의원(1959~1967년 재임) 등을 역임했다. _옮긴이

문에 외교에서는 매우 소극적인 자세를 보였다. 이 때문에 영국 제국의 블록 경제화를 저지하기 위해 후버가 제안했던 런던 경제회의는 공중 분해되었다. 하지만 뉴딜 내에는 코델 헐(Cordell Hull)[39] 국무장관을 비롯한 자유무역론자들이 존재했는데, 1934년 6월에는 그들의 주도하에 '호혜 통상법'이 제정되었다. 이 법은 기존에 의회가 유지해 왔던 관세 교섭의 결정권을 정부에 부여하고 50% 한도 내에서 관세를 인하할 수 있도록 규정했다. 이 법률에 따라 루스벨트 정권은 1920년대부터 계속해서 고관세 정책을 저관세로 전환했으며 전후의 브레턴우즈 체제(Bretton Woods system)로 연결되는 자유무역화의 흐름을 만들었다.

그런데 '호혜 통상법'이 적용되고 최혜국 대우를 받게 된 국가들 가운데 다수는 중남미 국가였다. 루스벨트 정권은 서반구 국가들과 이러한 우호적인 관계를 맺는 선린 외교를 추진했는데, 이러한 접근법은 해병대가 끊임없이 군사 개입을 했던 과거의 도서 제국주의와는 크게 달랐다. 변화의 징후는 1920년대에 수립된 공화당 정권의 대카리브해 정책에서 나타났다. 외교의 경제적 측면을 중시했던 공화당 정부는 1924년에 도미니카 공화국에서 해병대를 철수했으며, 1930년에는 과거의 먼로 독트린의 루스벨트 버전을 철회한다고 공식적으로 표명했다(일명 클라크 국무차관 메모[40]). 1933년 1월에는 니카라과에서도 최종적으로 병력을 철수했다.

뉴딜의 선린 외교는 전 정권의 정책을 계승한 것으로, 1933년 12월 헐 국무장관은 제7차 범미회의에서 미국의 내정간섭권을 부인했고, 1934년 5월에는 대쿠바 플랫 수정안(Platt Amendment)을 폐기했으며, 8월에는 아이티에서도 병력을 철수했다. 또한 이 해에는 '타이딩스-맥더피 법(Tydings-McDuffie Act)'[41]을 제

---

39 1871년 테네시주에서 출생했으며, 연방 하원의원(1923~1931년 재임), 상원의원(1931~1933. 3. 3)을 거쳐 제47대 국무장관(1933. 3. 4~1944. 11. 30)을 역임했다. 1945년 노벨 평화상을 수상했으며, 주요 저서로 *Memoirs*(1948) 등이 있다._옮긴이

40 공식 명칭은 Clark Memorandum on the Monroe Doctrine이며, Clark Memorandum이라고도 한다. 1928년 12월 17일 쿨리지 정권의 국무차관 루벤 클라크(Reuben Clark)에 의해 작성되었으며, 공식적으로 공표된 것은 1930년 후버 정권 시기였다._옮긴이

정해 10년 후 필리핀을 독립시키기로 약속했다. 여기에서 명백해지는 것은 대공황으로 신음하고 있던 미국 제국이 식민지 경영의 무거운 짐으로부터 벗어나고자 했다는 것이다. 미국-스페인 전쟁 이래 미국의 도서 제국은 20세기 중반에 이르러 통상을 중시하는 비공식 제국으로 급속하게 변모했다.

하지만 제국의 성격이 바뀌었다고 해서 장기간에 걸친 지배-종속의 관계가 바뀔 수는 없었다. 예를 들면, 1938년에는 멕시코 정부가 갑자기 외국 자본이 소유하고 있던 유전을 국유화하는 사태가 발생했다. 외자의 저임금에 불만을 품었던 멕시코인 노동자의 파업을 계기로 당시 멕시코의 카르데나스[42] 정권은 멕시코산 석유의 약 30%를 채굴했던 스탠더드 오일(Standard Oil) 계통의 기업 [지금의 셰브론(Chevron Corporation)] 자산을 접수해서 신설된 국영 멕시코석유회사(PEMEX)에 편입시켰다. 미국 정부는 대항 조치로 일시적으로 멕시코산 은 수입 금지 등의 조치를 취했지만, 결국 미국계 기업에 대한 신속한 자산 보상(약 1900만 달러)을 조건으로 국유화를 인정했다. 중앙아메리카 지역에서 일어난 이러한 분쟁은 나중에 미국이 중동의 석유에 의존하는 계기를 만드는 등 커다란 영향을 남겼다. 하지만 미국이 과거와 같은 군사 개입을 삼가고 이웃나라와의 우호 관계를 유지하는 길을 선택한 것도 사실이었다.

무엇보다 전반적인 미국의 비공식 제국화 과정에서 쿠바의 관타나모만, 파나마 운하 지대, 필리핀 마닐라의 군사 기지가 유지되고 강화되었다는 사실 또한 잊어서는 안 된다. 미국은 식민지의 자립을 촉진하면서 글로벌한 기지 네트워크로서의 방어망을 구축하기 시작했다. 이러한 새로운 지정학은 제2차 세계대전에서 냉전으로 이어지는 20세기 후반의 세계 구조에서 매우 커다란 의미를 지니고 있었다.

---

41   공식적으로는 '필리핀 독립법(Philippine Independence Act)'이라고 불린다. 1934년 3월 24일 미국 의회에서 통과되었으며, 10년 후인 1944년 7월 4일에 필리핀을 독립시킨다는 내용을 담고 있다. 그런데 실제로 필리핀이 독립한 것은 1946년 7월 4일이다. _옮긴이

42   제44대 멕시코 대통령 라사로 카르데나스(Lázaro Cárdenas)를 일컫는다. _옮긴이

1930년대에는 식민지 문제 청산과 서반구 정치 재편과 결부되어 자유무역 정책의 영향력이 증가했는데, 한편으로 긴박하게 돌아가고 있던 유럽과의 관계에서는 오히려 확고한 고립주의가 지배적이었다. 이는 제1차 세계대전을 무익한 전쟁이라고 부정적으로 회고했던 미국 국민의 감정을 반영한 것이기도 했다. 미국 의회에서는 1934년부터 1936년에 걸쳐 상원 특별조사위원회[43][일명 나이 위원회(Nye Committee)]가 제1차 세계대전에 참전하기로 결정한 배후에 군수의 거대한 이익을 탐했던 듀퐁 등 대기업의 음모가 존재했다는 의혹을 검증했다. 또한 1935년 8월에는 모든 교전국에 대한 무기 금수 조항을 담은 '중립법(Neutrality Act)'이 제정되었다. '중립법'의 내용은 점차 엄격해졌는데, 1936년의 개정에서는 교전국에 대한 차관 제공을 금지했고, 1937년의 개정에서는 스페인 내전에 대한 깊은 개입을 우려해 내전에 대해서도 금지 사항을 적용하기로 했다. 이러한 흐름이 바뀐 것은 1939년 9월 제2차 세계대전이 발발한 이후였으며, 결국 11월에 제정된 제4차 '중립법'에서는 현금 지불, 자국 선박에 의한 수송을 조건으로 무기에 대한 금수 조치를 해제했다. 하지만 한동안 미국은 제2차 세계대전으로부터 거리를 두는 중립 정책을 취할 수밖에 없었다. 1940년 11월, 역사상 최초로 대통령 3선을 이룬 루스벨트는 "미국의 청년을 해외의 전쟁으로 보내지 않겠다"라는 것을 대통령선거 공약으로 내걸었다.

네 가지 자유

루스벨트 대통령 자신이 처음으로 참전의 의도를 명확하게 밝힌 것은 아마도 이듬해인 1941년 1월의 일반 교서에서였을 것이다. 교서의 전문에서 루스벨트는 "미국의 안전보장이 지금처럼 외부로부터의 커다란 위협에 노출되었던 적은 없다"라고 위기감을 부채질한 다음, "이미 우리에게는 깊은 자비심을 가질 만한 여유가 없다"라며 전쟁이 불가피하다는 것을 시사했다. 그리고 루스벨트

---

43   The Special Committee on Investigation of the Munitions Industry를 일컫는다. _옮긴이

대통령은 다가올 전쟁에서 미국이 지닌 대의를 인류에 꼭 필요한 네 가지 자유, 즉 ① 언론과 표현의 자유, ② 종교(예배)의 자유, ③ 결핍으로부터의 자유, ④ (침략의) 공포로부터의 자유[44]에서 찾으면서, 이것을 (독일·이탈리아·일본 3국 동맹에 의한) 전제 정치가 추구하는 신질서의 반대편에 위치시켰다. 중요한 것은 네 가지 자유 이념을 미국의 국가적 목표일 뿐만 아니라 세계의 모든 장소에서 실현되어야 할 이상이라고 말했다는 점이다. 예를 들면 네 가지 자유 중에서 가장 '뉴딜적인 자유'인 결핍으로부터의 자유는 다음과 같이 부연 설명되었다. 즉, "결핍으로부터의 자유는 세계적인 관점에서 말하자면 모든 국가에서 주민의 건전하고 평화로운 생활을 보장하는 경제적 합의를 의미한다"라고 천명했다. 이 교서는 미국이 결국 고립주의에서 벗어나 세계정치에 본격적으로 간여하기로 결의했다는 표현이기도 했다. 나중에 전시하에 정치 프로파간다를 장악했던 전시정보국(Office of War Information: OWI)[45]은 인기 화가 노먼 록웰(Norman Rockwell)[46]에게 네 가지 자유를 그림으로 그리도록 지시했고, 전시의 공채(公債)를 판촉하는 활동을 통해 국민 각층에 이 이념을 널리 주지시켰다.

제2차 세계대전을 향하여

1941년의 미국은 중립을 유지하면서도 참전을 위한 환경 정비를 착착 진행하고 있었던 것으로 보인다. 2월에는 저명한 언론인 헨리 루스(Henry Luce)[47]가 자신이 발행하던 잡지 ≪라이프(Life)≫에 「미국의 세기(The American Century)」라는 제목의 논문[48]을 발표해 보수적인 공화당 지지자의 입장에서 고립주의를

---

44 영어로는 ① Freedom of Speech, ② Freedom of Worship, ③ Freedom from Want, ④ Freedom from Fear라고 표기한다._옮긴이
45 1942년 6월부터 1945년 9월까지 관련 업무를 수행했다._옮긴이
46 1894년 뉴욕시에서 출생했으며, 미국의 저명한 화가이자 일러스트레이터였다._옮긴이
47 1898년 중국 산둥성(山東省) 덩저우[登州, 지금의 펑라이시(蓬萊市)]에서 미국인 선교사의 아들로 출생했으며, 예일 대학을 졸업한 이후 ≪타임(Time)≫, ≪라이프(Life)≫, ≪포천(Fortune)≫ 등을 창간했다._옮긴이

극복할 것을 호소했다. 그 내용을 살펴보면, △이제 미국은 "세계에서 가장 강력하며 생명력 있는 국가"이므로 적극적으로 세계를 지도할 책임이 있고, △"우리는 세계의 대국으로서의 미국의 비전", 즉 세계무역 활성화와 전문 지식 및 첨단 기술의 해외 이전을 통해 "더욱 풍요로운 생활"을 세계에 보급해야 하며, △"자유와 기회 균등, 자기 신뢰" 등의 "미국의 교의에 헌신한다"는 전후 구상을 추진하지 않으면 안 된다는 것이었다. 이러한 "(세계의) 자유와 정의의 발전소"로서의 미국의 역할을 강조했던 루스의 논문은 네 가지 자유에서 천명되었던 보편주의와는 다소 다른 애국적 수사를 통해 제2차 세계대전의 참전을 향해 나아가는 미국 내 여론을 형성하는 데 엄청난 영향을 미쳤다.

또한 이어지는 1941년 3월에는 소련을 포함한 연합국에 대해 무기 대여와 양도를 인정하는 '무기 대여법(Lend-Lease)'[49]이 의회에서 통과되었다. 또한 5월 27일, 루스벨트 대통령은 라디오를 통한 노변 담화에서 "전쟁은 서반구의 앞마당까지 가까워지고 있다"라고 말하면서 전시와 동일한 권한을 대통령에게 부여하는 긴급사태 선언을 공표했다. 미국 정부는 이미 전년 10월에 평시로서는 최초로 징병을 개시했는데, 여기에서 헌법상의 타당성은 별도로 하고 사실상의 준전시체제라고도 부를 수 있는 것이 출현하고 있었다.

또한 1941년 8월에는 영국 총리 윈스턴 처칠(Winston Churchill)과 루스벨트 대통령이 회담을 갖고 대서양 헌장을 채택했다. 이 헌장에는 민족자결과 자유무역, 공포와 결핍으로부터의 자유, 나아가 안전보장 체제 구축 등이 열거되어 있는데, 이 공약으로 인해 향후에는 모든 연합국 측이 전쟁 목적의 지위를 획득했다(1942년 1월, 연합국 공동선언). 그런데 이 회담에서 다룬 주제 중 하나는 직전 시기에 남부 프랑스령 인도차이나에 진주를 감행했던 일본에 대한 대책을 협의하는 것이었다. 미국은 자국에 있는 일본계 자산의 즉시 동결과 석유의 전

---

48   정확하게는 1941년 2월 17일 간행된 ≪라이프≫의 사설이었다._옮긴이
49   공식 명칭은 'An Act to Promote the Defense of the United States'이다._옮긴이

면 금수로 대응했는데, 이 조치는 일본의 태도를 강경하게 만들었다. 미일 교섭은 난항을 겪었고, 11월 말에 일본이 중국과 인도차이나로부터 철수하도록 요구하는 헐 노트(Hull note)[50]를 미국 측으로부터 건네받기에 이르자 일본 정부는 대미 개전을 결의했다. 그리고 12월 7일 오전, 일본군은 하와이 진주만에 있는 미국 해군 기지를 공중 폭격했다. 그 이튿날인 8일, 미국 의회는 상원 82 대 0, 하원 488 대 1로 일본에 대한 선전 포고를 결의했다. 유일하게 반대표를 던진 사람은 과거에 제1차 세계대전의 참전에도 반대표를 던졌던 최초의 여성 의원 지넷 랭킨이었다. 그로부터 3일 후인 12월 11일, 미국은 독일, 이탈리아와도 전쟁 상태에 들어갔다. 이때에 이르러 미국은 영국, 소련과의 대동맹의 일원으로서 반추축국의 세계 전쟁에 참가하게 되었다.

경축해야 할 전쟁인가?: 전쟁과 사회

참전에 따른 국가 동원은 미국의 시민사회에 심대한 영향을 미쳤다. 우선 연방정부가 군수 생산을 위해 총액 160억 달러의 투자를 실시하는 등 재정지출이 갑자기 팽창했는데, 이것은 미국 경제가 부활하는 계기가 되었다. 1942년에는 전쟁 버블이라고도 할 수 있는 호경기가 도래했으며, 사람들은 결국 과거 10년 이상에 걸쳐 고통을 겪어왔던 실업의 공포로부터 해방되었다. 그런데 1930억 달러로 추정되는 거액의 군수는 약 50%가 기업 규모 상위 33개 회사에 의해 수주되었다. 그중에서도 포드, US스틸, 제너럴 일렉트릭 등의 거대 기업은 군과의 계약을 통해 막대한 수익을 올렸다. 나중에 군산복합체 등으로 야유 받았던 대기업과 연방정부, 그중에서도 특히 군과의 밀접한 관계가 전시하에서 구축되었던 것이다.

전쟁으로 인한 호경기는 노동 운동에서도 강한 순풍이 되었다. AFL, CIO 두

50　공식 명칭은 Outline of Proposed Basis for Agreement Between the United States and Japan이다._옮긴이

노동조합은 전시에 파업권을 포기하는 데 대한 대가로 정부로부터 지위를 보호받았고, 조합원 수가 종전 때까지 1432만 명에 달했다. 또한 전국 노조는 대기업과 마찬가지로 정부와 서로 밀접한 관계를 맺었다. 2억 5000만 벌의 군복 생산을 담당했던 합동피복노조(ACWA)의 위원장이자 CIO 부위원장이었던 시드니 힐먼이 군수산업의 감독과 물자 조달을 통합하는 생산관리국(Office of Production Management: OPM) 부국장 및 전시생산위원회(War Production Board: WPB) 노동국장을 역임한 것은 양자 간의 관계를 여실히 보여주었다. 힐먼은 1943년 CIO 내에 정치활동위원회(CIO-PAC)[51]를 창설해 여당 민주당을 위한 집표와 후원금 모금을 본격화했는데, 이 운동 자체가 1944년 대통령선거에서 루스벨트의 4선 당선을 가능케 했다. 힐먼이 말하는 경제적 안정 체제로서의 뉴딜은 더욱 확고해지고 있었다.

총력전 아래 수행된 군사 봉사도 사람들의 생활을 바꾸었다. 1940년 9월에 제정된 '선별징병법'에 따르면 군인을 선발하는 과정은 제1차 세계대전 때와 거의 동일했지만, 등록자는 4300만 명, 입대자는 1500만 명으로 그 규모가 약 6배가 되었다. 이들 병사 중에는 역시 소수자가 많이 포함되어 있었는데, 새로운 경향으로는 약 50만 명의 멕시코계 병사가 가담한 것을 들 수 있다. 또한 원주민 병사도 2만 5000명이 넘었던 것으로 추정되는데, 이들은 태평양과 유럽 전선에 파견되었다. 원주민은 1934년 '인디언 재조직법(Indian Reorganization Act)'[52]으로 기존의 '토지 할당법'이 폐지되자 부족 자치의 재건을 추구하고 있었는데, 전쟁 동원은 그들이 결국 거류지를 떠나 주류사회에서 살아가는 계기가 되기도 했다. OWI는 영화 제작 등을 통해 종군 경험이 다양한 인종과 민족 집단의 국민통합에 기여하고 있다고 거듭 선포했는데, 이는 어느 정도 사실이었다.

그런데 이번 징병에서는 최종적으로 100만 명 이상의 기혼 남성도 징병 대상

---

51   Congress of Industrial Organizations-Political Action Committee를 일컫는다. _옮긴이
52   일명 'Wheeler-Howard Act'로 불린다. _옮긴이

에 포함되었다. 정부 내에서는 면제 과정에서 부양자 유무와 직업적 이유 가운데 어느 쪽을 중시할 것인지를 놓고 논쟁이 있었는데, 결국 직업을 중시해야 한다는 주장이 승리를 거두었다. 제1차 세계대전부터 4반세기 동안 부성과 가족에 대한 사고방식에 일정한 변화가 있었던 것이다. 또한 젠더와 관련해서 보면, 제2차 세계대전 당시에는 약 35만 명의 여성이 군에 지원했으며, 육군여성부대(Women's Army Corps: WAC)[53] 등의 보조 부대에도 입대했다. 여성의 군사 봉사를 거의 인정하지 않았던 제1차 세계대전 때와는 크게 달라졌던 것이다. 또한 여성은 전시하에서 과거 최대 1900만 명이 임금노동에 종사했다. OWI가 군용기 공장 등에서 일하는 '리벳공 로지(Rosie the Riveter)'[54]라는 가상의 여성 숙련 노동자를 창조해서 자유를 위한 전쟁의 여성 영웅으로 대대적으로 선전한 것은 잘 알려진 일이다.

제2차 세계대전의 경제 효과, 자유주의적인 영향, 대규모의 정치 홍보는 전후 매우 긍정적인 전쟁 이미지를 형성했다. 하지만 경축해야 할 전쟁이라고 불리는 집합적 기억에는 고의로 망각된 사실과 잊힌 사람들이 존재했다. 예를 들면 여성의 사회 진출과 관련해서만 보더라도 200만 명으로 추정되는 방위산업의 여성 노동자는 전후 해고를 당했다. 전후의 전체 노동력에서 여성이 차지한 비율은 전전 시기에 비해 증가한 것만은 아니었다. 한편으로 경기 회복은 결혼율과 출산율을 대폭 상승시켰다. 그 결과 수십 만 명의 이른바 로지들은 1950년대에는 베이비부머[55]의 어머니가 되었으며 이로 인해 자녀 양육에 전념하지 않을 수 없었다. 역사학자 데이비드 케네디(David Kennedy)[56]는 1960년대 여성

---

53   1942년 5월 WACC(Women's Army Auxiliary Corps)로 창설되었고, 1943년 7월 WAC으로 개명되어 미국 육군에 공식적으로 편입되었다. 제2차 세계대전 시기에 약 15만 명의 여성이 소속되어 활동했으며, 1978년 해체될 때까지 존속되었다._옮긴이

54   제2차 세계대전 시기에 군수 공장, 조선소 등에서 일했던 미국인 여성을 표현하는 용어이다. 1942년 만들어진 동일한 제목의 노래를 통해 미국에서 일종의 문화적 상징으로 대중화되기 시작했다._옮긴이

55   제2차 세계대전 이후 베이비 붐 시기에 태어난 아이들을 일컫는다._옮긴이

56   미국 예일 대학에서 박사학위를 취득했으며, 현재 스탠퍼드 대학 명예교수이다. 주요 저서

해방운동을 주도했던 베티 프리단(Betty Friedan)[57]이 힐난했던 여성성의 신화[58]가 실제로는 "전쟁이 미국 여성에게 남긴 직접적인 유산이었다"라고 지적했는데, 이는 매우 타당한 분석이다. 총력전이 남녀의 평등을 촉진시켰다는 사실은 거의 확인되지 않는다. 그리고 경축해야 할 전쟁이라는 공적 기억에 의한 불편한 진실은 인종과 민족 문제라는 영역에서 더욱 심각한 모순을 안고 있었다.

일본계 사람들 강제 수용

미국이 참전한 직후 일본계 사람들을 강제 수용한 것은 자유를 위한 전쟁이라는 대의를 스스로 부정하는 정책이었다. 우선 진주만 공격이 있었던 하와이에서는 공격 직후부터 계엄령이 내려졌고, 일본계 사람들은 1944년 10월까지 장기간에 걸쳐 군의 감시하에 놓였다. 한편 미국 본토에서는 계엄령이 선포되지는 않았지만 1941년 말부터 1942년 초에 걸쳐 서해안의 일본계 사람들과 관련된 처우에 대해 심각한 논의가 이루어졌다. 이미 1941년 여름 무렵부터 반미활동 조사위원회의 마틴 다이스 위원장 등의 우파 논객은 재미 일본계 공동체와 일본군의 연계가 위험하다는 주장을 제기한 바 있었다. 진주만 공격 이후에는 1940년에 초당파 인사로 정권에 입성했던 헨리 스팀슨(Henry Stimson)[59] 육군장관과 서부 지구 방어사령관 존 드윗(John DeWitt)[60] 등의 군 간부, 나아가 자유주의파

로 *The American People in the Depression*(1973), *Freedom from Fear: The American People in Depression and War, 1929-1945*(1999) 등이 있다._옮긴이

57   본명은 베티 골드스타인(Bettye Goldstein)이며, 1966년 전미여성기구(National Organization for Women: NOW)를 공동으로 창설하고 초대 회장을 맡았다._옮긴이

58   영어로는 the Feminine Mystique로 표기하며, 베티 프리단이 1963년 출간한 책의 제목이기도 하다. 우리나라에서는 『여성의 신비』라는 제목으로 번역·출간되었다._옮긴이

59   1867년 뉴욕시에서 출생했으며 하버드 대학 로스쿨을 졸업하고 변호사가 되었다. 그 이후 필리핀 총독부 총독, 제45대 육군장관(1911. 5~1913. 4), 제46대 국무장관(1929~1933), 제53대 육군장관(1940. 7~1945. 9) 등을 역임했다. 주요 저서로 *On Active Service in Peace and War*(공저, 1948)가 있다._옮긴이

60   1880년 네브래스카주에서 출생했으며, 전시하에서 일본계 미국인의 강제 수용을 강력하게 지지했던 것으로 잘 알려져 있다._옮긴이

〈그림 4-2〉 태어나고 자라난 마을에서 쫓겨나는 일본계 어린이 형제의 모습(1942년). 도로시아 랭이 촬영한 것으로 보인다. 장기간 미국 정부가 은폐해 온 사실들이 최근 연구자들에 의해 재발견되고 있다.

지식인 월터 리프먼까지도 일본계 사람들의 강제퇴거를 요구했다. 이러한 가운데 연방정부는 1942년 2월 19일 행정명령 제9066호와 잇따른 군사 명령에 의해 서해안의 일본인 이민 3만 3000명과 일본계 미국인 시민 7만 9000명을 미국 전역의 10개 장소의 구금시설에 수용했다. 또한 1943년 초, 이 정책을 관장했던 전시이주국(War Relocation Authority: WRA)은 수용자에 대한 충성 심사를 진행했으며, 수용자 중에서 반항적인 사람은 툴레이크 수용소[61] 등 더욱 가혹한 구금시설로 이송했다.

강제 수용에 대해 프레드 코레마츠(Fred Korematsu), 고든 히라바야시(Gordon Hirabayashi) 등의 일본계 미국인은 강제 수용 정책, 야간 외출 금지령 등이 미합중국 헌법에서 보장하는 자신들의 권리를 침해하고 있다면서 법원에 제소했다. 미국시민자유연맹(ACLU) 등의 지원을 받아 추진된 이러한 법정 투쟁은 모두 대법원에서 패소했는데, 프랜시스 비들(Francis Biddle)[62] 법무장관과 여러 명의 판사는 이의를 제기했다. 특히 1944년 12월의 '대법원 대 코레마츠 재판'[63]에서 제출된 프랭크 머피(Frank Murphy)[64] 대법관의 소수의견에 따르면, 일본

---

61   Tule Lake War Relocation Center를 일컫는다. _옮긴이
62   1886년 프랑스 파리에서 출생했으며, 하버드 대학 로스쿨을 졸업하고 변호사가 되었다. 그 이후 제24대 송무차관(Solicitor General), 제58대 법무장관(1941.8~1945.6) 등을 역임했다. 주요 저서로 The World's Best Hope(1949) 등이 있다. _옮긴이
63   'Korematsu v. United States'를 일컫는다. _옮긴이
64   1890년 미시건주에서 출생했으며 미시건 주립대학 로스쿨을 졸업하고 변호사가 되었다. 제55대 디트로이트 시장, 필리핀 총독부 총독, 제35대 미시건 주지사, 제56대 법무장관(1939.1~1940.1), 연방대법원 대법관(1940.2~1949.7) 등을 역임했다. _옮긴이

계 사람들에 대한 수용 정책은 인종 차별에 기초한 것이며 "현재 미국이 교전 중인 독재국가가 소수자 집단에 대해 시행하는 꺼림칙하고 비열한 정책"과 유사했다. 일본계 사람들을 강제 수용하는 것은 미국 민주주의의 원칙을 훼손할 뿐만 아니라 나치의 홀로코스트에 필적하는 비인도적인 정책이라는 것이었다. '코레마츠 재판' 판결이 내려진 직후 미국 정부는 결국 강제 수용 정책의 종료를 선언했다.

더블 브이

혹인의 전쟁 경험은 더욱 복잡했다. 제2차 세계대전 발발로 미국이 민주주의의 무기고가 되자 군수를 중심으로 새로운 고용이 대량 창출되었는데, 이로 인해 약 300만 명으로 추산되는 남부 혹인이 북부 공업도시로 이주했다. 이 대이동은, 제1차 세계대전 시기의 인구 이동과 마찬가지로, 이주지의 노동 관계와 인종 관계를 현저하게 긴장시켰다. 그리고 항공기 등의 방위산업에서 발생한 임금 차별과 군에 의한 인종 격리는 혹인이 강한 불만을 품는 계기로 작용했다. 1941년 6월, 시민권 활동가 아사 필립 랜돌프(Asa Philip Randolph)는 이에 항의해 5만 명을 동원하는 워싱턴 행진(March on Washington)[65] 계획을 밝혔다. 위협을 느낀 루스벨트 대통령은 2주일 후 행정명령 제8802호를 발령해 연방정부와 계약 관계에 있는 모든 기업에서 고용과 관련된 인종 차별을 금지했으며, 공정고용실시위원회(FEPC)[66] 등의 감시기관을 세웠다. 이것은 장기간의 부작위 기간을 거쳐 결국 뉴딜의 철칙 가운데 하나인 인종 관계의 현상유지에 손을 댄 획기적인 정책이었다.

하지만 참전 이후에도 남부에서의 린치 사건이나 군대 내의 인종 차별은 끊

---

65 직업과 자유를 위한 워싱턴 행진(March on Washington for Jobs and Freedom) 또는 워싱턴의 위대한 행진(The Great March on Washington)으로 불리기도 한다._옮긴이

66 Fair Employment Practice Committee를 지칭하며, 1941년 6월 25일 Committee on Fair Employment Practice라는 명칭으로 설립되었다._옮긴이

이지 않았다. 자유를 위한 전쟁에서 차별이 방치되는 상황에 대해 흑인의 미디어와 흑인 주도의 운동은 강한 불만을 표명했다. 그중에서도 흑인 신문 ≪피츠버그 쿠리어(Pittsburgh Courier)≫가 1942년 2월 7일 자 지면에서 '민주주의: 국내와 해외에서의 이중의 승리(double victory)'라는 슬로건을 내걸었던 것은 주목할 만하다. 이는 해외에서 벌어지는 파시즘 추축과의 전투와 국내에서 벌어지는 인종 차별과의 전투를 동렬로 자리매김하는, 네 가지 자유의 레토릭을 거꾸로 이용해 반격하는 주장이었다. 이 캠페인은 더블 브이(Double V)라고 불리며 흑인 각층으로부터 광범위한 지지를 받았다. 또한 ≪피츠버그 쿠리어≫는 같은 해 5월, 미국 흑인의 경험을 독일의 유대인에 비유해서 작성한 애덤 파월의 논설을 게재했는데, 이 논설 때문에 ≪피츠버그 쿠리어≫는 사실상 발매금지 처분을 받았다.

원래 유사한 표현은 전시하의 흑인 미디어에 널리 퍼져 있었다. 예를 들면, NAACP의 기관지 ≪위기(Crisis)≫는 1942년 11월의 사설에서 계속 발생하고 있는 린치 사건을 방치하는 정부의 태도를 가리켜 "전쟁 노력에서의 일종의 사보타주(태업)이고, 일본이 극동에서 수백 만 명의 유색 인종에 영향력을 확대하는 것을 용이하게 만들고 있으며 …… 우리의 동맹자인 중국인들에게 백인의 민주주의에 대한 의구심을 품게 만들고 있다"라면서, 이는 "히틀러와 도조[67]를 지원하는 것이다"라고 단죄했다. 또한 NAACP와 두 보이스는 이듬해인 1943년의 연두 보고에서 인종 문제의 글로벌화를 명확하게 지적했다. 즉, "전쟁에 의해 인종 문제는 …… 세계 역사상 그 예를 살펴볼 수 없는 형태로 특정한 국가와 지역의 문제에서 지구 규모의 문제가 되었으며", 따라서 "연합국은 인종 정책을 근본적으로 재조정하지 않는 한 전쟁에서 승리하지 못할 것이다"라고 경고했다. 인종 차별은 네 가지 자유라는 전쟁 목적을 배신하는 "미국의 모순(딜레마)"(군나르 뮈르달[68]의 지적)이었을 뿐만 아니라 전후 미국의 세계전략을 좌우하

---

67 도조 히데키를 일컫는다._옮긴이

는 중요한 과제였던 것이다.

뉴딜의 행방

미국이 제2차 세계대전에 참전함으로써 미국의 다양한 국내 문제가 이같이 글로벌한 맥락에서 전개되었다. 그리고 여기에서 쟁점이 된 것은 뉴딜의 성과를 전후의 세계정치에 어떻게 자리매김할 것인가 하는 논의였다. 1942년 2월 5일, 뉴딜 좌파를 대표하는 헨리 월리스(Henry Wallace)[69] 부통령이 뉴욕의 자유세계협회(Free World Association)에서 중요한 연설을 했다. 월리스는 "사람은 먹을 것이 충분하지 못하고 독서하고 생각하면서 대화할 시간과 능력을 갖지 못하면 진정한 자유가 있는 것이 아닌 것"이므로 "미국과 세계의 다른 국가에서 …… 평균적 인간은 결핍으로부터의 자유"를 달성하지 않으면 안 된다고 말했다. 이것은 뉴딜 복지국가가 추구했던 사회적인 권리의 필요성을 재확인하는 것이었다. 또한 월리스의 연설은 "미국과 영국뿐만 아니라 인도와 러시아, 중국, 남미 …… 나아가 독일, 이탈리아, 일본에서도 보통 사람이 더욱 좋은 생활수준을 획득하지 않으면 안 된다. 그리고 관련된 경제 부흥은 새로운 국제조직에서 이루어지는 다국 간 협의에 맡겨야 한다"라고 언급했다. 월리스는 헨리 루스가 「미국의 세기」에서 언급한 일국패권주의를 의식하면서, 전후에는 코즈모폴리턴적인 보통 사람의 세기가 출현하지 않으면 안 된다고 설명했던 것이다.

그런데 월리스가 주장한 결핍으로부터의 자유론은 뉴딜 정권 내의 이른바 당파적인 경제 정책론을 배경으로 한 것이기도 했다. 역사학자 앨런 브린클리(Alan Brinkley)[70]가 밝히고 있는 바와 같이, 1937년의 두 번째 불황 이래 케인즈[71] 부

---

68 카를 군나르 뮈르달(Karl Gunnar Myrdal)을 일컫는다. 뮈르달은 스웨덴의 경제학자이자 관료로 활동했으며, 1974년 노벨 경제학상을 수상했다. 주요 저서로 *An American Dilemma: The Negro Problem and Modern Democracy*(1944), *The Challenge of World Poverty: A World Anti-Poverty Program in Outline*(1970) 등이 있다. _옮긴이

69 1888년 아이오와주에서 출생했으며, 제11대 농무장관(1933. 3~1940. 9), 제33대 부통령(1941. 1~1945. 1), 제10대 상무장관(1945. 3~1946. 9) 등을 역임했다. _옮긴이

류의 적극적인 재정 정책을 지지하는 세력이 연방 예산국의 중심에 대두해 시장 규제와 재분배를 주장하는 전국자원계획위원회(NRPB)[72]와 첨예하게 대립했다. 전시 경제로 돌입하자 재정파와 계획파 쌍방이 활성화되었고, NRPB도 「전후 보장을 향하여: 결핍으로부터의 자유」(1942)와 「보장, 노동, 구제의 정책」(1942)이라는 두 편의 전후 구상을 정리해서 발표했다. 열악한 생활수준을 개선하는 공적인 보장 자체가 개인의 자유에서의 핵심이라고 선언한 이 문서들은 자본주의 사회의 개선을 강하게 지향했으며, 당시 '미국판 베버리지 보고서(Beveridge Report)'[73]라고 칭송되었다. 월리스는 이 계획파 그룹에 가까운 자유주의자였는데, 미국 내에서뿐만 아니라 전 세계에서 빈곤을 근절하는 것이 평화와 안전보장으로 연결된다는 글로벌한 시야를 지니고 있었다.

하지만 전시하의 급속한 경기 회복은 현저한 정치 보수화를 초래했으며, 이는 재정파와 계획파의 관계에도 영향을 미쳤다. 월리스가 자유세계협회에서 연설하고 나서 6개월 후에 실시된 중간선거에서는 야당 공화당이 대승을 거두었다. 의회는 하원에서는 민주당이 222석, 공화당이 209석을 차지했으며, 상원에서도 민주당이 57석, 공화당이 38석을 차지하면서 세력이 비등해지는 상황이 되었다. 이 제78차 의회는 자유주의 좌파의 거점이기도 했던 WPA, NYA, CCC 등의 뉴딜 기관을 차례로 폐지시켰으며, NRPB도 1943년 6월 시점에서 활동 자금 제공을 중단했다. 이듬해인 1944년 6월에는 퇴역 병사에게 주택 구입 자금과 장학금을 제공하는 '제대군인지원법'[74](일명 'G.I. Bill')이 제정되었는데, 이것

---

70 주요 저서로 *The End of Reform: New Deal Liberalism in Recession and War*(1995) 등이 있다._옮긴이

71 존 케인즈(John Keynes)를 일컫는다._옮긴이

72 National Resources Planning Board를 일컫는다._옮긴이

73 영국의 노동차관을 지냈던 경제학자 윌리엄 베버리지(William Beveridge)가 사회보장 제도를 확대하기 위해 1942년 11월 출간한 보고서이다. 공식 제목은 *Social Insurance and Allied Services*이다._옮긴이

74 정식 명칭은 'Servicemen's Readjustment Act of 1944'이며, 일명 'G.I. Bill'로 불린다. G.I. 는 미군 병사를 지칭하는 속어로, 미군 남성 병사는 G.I. 조(Joe), 미군 여성 병사는 G.I. 제

이 그 해에 통과된 거의 유일한 복지 관련 입법이었다.

같은 해 모든 국가에 의한 경제 계획을 전체주의적이라고 비난하면서 신자유주의와 연결되는 경제 이론을 제창했던 프리드리히 하이에크(Friedrich Hayek)[75]의 『노예로 향하는 길(The Road to Serfdom)』[76]이 30만 부가 팔리며 대형 베스트셀러가 되었는데, 이것은 그러한 정치 조류의 보수화를 여실히 보여주는 현상이었다. 그리고 루스벨트는 특히 NRPB와 WPA를 구제할 의사를 보이지 않았으며, 1944년의 대통령선거에서는 부통령 후보를 월리스에서 경계를 맞댄 주인 미주리 출신의 보수파 해리 트루먼(Harry Truman)으로 변경했다. 재정파와 계획파 간의 정권 내부 투쟁에서는 명백히 재정파 측에 승리 판정이 내려졌고, 연방 예산국은 가장 중요한 행정기관이 되었다. 그 이후 경제 정책의 중심은 정부지출과 공공투자에 의한 경제성장과 완전고용론으로 향했으며, 전후인 1946년 고용법과 풍요로운 사회의 실현으로 연결되었다.

전후 국제질서의 구상

이 사이 루스벨트는 외교 방면에서 기본적으로 영국-소련과의 대동맹을 유지하면서 어떻게 하면 미국의 세기, 즉 미국 주도의 전후 국제질서를 형성할 수 있을 것인가 하는 과제로 고심했다. 당시 구체적인 목표로 간주되었던 것은 첫째, 세계대전 발발의 원인 가운데 하나로 여겨졌던 배타적인 블록 경제를 반성하고 자유로운 다국 간 무역을 보장하는 것, 둘째, 장래의 전쟁을 방지하는 실효적인 안전보장 체제를 구축하는 것이었다. 전자의 국제경제 체제를 재건하는 것에 대해서는 1944년 7월 브레턴우즈 회의(Bretton Woods Conference)[77]에서

인(Jane)으로 불리기도 한다._옮긴이

75 1899년 비엔나에서 출생했으며, 1938년 영국 시민권을 취득했다. 1974년 스웨덴의 경제학자 군나르 뮈르달과 함께 노벨 경제학상을 수상했다._옮긴이

76 1944년 3월 영국 루틀리지 출판사에서 출간된 이후, 같은 해 9월 미국 시카고 대학 출판부에서 출간되었다._옮긴이

77 공식적으로는 the United Nations Monetary and Financial Conference로 표기한다._옮긴이

토의가 마련되어 국제통화기금(IMF)과 국제부흥개발은행(세계은행)의 창설로 결실을 맺었다. 미국 달러를 국제 기축통화로 삼는 고정상장제로 환율을 안정시키고 전후의 부흥 자금을 확보하려 했던 것이다.

또한 후자의 집단안전보장과 정치 질서 문제에 대해서는 그다음 달인 8월 미국, 영국, 소련, 중국의 4개국 대표가 참석한 덤버턴 오크스 회의(Dumbarton Oaks Conference)에서 논의가 이루어졌다. 이 회의에서는 국제연합(United Nations: UN) 구상이 구체적으로 검토되었는데, 민족자결과 평화주의의 보편적인 가치가 제창되는 한편으로, 미국-영국-소련의 대동맹을 축으로 하는 대국의 동의 자체가 전후 질서의 근원이라고 보는 입장이 병존했다. 적어도 이 점은 헨리 루스가 제기했던 일국패권의 사상과 달리, 전쟁의 현실주의에 입각한 다원적인 세계관이라고 지적할 수 있다. 하지만 관련된 대국주의는 안전보장이사회에서의 거부권 문제로 분규가 발생했고 1945년 2월 열린 얄타 회담에서 미국-영국-소련 수뇌가 다시 협의해야 했다.

어쨌든 이 얄타 회담에 이르기까지는 루스벨트의 강력한 지도력 아래 대동맹의 틀이 대체로 유지되었다. 얄타 회담에서는 전후 독일에 대한 점령 방식, 소련의 대일 참전 등 전쟁을 종결하기 위한 협력 의제를 확인했다. 하지만 그로부터 겨우 2개월 후에, 4기째의 대통령 임기에 취임한 때로부터 치면 3개월을 맞이하던 1945년 4월, 루스벨트가 급사했다. 그 뒤를 이은 것은 외교 경험이 없고 국제적으로는 무명에 가까웠던 해리 트루먼이었다. 트루먼 대통령은 정권이 발족할 때부터 국내적으로는 여전히 남부와 CIO 노조에 의존하는 뉴딜 연합을 유지하면서 재계 주도의 고도성장 정책을 추진하는 등 많은 모순을 안고 있었고, 대외 정책에서도 소련과의 우호 관계가 흔들리기 시작하는 등 고전을 겪는 상황에 내몰렸다. 종전 직후 미국의 앞에는 국가 안팎에서 냉전으로 향하는 위험한 길이 계속되고 있었다.

제5장

냉전에서 '위대한 사회'로

해외 원조 자원봉사단체 평화봉사단의 창설식 행사에서
사전트 슈라이버 이사장에게 인사말을 전하는 존 케네
디 대통령의 모습

1. 냉전 시대의 시작

몰려오는 먹구름

1945년 4월 25일에 시작된 국제기구에 대한 샌프란시스코 회의[1]는 2주일 전에 이제 막 대통령으로 승격한 해리 트루먼에게 최초의 국제무대였다. 덤버턴 오크스 회의에서 제기된 논의를 계승해 연합국 여러 기구의 세부 사항을 정했던 이 회의는 개회된 지 얼마 지나지 않은 5월 8일에 독일이 항복했다는 보도를 접했다. 그리고 유럽 전선이 종결되자 소련이 대독일 배상을 요구하고 폴란드를 비롯한 동유럽 점령지를 공산화하는, 미국으로서는 승복하기 어려운 일들이 전개되었다. 불안정한 정치 상황 속에서 UN의 집단안전보장 안은 대동맹을 유지하는 것을 기초로 삼았던 루스벨트 구상에서 크게 일탈하기 시작했다. 미국의 제안으로 이 회의에서 채택한 UN 헌장 제51조는 나중의 리우데자네이루 조약[2] 및 북대서양조약기구(NATO)로 연결되는 UN 이외의 지역적인 안전보장 체제를 용인하는 것이었다.

7월 후반에는 베를린 근교의 포츠담에서 얄타 회담 이래 5개월 만에 미국, 영국, 소련의 수뇌가 집결해 독일 점령 문제, 대일 전쟁의 종결 절차 등을 토의했다. 이 회의가 개최되기 직전에 뉴멕시코주 앨라모고도의 폭격 시험장에서 처음으로 원폭 실험이 성공했는데,[3] 이것은 대동맹 관계에 미묘한 변화를 가져왔다. 원폭 사용을 전제로 고려할 경우 소련이 대일 전쟁에 참전하지 않더라도 미국이 독자적으로 전쟁을 종결시키고 일본을 단독으로 점령할 수 있는 가능성이 확대되기 때문이었다. 이러한 긴장감 속에서 연합국은 7월 26일, 일본의 무조

---

1 공식 명칭은 United Nations Conference on International Organization(UNCIO)이다. _옮긴이
2 1947년 리우데자네이루에서 서명이 이루어졌으며, 공식 명칭은 Inter-American Treaty of Reciprocal Assistance이다. _옮긴이
3 1945년 7월 16일, 트리니티(Trinity)라는 작전명 아래 실시되었다. _옮긴이

건 항복을 요구하는 이른바 포츠담 선언을 발표했다. 이 선언에 대한 서명국으로는 미국, 영국, 중국의 3개국이 공동으로 이름을 올린 한편, 소련은 가담하지 않았다. 트루먼이 전날 내린 명령에 따라 8월 6일 히로시마에 원자폭탄이 투하되었고, 소련이 대일 참전에 나섰던 8월 9일에는 나가사키에 핵무기에 의한 제노사이드[4]가 실행되었다. 그로부터 5일 후인 8월 14일, 일본 정부는 포츠담 선언을 수락한다고 공표했고, 9월 2일 공식적으로 항복 문서에 서명했다. 미국은 일본을 단독으로 점령했다. 그리고 이 시점에 미국이 핵무기를 독점하는 상황이 발생했다. 대동맹이 존재하는 최대 이유였던 추축국과의 전쟁은 이미 끝났고, 미소 양국의 이해와 세력 관계는 급속하게 유동적이 되어갔다.

핵의 공포

원자폭탄이 일본에 투하되어 히로시마와 나가사키에서 20만 명 이상의 인명이 살상되었다는 사실은 많은 미국인을 전율하게 만들었다. 히로시마에 원폭이 투하되고 난 이튿날, 《뉴욕타임스》를 비롯한 각 신문은 일본에 투하된 폭탄이 전례 없는 핵무기였다는 것을 인식한 트루먼 대통령의 성명을 게재했다. 8월 12일 저널리스트 에드워드 머로(Edward Murrow)는 자신의 라디오 프로그램에서 "승자에게 이처럼 불안과 공포를 남긴, 즉 미래가 불투명하고 자신의 생존마저 보장되지 않는다는 인식을 남기고 끝난 전쟁은 좀처럼 없다"라고 말했다. 또한 《새터데이 리뷰(Saturday Review)》의 노먼 커진스(Norman Cousins)[5]는 종전 직후인 8월 18일 자 사설 「근대인은 시대에 뒤처졌다」에서, "원초적인 공포, 미지의 공포, 인간이 방향을 설정하거나 이해할 수 없는 힘의 공포"가 전승

---

4   특히 한 민족 또는 한 국가에 대해 자행되는 대량 집단학살을 의미한다. 핵무기로 모든 생물을 전체 학살하는 것은 옴니사이드(omnicide)라고 일컫는다._옮긴이
5   1915년 뉴저지주에서 출생한 미국의 저널리스트, 교수, 평화운동 주도자였으며, 주요 저서로 *The Pathology of Power*(1987), *The Republic of Reason: The Personal Philosophies of the Founding Fathers*(1988) 등이 있다._옮긴이

의 기쁨에 찬물을 끼얹었고 터무니없는 죽음의 공포가 "하룻밤 사이에 거대해 졌으며 …… 무의식에서 의식 아래로 분출해 사람의 마음을 근원적인 불안감으로 가득하게 만들었다"라고 설명했다. 공포와 불안은 일반 대중 사이에서도 급속하게 확대되었으며, 히로시마의 참상을 기록한 존 허시(John Hersey)의 『히로시마(Hiroshima)』(1946)는 공전의 베스트셀러가 되었다.

미국은 파시즘이 창출한 공포로부터의 자유를 달성하기 위해 전쟁을 종결시켰지만 그 과정에서 자신의 손으로 만든 핵무기 때문에 승리한 다음 순간부터 더욱 커다란 공포의 포로가 되어버렸다. 압도적인 사망자가 발생한 현실과 이 현실의 글로벌한 확대는, 과거에 프랭클린 루스벨트가 대공황을 마주하며 "두려워하지 않으면 안 되는 것은 공포 그 자체뿐이다"라고 말했던 것처럼, 관념적인 심정과는 거리가 멀었다. 공포는 미국의 세기의 기조 가운데 하나가 되었다.

핵의 국제적 관리

핵무기의 공포는 전문 과학자로부터도 표명되었다. 1946년 6월 3일, 미국과학자연맹(FAS)[6]은 『원자폭탄의 진실에 관한 공중을 향한 보고』를 출간해 "인류는 이제까지 역사에서 직면해 왔던 것 가운데 가장 위험한 상황"에 처해 있다고 호소했다. 로스앨러모스연구소(Los Alamos Laboratory)[7]의 전 소장 로버트 오펜하이머(Robert Oppenheimer)를 비롯한 이 책의 기고자 중 대다수는 미국의 원자폭탄 개발 프로젝트[일명 맨해튼 계획(Manhattan Project)]의 관계자였는데, 개발 과정을 알고 있는 그들로서도 히로시마와 나가사키의 현실은 그야말로 충격이었다. 전후 프랑켄슈타인에 비유되기도 했던 핵에너지의 취급을 둘러싸고 과학자들은 하나의 공동 행동을 취했다. 즉, 원자력 관련 정보를 공개하고 핵무기를 국제적으로 관리하도록 요구했던 것이다.

6　Federation of American Scientists를 지칭하며, 1946년 1월 6일 설립되었다._옮긴이
7　1947년 로스앨러모스과학연구소(Los Alamos Scientific Laboratory)로 개칭했다._옮긴이

〈그림 5-1〉 《타임》 1945년 11월호 표지. '1945년의 인물'에 선정된 트루먼 대통령이 원자폭탄과 원자력을 표현하는 이미지와 함께 묘사되어 있다.

그런데 미국 정부의 접근법은 이와는 달랐다. 1945년 10월 트루먼 대통령의 호소에 따라 제안된 원자력 관리 법안[일명 메이-존슨 법안(May-Johnson Bill)]은 평시에도 군이 핵의 개발과 관리에 깊이 관여하고 연구 정보를 미국 내에 은닉하려는 것이었다. 이에 대해 과학자들은 미국이 핵에 관한 정보를 독점할 경우 이를 위협으로 느끼는 소련이 핵개발을 강하게 추진할 것이라고 설명하면서 이 법안에 강하게 반대했다. 핵 경쟁을 억지하기 위해 핵개발을 군에서 민간으로 다시 돌리고 여기서 획득한 정보를 타국과 공유해야 한다는 논의는 자유주의 성향의 노동운동 세력인 CIO 등으로부터 광범위한 지지를 받았다. 11월 말, 메이-존슨 법안은 결국 폐안되었다.

핵의 평화적인 이용을 둘러싼 미국 국내법에서의 논쟁은 원자력에 대한 국제적 관리라는 과제와 맞물려 전개되었다. 국제 관리론은 여러 방면에 걸쳐 있었는데, 아마도 가장 급진적인 논의는 1945년 10월 무렵부터 본격화된 세계연방(World Federation) 운동일 것이다. 맨해튼 계획에 관여했던 시카고 대학의 연구자와 알베르트 아인슈타인(Albert Einstein), 노먼 커즌스 등을 중심으로 추진되었던 이 운동이 주장하는 바는 다음과 같이 요약할 수 있다. 즉, 원자력을 특정한 국가의 국방과 군사로부터 분리시켜 인류의 평화적인 공유 재산으로 삼기 위해서는 기존의 국가주권 가운데 일부를 초국가적인 관리 주체 아래로 양도해야 한다는 것이었다. 이는 결국 이제까지의 근대국가 체제를 해체하고 세계 연방정부로 재편하는 방안을 지향하는 것이었다.

한편 더욱 현실적인 국제 관리론으로 신설된 UN에 핵개발과 관련된 여러 권한을 집약시킨다는 방안도 제기되었다. 1945년 12월 열린 미국, 영국, 소련의 외교장관 회담에서 이루어진 합의에 기초해 1946년 1월의 제14차 UN 총회는 원자력위원회(AEC)[8]를 설치하기로 정했다. 이에 따라 미국 국무부는 국무차관 딘 애치슨(Dean Acheson), 그의 고문회의 멤버 데이비드 릴리엔솔(David Lilienthal, 전 TVA 이사장), 로버트 오펜하이머 등에게 AEC의 원안을 작성하도록 요구했다. 이 방안은 핵개발의 전체 과정을 UN 기관에 맡기고 미국은 현재 보유하고 있는 모든 원자폭탄과 핵개발 시설을 UN 기관에 이양한다는 내용이었다. 여기에서는, 세계연방론자들과 마찬가지로, 핵 경쟁을 피하기 위해서는 직접적인 권익과 주권을 제한하는 것도 불사한다는 과학자들과 외교 담당자들의 강한 의지를 엿볼 수 있다.

그러나 이후 구체적인 핵사찰 방법과 미국 핵시설의 이관 시기를 둘러싸고 미소 양국 간의 대립이 계속되었고 1946년 말에는 UN이 원자력을 관리하는 구상이 좌절되었다. 또한 국내 정치에서도 보수세력이 회복된 것을 배경으로 같은 해 8월에 제정된 '원자력 관리법'[9]은 결국 핵무기를 제조하고 개발하는 데 군이 일정 정도 관여하도록 했다. 이러한 전개는 동시기에 미소 관계가 악화된 상황을 반영한 것이자 그 원인이기도 했다. 일찍이 이듬해인 1947년에는 실질적으로 미소 양국 간의 핵개발 경쟁이 시작되었다. 제1차 세계대전 이후 국제 사회가 군축과 평화의 문화를 존중했던 것과는 대조적으로, 제2차 세계대전 이후에는 핵무기가 구현하는 공포와 군사의 논리가 지배적이었다.

냉전을 향하여

미국과 소련의 대립은 1946년부터 1947년에 걸쳐 갈수록 심각해졌다. 미국이 핵무기를 독점하는 상황은 소련을 방어적으로 내몰아서 동유럽 국가들에 대

---

8   UN원자력위원회(United Nations Atomic Energy Commission)를 일컫는다. _옮긴이
9   'Atomic Energy Act of 1946'을 지칭하며, 일명 'McMahon Act'라고 불린다. _옮긴이

한 공산화를 서두르게 만들었다. 이러한 소련의 행동에 위기감을 느낀 영국의 전 총리 윈스턴 처칠은 1946년 3월, 트루먼의 고향 미주리주에서 대통령의 배석하에 이른바 철의 장막 연설을 통해 유럽의 동서 분단을 한탄했다. 이듬해인 1947년 3월 트루먼 대통령은 영국 정부의 요청에 따라 공산주의 세력을 억제할 목적으로 그리스와 터키에 경제 원조를 실시한다고 언명했다. 트루먼 독트린은 세계정치의 현 상황을 다수자의 의사에 기초한 자유로운 생활양식과 공포와 압제의 정치 질서 간의 투쟁으로 파악하고, 전자를 옹호하기 위해서는 미국이 다른 지역에 개입하는 것도 마다하지 않겠다고 천명했다. 일종의 냉전 선언문인 트루먼 독트린의 말미에는 다음과 같이 언급하기도 했다. "전체주의의 씨앗은 비참과 결핍 속에서 자라나며 …… 더욱 좋은 생활의 …… 희망이 사라졌을 때 완성된다." 여기에서 결핍으로부터의 자유라는 레토릭은 공산권 팽창의 공포로부터의 자유, 즉 냉전의 투쟁으로 전개되었다.

1947년 6월 수립된 마셜 플랜(Marshall Plan)은 이러한 사고방식을 배경으로 한 것이었다. 4년 동안 136억 달러를 서유럽 국가들에 공여했던 이 원조 정책은 공산주의의 침투를 막으려면 유럽이 부흥해야 한다는 신념에 의해 뒷받침되었다. 이 시기에 미국 국무부 정책기획본부의 조지 케넌(George Kennan)을 중심으로 입안되었던 대소련 봉쇄 정책은 트루먼 독트린과 같은 보편주의를 반드시 공유하는 것은 아니었다. 하지만 마셜 플랜의 현실주의적인 경제 정책은 양자가 일치할 수 있는 미국 외교의 합의였다. 하지만 소련과 동유럽 국가들이 마셜 플랜에 참가하기를 거부하자 유럽의 동서 분단은 더욱 심화되었다. 그러던 중 서베를린을 포함한 독일 서측 점령 지구에 마셜 플랜을 가동하자 소련은 격렬하게 반발했으며, 1948년 6월에는 베를린 봉쇄를 단행했다. 미국과 서방 국가들은 공수작전으로 여기에 대항했으며, 이로써 세계가 냉전 시대에 돌입했다는 사실을 더 이상 숨길 수 없게 되었다.

1947년 '국가안전보장법'

냉전은 미국의 국방 체제에도 커다란 변화를 가져왔다. 1947년 7월, 트루먼 정권은 '국가안전보장법'[10]을 제정하고 군사정책과 외교 정책을 입안·실시하는 프로세스를 재편했다. 이 법은 우선 육군 항공대를 독립시켜 공군을 조직했다. 유명한 육군 전략공군사령부(SAC)[11]는 그 상태로 새로운 공군의 주력이 되었고, 한국전쟁에서도 중요한 역할을 수행했다. 또한 4군(육군, 해군, 공군, 해병대)의 지휘를 조정하는 합동참모본부, 그리고 이를 행정 조직으로 통합하는 국방부(창설 시에는 국가군사기구[12]였으며 1949년에 국방부로 개칭되었다)가 창설되어 군의 효율적인 통솔을 지향했다.

또한 이 법은 대통령, 국무장관, 국방장관 등으로 구성되는 국가안전보장회의(National Security Council: NSC)를 설치하고 국방의 개요를 백악관 내에서 결정하는 체제를 만들었다. 또한 하부 조직으로는 대외 첩보·공작 기관인 중앙정보국(Central Intelligence Agency: CIA)이 새로 만들어졌고, CIA의 국장은 육군장관, 해군장관, 공군장관과 나란히 NSC의 멤버가 되었다. 이 NSC에서 이루어지는 논의는 기본적으로 입법부의 감시를 받지 않았으며, 고도로 관료주의적인 의사결정이 가능해졌다. 초기의 NSC는 미국의 핵 독점을 전제로 해서 공격적인 냉전 정책을 제기하기도 했다. 1948년 9월의 NSC 30호 문서는 장래의 전쟁에서 원자폭탄 사용이 가능하다고 보았으며, 같은 해 11월의 NSC 20-4호 문서는 소련의 통치 체제 변경이 핵 공격의 목적이 될 수 있다고 간주했다. 실제로 당시 신설된 공군은 이미 200개가 넘는 원자폭탄을 보유하고 있었다.

정부 주도의 안전보장 국가와 남부 문제

이처럼 제1기 트루먼 정권이 구축했던 정부 주도의 안전보장 국가가 광범위

10　'National Security Act of 1947'을 일컫는다._옮긴이
11　Strategic Air Command를 일컫는다._옮긴이
12　National Military Establishment를 일컫는다._옮긴이

한 국내 정치세력으로 지지를 받았던 것만은 아니다. 예를 들면, 케넌의 대소련 봉쇄를 대체로 지지했던 공화당 주류도 미국적 생활양식의 글로벌화 같은 보편주의와는 선을 긋고 군사적인 방위선은 어디까지나 서반구에 있어야 한다고 보았다. 한편 리처드 닉슨(Richard Nixon), 로버트 태프트 등 공화당 강경파는 정권의 반공 대책이 특히 아시아에서 충분하지 않으며, 오히려 소련에 대해 유화적이라고 비난했다. 이 주장은 이듬해인 1949년, 중국에서 공산주의혁명이 성공하자 더욱 영향력이 증가했다. 여기에 더해 트루먼의 국방 정책은 민주당 내의 자유주의파로부터도 비판을 받았다. 전 부통령 헨리 월리스와 CIO의 지도자는 과거 얄타 회담에서 약속했던 대동맹에 따라 전후 평화를 추구해야 한다면서 친소 노선을 주장했다. 트루먼의 내정과 외교에 동의할 수 없었던 그들 중 일부는 결국 1948년 대통령선거에서 민주당을 떠나 신당의 깃발을 올렸다.

실제로 트루먼이 추진한 정부 주도의 안전보장 국가를 가장 안정적으로 지지한 것은 남부민주당이었다. 원래 남부는 제2차 세계대전 때부터 훈련기지 등의 국방 관련 공공사업을 집중적으로 수주했으며, 냉전으로 인한 군수의 혜택을 가장 크게 받았다. 또한 남부 세력은 1947년 의회에서 양원의 군사위원회와 반미활동 조사위원회를 지배했으며, 이를 통해 '국가안전보장법'이 제정될 수 있었다.

남부 작전

그런데 이 남부민주당에 있어 반공 정책과 나란히 중요한 과제는 백인 우위의 인종 관계를 유지하는 것이었다. 이 때문에 자유주의 성향의 노동 운동을 배제하는 것이 지상명령이었다. 이러한 의미에서 전후의 보수화 물결에서 '와그너법'의 재검토가 추진된 것은 그들로서는 환영할 만한 일이었다. 당시 남부 산업은 1946년 2월에 시작된 CIO의 대규모 캠페인으로 인해 분규를 겪고 있었기 때문이다. 남부 작전(Operation Dixie)이라고 불리는 이 조직화 운동에서는 무엇보다 CIO 노조 내 인종 평등과 직장 내 인종 통합을 호소했다. 하지만 1947

년 6월 제정된 '태프트-하틀리 법(Taft-Hartley Act)'[13]은 노동자의 파업권을 제한하고 클로즈드 숍(closed shop)[14] 제도를 금지하는 등 비조합원과 경영자의 권리를 옹호하는 개정을 많이 포함하고 있었다. 또한 남부에 중요한 것은 '태프트-하틀리 법'이 농업 노동자와 가사 노동자에 국한되었던 '와그너법'의 제외 대상을 확대하고 농산물의 가공, 저장, 포장 등과 관련된 직종을 이 법에 추가했다는 점이었다. 이러한 업무는 대부분 흑인 노동자가 맡아왔으므로 CIO가 지향했던 것처럼 흑인 조합원을 채용하기가 매우 어려워졌다.

CIO가 전개한 남부 작전이 실패한 것은 인종 차별을 방치하는 뉴딜 자유주의의 최대 약점을 극복하기 어렵다는 것을 보여주었다. 이후 냉전 시기에 CIO는 인종 차별과 노동 문제가 밀접하게 결부되어 있다는 것을 인식했고, 이 두 가지를 분리해서 노동 문제 개선과 복지국가 유지를 지향했다. 이것은 흑인의 시민권 운동 측에서 보면 인종 평등 투쟁에서 노동조합과 뉴딜 자유주의자가 서로 신뢰하기에 충분한 제휴 상대라고 할 수 없었음을 의미했다. 이러한 사실은 후술하는 1950년대 이래 전개된 시민권 운동에 깊은 그림자를 드리웠다.

냉전 시민권

이처럼 트루먼이 의존했던 남부 지역은 냉전 시기의 군수를 지역 개발의 지렛대로 삼았다. 또한 남부 지역은 인종 통합을 내세우는 노조를 격퇴시키는 한편으로, 정부에 대해서도 불만을 품고 있었다. 왜냐하면 트루먼 대통령은 정부 주도의 안전보장이라는 관점에서 인종 관계의 개혁을 지향했기 때문이다. 1946년 말, 트루먼은 국내의 인종 문제를 조사하고 시정하도록 권고하는 대통령 직속 시민권위원회[15]를 발족했다. 그 배경에는 창설된 지 얼마 되지 않은 UN의 안팎

---

13   정식 명칭은 'Labor Management Relations Act of 1947'이다._옮긴이
14   일반적으로 공통의 이해를 가진 노동자 전체를 조합에 가입시키고 조합원임을 고용의 조건으로 삼는 노사 간의 협정 틀을 가리킨다._옮긴이
15   President's Committee on Civil Rights를 일컫는다._옮긴이

에서 NAACP 좌파에 속하는 두 보이스와 NYA의 흑인 부문을 담당하던 메리 베순이 독립을 실현한 인도의 자와할랄 네루(Jawaharlal Nehru) 등과 연합해 반식민지주의와 반인종 차별의 국제 여론을 환기시켰던 점, 그리고 1946년 여름 무렵부터 소련의 언론이 반미 선전의 일환으로 미국에서 빈발하는 린치 사건과 인종 격리를 다루었던 점이 자리하고 있었다.

1947년 10월, 약 10개월 동안의 조사를 거쳐 출간된 대통령 시민권위원회의 보고서 『이러한 권리를 보장하기 위하여』[16]는 특히 남부 여러 주와 워싱턴 D. C.의 인종 격리를 강하게 비판했다. 매우 흥미로운 것은 이 보고서가 인종 관계의 개혁을 서둘러야 하는 국제적 이유로 다음과 같이 설명하고 있었다는 점이다. "태평양, 남미, 아프리카, 중근동, 극동의 도처에서는 미국 흑인에 대한 처우를 보면서 모든 유색 민족에 대한 미국의 태도가 표출된 것으로 파악하고 있다", "세계가 우리를 어떻게 보고 있는지 무시할 수 있을 정도로 미합중국은 강하지 않으며, 민주주의의 이상을 실현하기 위한 최종적인 승리도 확실하지 않다." 또한 이 보고서는 이러한 논의를 보강하기 위해 애치슨 국무차관이 공정고용실시위원회에 송부했던 글을 첨부했다. 이 글에서 외교관 애치슨은 "소수자에 대한 차별이 타국과의 관계에 장해가 되고 있다는 것은 …… 자명하다. 따라서 국무부는 향후 차별 철폐를 위해 공적·사적으로 효과적으로 노력해 주기를 간절히 바란다"라고 적었다. 여기에는 대소련 냉전에서, 그중에서도 특히 아시아·아프리카의 신흥국을 둘러싸고 소련과 공방을 벌이는 데서 인종 문제가 미국주의의 아킬레스건이라는 인식이 자리하고 있었다.

1948년 선거

트루먼 대통령은 1948년 2월의 특별 교서에서 『이러한 권리를 보장하기 위

---

16 *To Secure These Rights: The Report of the President's Committee on Civil Rights*(1947)를 일컫는다. _옮긴이

하여』의 내용을 전면적으로 반영하겠다는 의사를 표명하고 7월의 민주당 당대회에서 대통령 후보로서 흑인 시민권을 옹호하는 강령을 공식적으로 내세웠다. 그로부터 1주일 후에 대통령은 행정명령 제9971호에 서명하면서 군의 인종 격리를 점차 철폐하도록 지시했다. 또한 트루먼은 11월의 투표일이 도래하기 4일 전에, 현직 대통령으로는 최초로 뉴욕시의 흑인 지구에 위치한 할렘(빈민가)을 방문했다. 그가 그곳에서 한 말, 즉 "오늘날 민주적인 생활양식은 전 세계에서 도전을 받고 있다. 전체주의의 도전에 대한 민주주의의 대답은 전체 인류에게 평등한 권리와 평등한 기회를 약속하는 것이다"라는 발언은 각 신문에 대대적으로 보도되었다.

이러한 정책을 선택하자 예측했던 바와 같이 남부의 백인지상주의자들이 이반했다. 이에 따라 민주당은 트루먼의 당 주류, 냉전에 반대하는 자유주의자 헨리 월리스가 이끄는 혁신당, 남부 주권민주당[17][일명 딕시크랫(Dixiecrat)] 3개의 파벌 세력으로 분열되었다. 현직에 있는 트루먼 대통령이 고전하리라고 예측되었던 것은 당연하다. 하지만 선거 결과는 예상과 반대로 트루먼이 28개 주를 제압하며 승리했다. 민주당은 뉴욕을 비롯한 동부 여러 주를 공화당에게 빼앗기고, 루이지애나, 미시시피 등의 최남부를 주권민주당에게 빼앗겼는데, 큰 표밭인 텍사스 등 기타 남부 지역에서는 과반수를 차지했고, 일리노이, 캘리포니아 등 산업이 발달한 주에서도 표를 확보했다.

기적이라고 일컬어지기도 했던 대통령 재선에 성공한 이유 중 하나는 트루먼이 전체 흑인 표의 대략 2/3를 획득했기 때문인 것으로 추정된다. 그중에서도 NAACP는 무당파 전술이라는 형태로 사실상 트루먼의 재선을 응원했다. 월터 화이트(Walter White), 로이 윌킨스(Roy Wilkins)[18] 등 온건파 성향의 흑인 지도자가 장악했던 NAACP 집행부는 두 보이스의 반식민지 및 용공 국제주의 주장

---

17 정식 명칭은 States' Rights Democratic Party이다._옮긴이
18 1901년 미주리주에서 출생했으며, 1955년부터 1977년까지 NAACP 지도부에서 활약했다._옮긴이

과 거리를 두었으며, 트루먼의 냉전 시민권론을 지지하는 노선을 취했다. 한편 두 보이스는 UN이 미국 내의 인권 상황을 사찰하도록 요구하는 등 정부와의 대결 자세를 선명하게 취했으며, 1948년 선거에서는 NAACP의 결정을 무시하고 헨리 월리스 후보를 지지한다고 공언했다. 이 때문에 NAACP 이사회는 투표일 전에 두 보이스의 제명을 결정했는데, 이 같은 일련의 경위는 흑인 시민권 운동의 주류가 급진적인 국제주의에서 후퇴해 체제 내에서 압력단체화했다는 사실을 잘 보여준다.

어쨌든 트루먼의 흑인 시민권을 옹호하는 강령은 북부에 이주했던 다수의 흑인 노동자, 그리고 뉴딜의 보수화 이래 당파적으로 부유 상태였던 도시의 자유주의자를 편입하는 데 충분히 성공을 거두었다. 하지만, 반복되는 말이지만, 시민권 강령은 1936년 이래의 뉴딜 연합에 커다란 마찰을 유발했다. 뉴딜 연합은 대규모 군수, 공공사업 남발, 산업 노동자에 대한 두터운 사회보장에 의해 간신히 다수파를 유지하는 상황이 발생했다고 할 수도 있다.

2. 제3세계와 미국

포인트 포 계획

1949년 1월 20일, 2기째의 대통령에 취임한 트루먼은 의회에서 시정 방침 연설을 했다. 이 성명의 내용은 네 가지 정책 그룹, 즉 ① UN 지원, ② 유럽 경제 부흥 계획, ③ 지역 안전보장의 강화, ④ 저개발 국가에 대한 원조로 나뉜다. ①과 ②는 제1기 정권에서 이어져 내려온 것인 데 반해, ③과 ④는 새로운 제언으로 주목할 만하다. 우선 ③의 안전보장 정책에서는 서유럽의 집단적 자위 협정으로 발효된 리우데자네이루 조약을 UN 이외의 지역 안보에서의 전례로 인용하면서 마찬가지의 성격을 지닌 NATO가 UN 헌장에 저촉되지 않는다고 설명했다. 미국-스페인 전쟁 이후 20세기 초에 미국의 도서 제국주의에 의해 여러 차례 미국의 개입을 받았던 남미는 그 이후 선린 외교라고 불렸던 경제주의적인 범미주의 시대를 거쳤고, 제2차 세계대전 이후에는 미국이 주재하는 글로벌한 반공 봉쇄에서 확고한 기반으로 간주되었다. 이러한 대남미 정책의 역사적 전개는 그 자체로 20세기 미국 제국의 팽창과 변화를 잘 보여주었다. 그리고 당시에는 소련과의 충돌 가능성이 더욱 높아져 북대서양 지역에서도 UN 이외의 군사적인 안전보장 체제가 구축되었다. 이처럼 냉전은 누가 보더라도 매우 심각한 상태였다.

트루먼 취임 연설 가운데 넷째에 해당하는 포인트 포(Point Four), 즉 해외 원조 정책은 아시아와 아프리카의 빈곤을 대상으로 삼았다는 점에서 획기적이었다. 트루먼 대통령은 "미국이 이룬 과학 진보와 산업 발전의 혜택을 저개발 지역의 개선과 성장에 활용"해 "평화와 풍요로움, 그리고 자유의 성취를 위한 세계 규모의 사업"을 추진한다고 천명했다. 이러한 개발원조 정책은 데이비드 릴리엔솔이 AEC에 참가하기 전인 제2차 세계대전 말기부터 주장했던 것이기도 하다. 1940년대에 테네시계곡 개발공사(TVA)의 이사장이었던 릴리엔솔은 이 거대한 공공사업을 통해 미국 남부의 빈곤 지대를 근대화했던 경험에 근거해 세계 각지에 TVA를 수출할 것을 추천하고 장려했었다. 제2차 세계대전 이후 이러한 글로벌한 결핍으로부터의 자유론은 고도 경제성장의 신화를 매개로 해서 냉전의 논리로 회수되었다. 미국의 과학적·기술적 지식을 제3세계로 이전해서 그 지역의 경제 발전이 실현된다면 공산주의 침투를 멈출 수 있을 것으로 간주되었기 때문이다.

포인트 포 계획은 이듬해인 1950년 '국제개발법'[19]으로 구체화되었다. 초기 예산으로 2500만 달러를 투입한 원조 계획에는 록펠러 재단 등의 민간 기금도 참여했으며, 아시아 각지에서 개발 사업을 전개하는 한편 무수한 미국인 과학자와 기술자를 현지에 파견했다. 여기에는 과거에 뉴딜 농정(농업과 관련된 정책·행

---

19 'Act for International Development'를 일컫는다. _옮긴이

정)에서 지역의 영농 활동에 종사했던 농학자와 농업 기사도 많이 포함되어 있었다. 해외 원조는 미국 정치의 보수화 물결 속에서 머무를 곳을 상실했던 풀뿌리 자유주의자들에게 신천지와도 같았다. 다만 해외 원조의 가장 중요한 점 가운데 하나는, 남베트남이 프랑스군을 방패로 삼아 반공을 추진했던 것이 바오다이(Bao Dai)[20] 정권 때였다는 데서 알 수 있듯이, 국제개발 프로그램은 명확히 봉쇄의 맥락을 포함하고 있었다는 것이다.

한국전쟁

　제2기 트루먼 정권은 이처럼 이전에도 소련과의 군사적 대항이나 아시아의 냉전을 의식했었다. 하지만 냉전의 현실은 그들의 예상을 훨씬 초월하는 속도로 진행되었다. 트루먼 연설이 있은 지 겨우 7개월이 지난 1949년 8월 말, 소련이 원폭 실험에 성공해 결국 미국의 핵 독점이 무너졌다. 또한 그로부터 약 1개월 후인 10월, 중국에서 공산주의 혁명이 성공을 거두었다. 이 충격적인 사실 앞에서 미국은 이제까지의 냉전 정책을 근본적으로 재검토할 수밖에 없었다. 1950년 1월, 트루먼은 릴리엔솔, 애치슨 등 AEC 위원들의 반대를 무릅쓰고 수소폭탄 제조를 명령했다. 또한 4월에는 국무부, 국방부 두 부처에 명령을 내려 새로운 정책 지침(일명 NSC-68 문서)을 작성하도록 했다. 이 문서의 내용은 미소의 정치 체제가 본질적으로 양립할 수 없다는 것, 미국이 주재하는 개인의 자유에 기초한 생활양식을 지키기 위해서는 현행의 군사비를 2배로 증가시키는 군비 확장밖에 달리 방안이 없다는 것이었다. NSC-68 문서를 전해 받은 트루먼은 큰 틀에서는 여기서 언급한 노선에 합의하면서도 의회에 대한 대책을 마련해야 했기 때문에 곧바로 결재하지 못했다. 이런 가운데 그로부터 2개월 후인 1950년 6월, 갑자기 북한군이 38선을 넘어 남하해 한국군과 전투 상태에 돌입했다.

20　바오다이는 베트남 왕조(일명 응우옌 왕조)의 마지막 제13대 황제이자 베트남 제국의 황제이기도 했다. 프랑스의 통치하에 베트남국의 국가원수로 재위(1949.6~1955.4)하기도 했다. 1955년에 프랑스로 망명했다._옮긴이

한국전쟁이 발발했던 것이다.

미국은 소련 대표가 결석한 직후에 UN 안전보장이사회를 주도하면서 미군 주체의 UN군을 한국 측의 원군으로 파견하는 데 대해 승인받았다. 그리고 이 UN군의 최고사령관에는 일본에 주재하고 있던 미국 극동군 사령관 더글러스 맥아더가 임명되었는데, 그는 전시에 원자폭탄 사용을 용인하는 입장을 취하고 있었다. 중국의 혁명군[21]이 북한 측을 지원하면서 개입했던 1950년 가을에는 트루먼 대통령도 일시적으로 원자폭탄 투하를 검토하면서 핵전쟁의 위험이 갑자기 높아졌다. 그 이후 한국전쟁은 1951년 6월 사실상 정전 상태가 되었는데, 휴전 교섭을 공식적으로 타결하기까지는 추가로 약 2년의 시간이 소요되었다. 또한 이 사이에 미국 정부는 NSC-68 문서를 공식적으로 승인하고 그 이후 실시하는 봉쇄 정책의 개요로 삼았다. 실제로 한국전쟁에 의해 미국의 국방 예산은 기존의 3배인 450억 달러로 팽창했고, 그 이후에도 군사비 규모는 좀처럼 줄어들지 않았다.

매카시즘

한편 한국전쟁이 야기한 핵전쟁의 공포 때문에 수년 전에 시작되었던 미국 내의 반공 운동이 증폭되었다. 돌이켜보면 20세기 미국사에서는 테러, 전쟁 등 국가적인 위기 때 공산주의자에 의한 체제 파괴 음모론이 자주 환기되어 왔다. 이것은 쉽게 받아들이기 어려운 폭력과 공포의 원인을 공산주의자라는 비미국적인 외부자의 악의로 돌리려는 습관이었다. 냉전하에 일어난 히스테리 또한 전형적인 미국의 빨갱이 사냥이었다. 최초로 타깃이 된 것은 국가공무원이었다. 트루먼 독트린이 발표된 1947년 3월, 미국 정부는 행정명령 제9835호에 의해 연방 직원의 충성에 대한 심사를 실시했다. 그 결과 공산주의적이라고 간주된 단체에 가입한 이력을 문제 삼아 약 6년간 560명을 해고했다. 다음으로 충성

---

21 중국인민지원군을 일컫는다._옮긴이

심이 의심된 것은 자유주의 성향의 영화인이었다. 같은 해 10월, 하원 반미활동 조사위원회는 친소련적이라고 간주된 감독과 배우, 각본가 등 10명을 차례로 소환해서 심문하고 그들의 사회적인 입장을 박탈했다[일명 할리우드 텐(The Hollywood Ten)[22] 사건]. 그 이후 반미활동 조사위원회는 조사 대상을 외교관과 핵과학자로 확대해 나아갔다. 과거에 핵을 국제적으로 관리하는 문제에 관여했고 그 이후 AEC의 요직에 있었던 로버트 오펜하이머도 충성에 대한 심문을 받았고 최종적으로 AEC에서 추방되었다.

한국전쟁이 시작되자 빨갱이 사냥은 더욱 격렬해졌다. 1950년 9월에는 '국내 치안법'[23][일명 '매캐런법(McCarran Act)']이 제정되어 공산당원의 등록 의무, 전시의 강제 수용을 정했다. 그러한 반공 조류 속에서 조지프 매카시(Joseph McCarthy)[24] 상원의원 등은 태평양문제조사회(IPR)의 오언 래티모어(Owen Lattimore)[25] 등 자유주의 성향의 전문가를 집요하게 심문하면서 공산주의자라는 딱지를 붙였다. 그들에 대한 추궁은 그 이후 3년 이상에 걸쳐 계속되어 래티모어는 존스 홉킨스 대학의 교직을 상실하고 영국으로 이주해야 했다. 이러한 상황 아래에서 전쟁 직후의 세계연방론자와 민주당 헨리 월리스파 같은 용공 코즈모폴리턴은 침묵을 강요당했다. 이처럼 1950년대의 미국에서는 냉전 정합성이라고 불리는 체제순응적인 정치 문화가 지배적이었다. 하지만 매카시즘이 낳은 일종의 공포정치는 한국전쟁이 진흙탕이 되고 있는 것에 대한 불만과도

---

22 1950년 〈할리우드 텐〉이라는 다큐멘터리 필름이 제작되었는데, 앞에서 언급한 10명이 출연해 당시 횡행하고 있던 매카시즘과 할리우드 블랙리스트의 존재를 비판하는 연설을 했다._옮긴이

23 'Internal Security Act of 1950' 또는 'the Subversive Activities Control Act of 1950'라고 표기한다._옮긴이

24 1908년 위스콘신주에서 출생했으며, 마켓 대학 로스쿨을 졸업하고 법조계에 진출했다. 그 이후 상원의원(1947.1~1957.5) 등을 역임했다._옮긴이

25 1900년 워싱턴 D.C.에서 출생하고 하버드 대학 등에서 수학했으며, 존스 홉킨스 대학 등에서 교편을 잡기도 했다. 미국의 대표적인 중국 전문가 가운데 한 명으로, 제2차 세계대전 시기에는 장제스의 고문 역할을 맡기도 했다. 주요 저서로 *An Inner Asian Approach to the Historical Geography of China*(1947) 등이 있다._옮긴이

맞물려 트루먼 민주당 정권은 인기를 잃었다. 이에 따라 트루먼은 1952년의 대통령선거에 출마조차 할 수 없었고 새로운 대통령에는 공화당의 드와이트 아이젠하워(Dwight Eisenhower)가 선출되었다.

뉴룩 전략

공화당 아이젠하워 정권의 두 차례 임기 8년은 1933년부터 1969년까지 36년간 계속되었던 장기간의 민주당 시대에 일종의 휴지기와도 같았다. 그렇다고 해서 정부, 재계, 노동조합이 구성하고 있던 뉴딜의 협동조합주의(corporatism)가 무너지지는 않았다. 아이젠하워 정권은 사회보장비를 증액하고 저소득자를 위한 공영 주택을 증설했으며, 노조의 조직률도 35%에 가까운 높은 수준을 유지했다. 오히려 아이젠하워가 인기 있었던 비밀은 과거의 노르망디 상륙 작전을 지휘했던 카리스마와 몹시 게으른 외교 정책에 있었을지도 모른다. 공화당 온건파를 배경으로 했던 아이젠하워는 흡사 종교전쟁과 같은 민주당의 이념외교에 경종을 울리고 전통적인 재정균형론의 입장에서 무절제한 군사비 확대를 비판했다. 1953년 10월, 미국 정부는 NSC 162/2 문서를 채택하기로 결정했고, 재정을 단속하면서 대소련 봉쇄 정책을 동시에 추구하는 방향을 제시했다[일명 뉴룩 전략(New Look Strategy)]. 구체적으로는 비용이 드는 통상무기를 대폭 감축하려 했는데, 그 반면에 핵무기의 전략상 비중은 높아졌다. 당시 국무장관 존 덜레스(John Dulles)[26]가 핵공격을 토대로 하는 대량 보복에 의한 억지에 대해 언급했던 것은 이 같은 비용 설감의 안전보장 논리에서 나왔던 것이다. 그렇지만 대량 보복에 의한 억지라는 용어에는 협박의 요소, 즉 핵의 공포에 따른 전쟁 회피의 계산이 있었다는 점도 부인할 수는 없다. 무엇보다 아이젠하워 정권에는 봉쇄를 완화할 속셈이 없었다.

---

26 1888년 워싱턴 D.C.에서 출생했으며, 조지워싱턴 대학 로스쿨을 졸업하고 법조계에 진출했다. 그 이후 하원의원(1949. 7~1949. 11), 제52대 국무장관(1953. 1~1959. 4) 등을 역임했다._옮긴이

미국과 탈식민지화

CIA를 중심으로 하는 대외 공작도 통상무기 감축의 구멍을 메울 것으로 기대되었다. 특히 이 수단은 제2차 세계대전 이후 탈식민지의 길을 걷기 시작했던 아시아·아프리카 국가들, 그리고 역사적으로 미국으로부터 제국 지배를 받아왔던 중앙아메리카 국가들에 대해 적용되었다. 아이젠하워 정권 3년째인 1955년 4월, 인도네시아의 반둥에 모인 인도의 자와할랄 네루, 이집트의 가말 압델 나세르(Gamal Abdel Nasser) 등 비동맹국의 지도자들은 자신들을 제3세계라고 부르며 식민지주의 타도를 목소리 높여 선언했다. 미국은 민족자결의 원칙하에 이러한 제3세계를 지원했는데, 이 지역의 민족주의가 소련의 영향하에 있을 경우 자주 비공식적인 방해 수단에 호소했다. 1953년 8월, 이란에서는 CIA가 모하마드 모사데크(Mohammad Mosaddegh)의 민족파 정부를 쿠데타로 전복시키고 팔라비 가문의 친미 독재체제를 옹립했다. 또한 이듬해인 1954년에는 중앙아메리카 과테말라에서도 CIA가 친소 성향으로 간주되던 아르벤스[27] 정권에 대한 쿠데타를 도왔는데, 이로 인해 장기간에 걸친 내전의 원인을 제공하고 말았다.

한편 영국·프랑스와 나세르의 아랍 민족주의가 서로 충돌했던 1956년의 수에즈 전쟁[28] 때에는 미국이 서유럽 열강의 옛 식민지주의와 거리를 두면서 영국·프랑스의 군사 개입을 철회시키기도 했다. 오히려 미국은 이 지역 전체를 자유주의 진영으로 편입시켜 확보한다는 영국적 지배와는 다른 구상을 갖고 있었다. 하지만 이 구상은 현지의 친미 국가들을 경제적·군사적으로 원조함으로써 친소 경향의 나세르를 고립시키는 전략으로 연결되었다. 이러한 정책이 중동 지역에 강한 반미 감정을 뿌리내리게 했음은 두말할 필요도 없다.

동아시아에서 전개된 아이젠하워의 외교는 더욱 모순으로 가득했다. 1953

---

27 과테말라 제25대 대통령 하코보 아르벤스(Jacobo Árbenz)를 일컫는다._옮긴이
28 일반적으로 Suez Crisis로 표기하며, 제2차 중동전쟁이라고 일컫기도 한다._옮긴이

년 7월, 결국 한국전쟁의 휴전 협정이 체결되었는데, 이번에는 미국이 인도차이나 정세에 깊게 개입했다. 트루먼의 포인트 포 계획 아래에서 원조를 진행한 이래 미국은 제1차 인도차이나 전쟁하의 프랑스와 바오다이 정권에 거액의 경제적·군사적 원조를 제공해 왔다. 하지만 1954년 4월, 디엔비엔푸 전투(Battle of Dien Bien Phu)에서 프랑스군이 패배해 퇴각하자 아이젠하워 대통령은 동남아시아 각지에서 공산화가 연쇄적으로 일어날 가능성이 있음을 시사했다(일명 도미노 이론). 7월의 제네바 협약(Geneva Accords) 이후에도 미국은 친미 성향의 응오딘지엠(Ngo Dinh Diem)[29] 정권을 세우고 이 정권을 지원했다. 즉, 아이젠하워 정권은 인도차이나 분쟁을 어디까지나 냉전의 논리로 이해하는 데 그쳤으며, 이 문제에 잠재되어 있던 반제국주의, 탈식민지주의 맥락을 거의 무시했다.

풍요로운 사회

미국의 냉전 시대는 경제 번영의 시대이기도 했다. 제2차 세계대전 시기부터 계속된 호경기는 1950년대에도 여전히 계속되었다. 완전 고용, 완전 소비를 지향하는 적극적인 재정 정책에 의해 1945년에 2280억 달러였던 GDP는 1960년에는 5434억 달러로 2배 이상 증가했다. 이것은 인류 역사상으로도 희귀한 장기간의 안정적인 호경기였다. 이러한 호경기는 산업 구조 자체에도 변화를 가져왔다. 농업에서는 대규모 농장을 중심으로 기계화 및 화학비료 사용에 의한 생산성 향상이 진전되었고, 다수의 잉여 인구가 대도시권으로 유출되었다. 그 중에는 남부의 흑인 면화 소작인과 농업 노동자도 다수 포함되어 있었다. 이 같은 제2차 대이동을 포함하면 20세기 최초의 60년 동안 적어도 600만 명의 남부 흑인이 북부와 서부의 도시로 이주한 것으로 추정된다. 제조업에서는 군수와 관련해 개발이 진전된 남부의 선벨트(Sun Belt)[30]가 등장했으며, 캘리포니아를

---

29 한자로는 吳廷琰으로 표기한다._옮긴이
30 미국 남부 북위 37도 이남에 해당하는 일조 시간이 길고 따뜻한 지역을 일컫는다. 구체적으로 캘리포니아, 애리조나, 네바다, 뉴멕시코, 텍사스, 앨라배마, 루이지애나, 조지아, 미시시

중심으로 항공기, 컴퓨터 등의 새로운 산업이 생겨났다. 또한 자동차와 가전 산업도 견실하게 계속 성장해 대량생산을 통해 비교적 염가의 내구소비재를 공급했다.

이러한 호경기가 만들어낸 거대한 소비 시장의 주역은 1950년대에 급증한 청년 화이트칼라였다. 그들 대다수가 '제대군인지원법'의 장학금으로 고등교육을 받았던 병사 출신자였으며, 마찬가지로 '제대군인지원법'의 혜택 사항이었던 저금리의 주택 융자로 교외에 한 채의 집을 구입한 새로운 중산계급이었다. 또한 그들의 대다수가 남유럽계와 동유럽계 이민의 자녀였다는 점도 기억해 둘 필요가 있다. 유럽 이민의 2세, 3세 세대는 이처럼 교외에서의 주택 구입까지 포함한 대량 소비에 본격적으로 참가했고, 결국 미국적 생활양식을 수중에 넣은 것처럼 보였다.

1950년대의 대중사회론

하지만 이 같은 미국화의 완성 또는 국민통합의 자화상은 적어도 두 방향에서 의문이 제기되었다. 하나는 예리한 지식인으로부터의 비판이었다. 1950년대에 학자로서의 성숙기를 맞이했던 대니얼 벨(Daniel Bell),[31] 데이비드 리스먼(David Riesman),[32] 윌리엄 콘하우저(William Kornhauser)[33] 등의 유대계 사회과학자들은 풍요로운 교외의 유토피아에서 자신들이 혐오했던 전체주의와도

피, 플로리다, 노스캐롤라이나, 사우스캐롤라이나를 포함한다._옮긴이

31 1919년 동유럽에서 미국으로 이주한 유대인 가정에서 출생했으며, 컬럼비아 대학에서 사회학 박사학위를 취득했고 하버드 대학 등에서 교수로 활동했다. 주요 저서로 *The End of Ideology*(1960), *The Coming of Post-Industrial Society*(1973) 등이 있다._옮긴이

32 1909년 독일에서 미국으로 이주한 유대인 가정에서 출생했으며, 하버드 대학 로스쿨을 졸업하고 법조계에 진출했다. 그 이후 시카고 대학 등에서 교편을 잡았다. 주요 저서로 *Abundance for What*(1964), *On Higher Education*(1980) 등이 있다._옮긴이

33 1896년 미국의 유대인 가정에서 출생했으며, 시카고 대학에서 심리학 박사학위를 취득했고 시카고 대학 등에서 교수로 활동했다. 주요 저서로 *When Labor Votes*(1956), *The Politics of Mass Society*(1959) 등이 있다._옮긴이

유사한 획일적인 대중사회를 찾아냈다. 동질적인 소비 행동을 통해 주류사회에 동화된 백인종의 생활 스타일은 매카시즘이 사람들에게 강제한 체제 순응의 정치 문화와 똑같은 것으로 보였다. 원래 이 교외의 주민들은 이민지역 또는 확대가족 등의 제1차 집단과의 유대를 상실하고 표류하고 있던 개인이 겉으로만 서로 동조하고 있을 뿐인, 데비이드 리스먼의 표현을 빌리자면 '고독한 군중'[34]에 불과했다. 그렇다면 당시의 풍요로운 대중사회는 소수 엘리트의 정치적 프로파간다에 의해 얼마든지 조작될 수 있는 매우 취약한 사회이지 않을까? 그들은 미국의 현 상황에 대해 그렇게 걱정하고 있었던 것이다.

실제로 이와 매우 흡사한 대중사회 비판은 이미 1920년대의 여론 및 무관심을 둘러싼 논의에서도 존재했다. 하지만 그로부터 30년 후의 대니얼 벨과 윌리엄 콘하우저는 이미 나치즘과 스탈린주의[35]를 사실로서 알고 있었고, 냉전하의 빨갱이 사냥과 핵의 공포 속에서 살아왔다. 대중의 문제는 그 학자들에게 훨씬 절박한 현실적인 문제였던 것이다. 그 이후 대니얼 벨 그룹 자체는 반대중적인 성격을 지녀 1960년대와 1970년대에 일어난 학생 및 신좌익의 운동과는 거리를 두면서 오히려 관료주의적인 신보수주의에 접근해 갔다. 하지만 그들이 1950년대의 정합성을 지적으로 무너뜨렸던 공적은 그 이후 세대가 이의를 제기하는 데서 커다란 유산이 되었다.

3. '위대한 사회'와 시민권 운동

브라운 판결

1950년대의 국민통합 신화를 뒤흔들었던 한 가지 문제는, 유럽 이민을 포함

---

34 데이비드 리스먼은 『고독한 군중(The Lonely Crowd)』(공저, 1950)을 출간했다._옮긴이
35 이오시프 스탈린이 주도한 일국사회주의, 대규모 비밀경찰 운용, 비공식적인 처벌, 집단농업 등을 일컫는다._옮긴이

한 교외의 동질사회가 인종 소수자를 제도적으로 배제함으로써 만들어졌다는 사실이었다. 이러한 인종 차별이 뉴딜 개혁정치에서 깊이 구조화되었다는 것은 앞에서 살펴본 바와 같다. 하지만 제2차 세계대전 이후 보편적인 인권을 둘러싼 국제 환경의 변화에 민감하게 반응했던 NAACP는 인종 격리의 차별 사안을 적극적으로 법정 투쟁으로 끌고 들어갔고 커다란 성과를 올리기 시작했다. 가장 대표적인 사례가 1954년 판결이 내려진 '브라운 대 토피카 교육위원회 재판'[36]이었다.

이 재판의 발단은 캔자스주 토피카시에서 당시 8세였던 흑인 아동 린다 브라운(Linda Brown)이 가까이 있던 백인 초등학교로부터 입학을 거부당해 흑인 학교까지 먼 거리를 버스를 타고 통학해야 하는 상황에 강제로 내몰린 데 있었다. 1951년 린다를 포함한 20명의 흑인 아동이 NAACP의 지도하에 토피카시 교육위원회를 상대로 집단 소송을 제기하면서 공교육에서의 인종 격리 철폐를 요구했다. 이 분쟁은 다른 4개 주에서도 제소된 동일한 종류의 안건과 함께 대법원에서 다루어졌는데, 주목할 만한 것은 처음부터 연방정부가 소송 과정에 깊이 관여했다는 점이다. 1952년 12월, 미국 정부는 법정 의견서를 대법원에 제출했다. 이 의견서는 인종 격리의 관행을 미합중국의 국익에 비춰 재검토하도록 요구하는 것이었다. 즉, "인종 차별 문제는 오늘날의 자유 대 압제라는 세계 투쟁의 맥락에서 고찰되지 않으면 안 된다"라는 것이었다.

원래 이 의견서는 딘 애치슨 국무장관의 의향이 강하게 반영된 것으로, 애치슨이 집필한 다음과 같은 서간이 첨부되어 있었다. 즉, "과거 6년 동안 인종 차별에서 기인하는 미국 외교의 손해는 가속도로 확대되어 왔다. …… 부정할 수 없는 인종 차별의 존재가 비우호국 소련에게 프로파간다 전쟁에서 가장 효과적인 무기를 제공하고 있으며 …… 미국이 세계의 자유민주주의 국가들 중에서 도덕적 지도자로서의 지위를 유지하는 것을 어렵게 만들고 있다"는 것이었다.

36　'Brown v. Board of Education of Topeka'를 일컫는다. _옮긴이

이러한 미국 정부의 입장은 그로부터 1개월 후에 아이젠하워 정권이 수립되고 나서도 기본적으로 변함이 없었다. 그리고 이듬해인 1954년 5월에 내려진 판결은 교육의 인종 격리를 헌법 위반으로 인정하는 원고 승소 판결이었다. 아이젠하워가 임명했던 대법원장 얼 워런(Earl Warren)[37]이 작성한 판결문은 "교육 시설의 분리는 그 자체로 원래적으로 불평등하며", 특히 인종 소수자의 학생에게 매우 큰 교육상의 악영향을 미치고 있다고 단언했다. 이것은 1896년의 '플레시 대 퍼거슨 재판'의 판결 이래 인종 격리를 정당화해 왔던 "분리되어 있지만 평등하다"[38]라는 원칙이 58년 만에 뒤집힌 역사적인 순간이었다.

이 기념비적인 판결이 얼마나 많은 소수자에게 용기를 불어넣고 차별 근절에 대한 희망을 품게 했는지는 계산할 수 없다. 하지만 '브라운 재판' 판결은 최초부터 냉전 구조라는 외압을 받아 내려진 외부를 향한 성명이기도 했다. 아이젠하워 정권은 대외 선전용 라디오 방송 미국의 소리(Voice of America: VOA)[39]를 이용해 브라운 재판의 판결이 내려진 이후 1시간 내에 35개의 언어로 그 내용을 전 세계를 향해 전했다. 하지만 한편으로는 인종 통합을 실시하는 구체적인 방법에 대해서는 아무것도 제시하지 않았다. 또한 대법원은 이듬해인 1955년 브라운 II[40] 판결을 추가적으로 내렸는데, 여기서는 전년의 판결 내용이 "신중한

---

37 1899년 로스앤젤레스에서 출생했으며, 캘리포니아 대학 버클리의 로스쿨을 졸업하고 변호사가 되었다. 그 이후 제30대 캘리포니아 주지사(1943.1~1953.10), 제14대 연방대법원장 (1953.1~1969.6) 등을 역임했다. _옮긴이

38 분리 평등 정책으로 일컬어지기도 한다. 원래 1868년 미국 연방 대법원이 인종 분리 정책이 수정헌법 제14조에 위배되지 않는다는 판결을 내리면서 등장했다. 이 원칙은 공공시설, 학교 등에서 그 시설과 서비스의 질이 비슷할 경우 인종별로 사용 구역을 제한하고 분리해도 모두 평등하다고 주장한 것이다. 이 원칙 아래 미국 연방정부는 '짐 크로 법'과 인종분리 정책을 제정하고 집행해 심각한 인종 차별 문제가 발생했다. 그러나 이 원칙은 1954년 연방대법원의 '브라운 대 토피카 교육위원회 재판' 결과에 의해 결국 폐기되었다. _옮긴이

39 1942년 2월 개국했다. 한국어 방송은 1942년 8월 29일 시작되었으며, 현재 47개 언어로 방송되고 있다. _옮긴이

40 브라운 II(Brown II) 판결은 1955년에 이루어졌으며, 그 이후 1978년에 브라운 III(Brown III) 판결이 내려졌다. _옮긴이

속도로"[41] 실시되어야 한다고 권고했다. 인종 통합을 실시해야 하는 국면에서 정부와 법원이 소극적인 태도를 보이자 남부 수구파 사이에서는 브라운 재판을 무시하는 움직임이 확산되었다. 이로 인해 현장에서는 격리를 철폐하려는 움직임이 진전되지 않았다. 1957년 9월에는 아칸소주 리틀록에서 브라운 재판 이후 서로 다른 인종이 모여 함께 공부할 수 있도록 만들어진 공립 고등학교의 흑인 신입생[42]에 대해 반대파 주민 측이었던 주방위군이 그의 등교를 방해하는 사건이 일어났다. 아이젠하워 정권은 연방군을 파견하고 주방위군을 여기에 편입시키는 조치를 취했는데, 이것은 위로부터의 개혁이 지닌 한계를 드러냈다. 즉, 시민권 개혁을 본질적인 평등으로 전진시키기 위해서는 직접 행동을 불사하고 인종 문제를 지역 투쟁의 일환으로 공격적으로 전개하는 풀뿌리 차원의 운동이 필요했다.

시민권 운동

반둥 회의에서 제3세계의 반식민지주의를 선언한 것은 1955년의 일이었다. 이 해 12월에는 앨라배마주 몽고메리에서 버스 보이콧 운동이 시작되었는데, 이 운동은 지역에 살고 있는 흑인에 의해 일어난 아래로부터의 시민권 운동의 효시였다. 흑인 여성 로자 파크스(Rosa Parks)[43]가 시가 운영하는 버스에서 백인에게 좌석을 양보하지 않았다는 이유로 체포당한 사건에서 발단된 이 분쟁은 몽고메리개선협회(MIA)[44] 등의 주민 조직을 축으로 해서 약 1년간에 걸쳐 보이콧 운동으로 발전했다. 당시 26세의 나이로 MIA의 회장을 맡고 있었던 마틴 루

---

41 영어로는 "with all deliberate speed"라고 표기하며, 프랜시스 톰슨(Francis Thompson)의 시 「천국의 사냥개(The Hound of Heaven)」에서 연원하는 것으로 알려져 있다. _옮긴이

42 어니스트 그린(Ernest Green)을 포함한 9명의 흑인 학생을 지칭하며, 일명 리틀록 9인(Little Rock Nine)으로 일컬어진다. _옮긴이

43 미국 연방의회에 의해 시민권 운동의 퍼스트레이디, 자유 운동의 어머니라는 평가를 받기도 했다. _옮긴이

44 Montgomery Improvement Association을 일컫는다. _옮긴이

터 킹(Martin Luther King) 목사 등에 의해 흑인 여성 가사 노동자 등의 버스 이용자 사이에서 점차 찬동자가 확대되었다. 그리고 이 운동은, 이 지역 지배층의 보복으로 대량의 체포자가 발생했음에도 불구하고, 이듬해인 1956년 11월 버스에서의 인종 격리를 위헌이라고 인정한 대법원 판결을 쟁취해 냈다. 또한 킹 목사는 이 운동을 계기로 1957년 1월, 애틀랜타에서 남부기독교지도자회의(SCLC)[45]의 깃발을 내세우며 남부 각지에서의 투쟁 거점을 형성했다.

그 이후 시민권 운동은 앞에서 언급한 리틀록 사건 등 백인사회의 반발에 의해 다시 억압되는 시기를 맞기도 했으나, 1960년 2월에는 노스캐롤라이나주 그린즈버러의 런치 카운터에서 연좌 농성으로 항의한 활동[46]을 계기로 다시 활성화되었다. 그 결과 이 같은 직접 행동이 짐 크로 제도를 유지했던 13개 주에 파급되었다. 또한 이듬해인 1961년 봄에는 주 사이를 운행하는 장거리 버스에 흑인과 백인 활동가가 승차해 버스 좌석과 관련 시설의 인종 격리에 항의하는 자유를 위한 탑승(freedom ride)을 감행하기도 했다. 이 운동은 이 지역 보수층으로부터 폭력적인 반발을 받았으나 소요가 확대되는 것을 우려한 법무부는 인종 격리의 폐지를 재차 선언하지 않을 수 없었다.

1960년 선거에서 민주당 정권의 부활을 지향했던 존 케네디(John F. Kennedy) 대통령 후보가 이러한 시민권 운동에 급속하게 접근했던 것은 매우 흥미로운 사실이다. 원래 케네디는 대외 정책, 특히 군비 확장과 대소련 강경 노선에 집착했던 정치가였으며, 대량 보복에 의한 억지론으로는 제3세계의 혁명 게릴라 위협에 대응할 수 없다고 아이젠하워를 비판하면서 통상병력 증강과 군사 개입 확대를 주장하기도 했다. 그러한 그가 선거 강령에 흑인 투표권 확보를 내세웠을 뿐만 아니라 킹 목사와 사적으로 접촉하면서 남부 도시 지역의 흑인표를 획득하고자 했던 것이다.

---

45 Southern Christian Leadership Conference를 일컫는다._옮긴이
46 일명 Greensboro sit-ins로 표기하며, 흑인 대학생 4명이 주도했다._옮긴이

아마도 당시의 민주당 자유주의자들은 이것을 모순이라고 생각하지 않았던 것 같다. 즉, 킹 목사 등에 의해 발발한 운동은 지역 사회를 균열시키는 풀뿌리 차원의 대립을 야기했는데 이 대립으로 인해 이제 패권국 지위를 차지한 미국에 걸맞지 않은 이전의 체질이 백일하에 드러났고, 이 같은 대립은 미국의 체질을 개선할 수 있는 절호의 기회가 되었던 것이다. 그리고 이러한 지역 투쟁의 주변에는 연방의 적극 개입으로 인종 관계를 근대화할 것을 요구하는 온건한 남부의 재계 인사와 흑인 도시 엘리트가 많았다. 민주당의 핵심층은 북부 자유주의자 사이에서 확산되고 있던 시민권 운동 지원층과 함께 남부 정치의 변혁에도 주목하기 시작했다. 원래 이 개혁은 케네디의 냉전 전략에 적합하면서도 이제까지의 뉴딜 연합의 틀을 벗어난 것이었다. 민주당 정권 관점에서 볼 때 1960년대는 당파 정치의 급진적인 지각 변동이 수면 아래에서 진행된 시기였다고 할 수 있을 것이다.

케네디의 냉전

1960년의 대통령선거에서는 케네디가 근소한 차이로 공화당의 대통령 후보 리처드 닉슨을 따돌리면서 민주당으로 정권을 탈환해 왔다. 케네디 정부는 발족 당시부터 소련과 제3세계의 공산 세력에 공격적인 자세를 보였다. 1961년 4월에는 2년 전의 혁명 이래 소련과의 관계가 긴밀해진 쿠바에 대해 피델 카스트로(Fidel Castro)에 반대하는 망명자들이 CIA로부터 훈련을 받은 뒤 침공했고 (일명 피그스만 사건), 6월에는 동독-소련 간의 평화조약 문제로 소련과의 대립이 심화되어 이른바 베를린 장벽을 건설하기에 이르렀다. 특히 쿠바와의 분쟁은 심각했는데, 케네디 정권의 해상 봉쇄, 공중폭격 준비 등의 강경책으로 인해 1962년 10월에는 소련이 쿠바에 설치했던 미사일 기지를 무대로 양국이 핵전쟁 직전까지 내몰리기도 했다. 쿠바 위기의 경험은 미소 양국 수뇌에게 핵전쟁을 피하기 위한 의사소통을 촉진하도록 만들었으며, 1963년 부분적 핵실험 금지조약[47]의 체결로 결실을 맺었다. 하지만 한편으로 쿠바 문제에 관해 미소 양국이 취했던 비밀주의는 각각의 동맹국에 불신감을 갖게 했고 중국과 프랑스의 핵무장화, 즉 국제관계가 다극화로 향하는 문을 열었다.

해외 원조

제3세계에서 일어나는 혁명과 대치하는 것은 줄곧 케네디 외교의 핵심이었다. 주목할 만한 것은 케네디 정권이 트루먼의 포인트 포 계획을 답습해 대규모의 해외 원조 정책을 실시했다는 점이다. 1961년 1월 취임한 월트 로스토(Walt Rostow)[48] 대통령보좌관(국가안보 담당)은 세계 각지의 저개발 국가에 대담한 원조와 투자를 실시하고 미국과 같은 형태의 경제성장을 제공함으로써 공산화를 방지할 수 있다는 근대화론을 제창했는데, 이 같은 사고방식의 근원은 릴리엔솔의 TVA 해외 수출로까지 소급될 수 있다. 또한 댐 건설로 대표되는 대형 개발 프로젝트를 각지에 도입하는 한편, 대학을 갓 졸업한 미국 청년 자원봉사자들을 대량으로 제3세계에 파견한 것도 주목할 만하다. 평화봉사단(Peace Corps)이라고 불렸던 이 청년들의 대다수는 동남아시아와 중남미의 농촌에서 뉴딜 정책을 지지하는 농사 전문가, 포드 재단 등에 소속된 직원들과 함께 공동체 개발이라고 불렸던 구빈 및 영농 지원에 협력했다.

또한 이러한 해외 원조가 매우 정치적으로 활용되었다는 점도 지적할 수 있다. 원조의 최대 타깃은 진보를 위한 동맹(Alliance for Progress) 계획의 대상이던 중남미 국가들이었다. 이들 국가에서 친미 성향의 자본주의 체제를 유지하는 것이 미국의 최대 목적이었는데, 중남미 국가들이 쿠바의 전철을 밟을 것을 우려했던 미국은 반공의 독재정권에 대해서도 개발자금과 군사원조를 자주

---

47 Partial Nuclear Test Ban Treaty(PTBT)를 일컫는다. _옮긴이

48 러시아에서 미국으로 이주한 뉴욕시의 유대인 가정에서 1916년 출생했으며, 예일 대학에서 박사학위를 취득했고 컬럼비아 대학 등에서 경제학을 강의했다. 케네디 정권과 존슨 정권에서 국가안보 담당 대통령보좌관(1961.1~1961.12), 대통령보좌관(1966.4~1969.1) 등을 역임했다. 주요 저서로 *An American Policy in Asia*(공저, 1955), *Eisenhower, Kennedy, and Foreign Aid*(1985) 등이 있다. _옮긴이

제공했다. 1960~1970년대에 걸쳐 니카라과의 아나스타시오 소모사(Anastasio Somoza), 칠레의 아우구스토 피노체트(Augusto Pinochet) 등 비민주주의적 정권이 무수히 존재했던 것은 미국이 전개한 원조 정책의 성격을 잘 말해준다. 마찬가지의 문제는 대아시아 정책에도 해당되었다. 케네디는 특히 베트남에 대한 군사 지원을 급격하게 확대해 1963년까지 1만 5000명이 넘는 군사고문을 파견했다. 이러한 정책이 수년 후에 본격화되는 베트남 전쟁의 도화선이 되었음은 물론이다.

1960년대의 시민권 개혁

케네디 대통령은 미국 내 정치에서 복지국가를 주도하는 개혁자이기도 했다. 그는 방대한 군사비를 지출하면서 감세 정책을 취하는 등 적자재정으로 케인즈류의 경제성장을 추구했으며, 도시 빈곤과 청소년 비행 문제에도 적극적으로 나섰다. 또한 1963년 6월, 공약했던 대로 인종 격리를 불법화하는 시민권 법안을 의회에 제출했다. 하지만 상원의 남부 세력의 반대로 법안 심의가 가로막힌 가운데 11월 22일 케네디는 유세 장소였던 텍사스주의 댈러스에서 암살되었다.[49] 그 이후 대통령으로 승격된 부통령 린든 존슨은 텍사스주 출신의 남부민주당 당원으로, 과거에 뉴딜의 NYA에 최연소 간부로 발탁되었던 자유주의자였다. 의회 전략에 정통했던 존슨은 케네디의 뜻을 계승해 이듬해 7월 '시민권법'을 제정했다.

1964년의 '시민권법'은 공공시설 이용, 투표, 공교육에서 인종, 피부색, 종교, 그리고 출신국을 이유로 차별하거나 분리하는 것을 위법으로 규정했으며, 법무장관과 시민권위원회(1957년 설치)의 권한을 확대해 차별 금지의 실효성을 담보하도록 했다. 이 법에는 특히 고용 차별에 관한 규정이 있었는데, 대통령이 임명

---

49 케네디 암살 사건과 관련된 일부 문서의 전체 공개가 도널드 트럼프 대통령에 의해 2021년 10월 26일 이후로 미뤄졌다. _옮긴이

하는 평등고용기회위원회(EEOC)[50]를 신설했다. 이 위원회는 고용 차별을 인지할 경우 법무장관에게 분쟁에 대해 개입하고 연방법원에 제소하도록 요구할 권한을 가지고 있었는데, 이러한 규정은 나중에 살펴볼 적극적 우대조치의 근거가 되는 중요한 의미를 지녔다. 또한 존슨 정부는 이듬해인 1965년에도 새로운 '투표권법'을 제정해 주의 투표 등록에서 실무에 차별이 있을 경우 법무장관이 시정하기 위해 개입할 수 있도록 정했다. 이제까지 주의 지방자치라는 미명하에 방치되어 왔던 인종 격리와 흑인 투표권 박탈이 70년 이상의 시간을 거쳐 결국 연방정부의 직접적인 규제에 의해 철폐되었던 것이다.

이 사이 1964년 11월에는 존슨이 출마한 첫 번째 대통령선거가 있었다. 킹 목사의 SCLC와 대학생을 중심으로 하는 학생비폭력조정위원회(SNCC)[51]를 비롯한 시민권 운동은 같은 해 여름, 자유를 위한 여름(Freedom Summer)[52] 운동을 조직해 최남부에서 흑인 선거를 등록하는 작업을 도왔다. 또한 선거 이후에도 투표권의 확립을 요구하며 앨라배마주에서 셀마 행진(Selma March)[53]이라는 대규모 시위를 벌임으로써 존슨의 개혁을 도왔다. 아울러 이 선거에서는 존슨이 일반 투표의 61%를 획득해 압승을 거두었는데, 최남부의 루이지애나, 미시시피, 앨라배마, 조지아에서는 주권파 세력이 공화당에 합류함으로써 과거에 '확고한 남부(Solid South)'[54]라고 불렸던 아성이 남북전쟁과 재건 시기 이래 처음으로 공화당의 수중에 들어갔다. 양대 정당의 지역별 세력 구도가 급속하게 변하고 있었던 것이다.

---

50 The U. S. Equal Employment Opportunity Commission을 일컫는다._옮긴이
51 Student Nonviolent Coordinating Committee를 일컫는다._옮긴이
52 Mississippi Summer Project라고 불리기도 한다._옮긴이
53 정식 명칭은 셀마-몽고메리 행진(Selma to Montgomery Marches)이며, 피의 일요일(Bloody Sunday)이라고 불리는 제1차 행진을 포함한 일련의 행진을 일컫는다._옮긴이
54 일반적으로 재건 시기가 종언을 고했던 1877년부터 1964년 '시민권법'이 통과된 시기까지 민주당을 지지했던 남부의 세력 기반을 일컫는다._옮긴이

'1965년 이민법'

존슨 정권은 이민 정책에서도 매우 큰 변혁을 실행했다. 1965년에 제정된 새로운 '1965년 이민법'은 출신지에 따른 차별을 원칙적으로 없애고 가족의 재결합과 기능을 기준으로 우선순위를 부여했다. '1924년 이민법'의 규제 내용 중에서 아시아계 사람들에 관한 '귀화가 불가능한 외국인' 조항은 1952년의 이민법 개정으로 없어지기는 했지만 출신국별 할당 제도 자체는 이때까지 지속되었으므로 40년 만의 근본적인 개혁이었다. 또한 '1965년 이민법'에서는 연간 29만 명으로 이민 총수를 제한했는데, 그중 12만 명은 서반구에 할당되었다.

제3장에서 살펴본 바와 같이, 중남미 이민의 수를 규제하는 것은 '1924년 이민법'에서도 이루어지지 않았던 일로, 이번에 처음으로 시행되는 조치였다. 특히 멕시코 이민은 대공황 시기에 대량 귀국한 뒤 1940년대에 전시하의 노동력 부족을 메우기 위해 합계 500만 명이 일종의 외국인 계약노동자로 수용되었다 [일명 브라체로 프로그램(Bracero Program)]. 하지만 새로운 이민법이 제정되기 전년에 미국과 멕시코 양국 간에 브라체로 협정이 파기되었고, 이에 따라 이제까지 경기 동향과 노동력 수급의 안전판으로 활용되어 왔던 멕시코 이민의 위상이 크게 변화했다. '1965년 이민법'은 서반구로부터의 이민을 법적으로 관리하는 가운데, 브라체로 프로그램 시대의 자유로운 인구 이동으로 유입된 대량의 비정규 이민과 위법 상태로 미국에 체류하고 있던 브라체로 계약노동자를 바람직하지 않은 외국인으로 부각시켰다. 이것은 오늘날의 비합법 이민 문제와 직결되고 있다.

'위대한 사회'의 빈곤 문제

이러한 새로운 인종 관계 구축과 이민 문제의 변화를 고려할 때 특히 중요한 것은, 존슨 정권이 미국판 복지국가의 정점이라고도 할 수 있는 '위대한 사회'의 도래를 표방하면서 1962년 1월 연차 교서를 통해 인간의 빈곤에 대한 총력전을 선언[55]했다는 점이다. 구체적으로 존슨 대통령은 대도시의 흑인 지구를 타깃으로 삼았던 1964년 '경제 기회법'[56]에서 저소득층의 유아 교육을 지원하는 헤드스타트(Head Start), 청년 실업자를 줄이기 위한 직업 훈련 프로그램인 직업부대(Job Corps) 등을 발족했다. 또한 재선 이후 존슨 대통령은 차별 철폐와 기회 균등뿐만 아니라 이른바 결과의 평등에도 간여하는 자세를 선명히 했다. 1965년 6월 하워드 대학에서 "우리는 법적인 평등뿐만 아니라 …… 사실로서의 평등, 결과로서의 평등을 요구하고 있다"라고 했던 연설은 유명하다. 사실 존슨 대통령은 그다음 달 7월에 '1965년 의료법'을 제정해 저소득자에 대한 의료 급부를 실시하는 메디케이드(Medicaid), 고령자와 장애인을 위한 의료보험인 메디케어(Medicare)를 제도화했다.

이러한 위대한 사회 정책에는 메디케어처럼 뉴딜에서 유래된 사회보장과 '경제 기회법'으로 대표되는 구빈 또는 빈곤 공동체에 대한 정부 개입 정책이 혼재되어 있었다. 특히 후자의 복지(빈곤과의 전쟁과 관련된 정책)와 관련해 출발점이 된 것은 1962년 출판된 마이클 해링턴(Michael Harrington)의 『또 하나의 미국(The Other America)』이었다. 제2차 세계대전 이후의 경제 번영 속에서도 여전히 수천만 명의 빈민이 존재하고 있음을 고발한 이 책은 당시 엄청나게 큰 영향력을 미쳤다. 해링턴은 빈민은 빈곤의 문화에 갇히므로 스스로의 힘으로는 빈곤을 끊어낼 수 없다고 설명했다. 그로 인해 "더욱 커다란 사회의 …… 지원과 자원", 즉 연방정부 권력의 개입이 반드시 필요하다고 보았다. 또한 관련된 빈곤의 문화는 인종 소수자가 거주하는 지역에 널리 퍼져 있다고도 했다. 그는 "흑인이라는 것은 …… 빈곤과 공포의 문화에 참여하는 것이다"라고 보았다. 또한 해링턴은 이 대도시의 빈곤 지구를 제3세계의 은유로 묘사했다. 즉, "미합중국에는 하나의 저개발국이 존재하고" 있는데도 불구하고 이것을 계속 무시해도 괜찮은지에 대한 문제를 제기했다.

---

55 일반적으로 빈곤과의 전쟁(War on poverty) 선언으로 불린다._옮긴이
56 'Economic Opportunity Act of 1964'를 일컫는다._옮긴이

이러한 서술에는 동시대의 해외 원조 정책과 그 이후의 인종 문제의 변화를 고려할 때 간과할 수 없는 점이 있다. 바로 포스트 '시민권법' 시대의 인종을 문화적인 것으로 정의한다는 것이다. 즉, 해링턴은 생물학적 또는 과학적 인종주의가 퇴조했던 1960년대 이래 생활양식의 차이 등 집단 간의 문화적 차이로 인해 새로운 인종이 재생산되었다고 보았다. 빈곤의 문화와 슬럼가 주민의 비백인성을 나누기 어렵다고 결론짓는 해링턴의 논의는 오늘날의 문화적 인종주의와 인종화된 빈곤론을 앞서서 다룬 것이라고도 할 수 있다.

공동체와 자원봉사자

존슨 대통령은 많은 점에서 해링턴과 빈곤관을 공유했는데, 존슨 대통령이 추진한 빈곤과의 전쟁은 기존의 구빈 정책에는 없었던 두 가지 특징을 지니고 있었다. 첫째 특징은 공동체 행동이라는 틀이다. '경제 기회법'은 빈곤 대책의 대상 지역에 비영리 단체를 조직하고 이 단체를 프로그램의 운영 주체로 설정했다. 1960년대 중반에는 정부 보조금 대상인 지역 단체가 1000개 넘게 창설되었는데, 여기에서는 의사결정을 할 때 주민들이 가능한 한 많이 참가하도록 요구되었다. 둘째 특징은 대량의 젊은 지원자가 빈곤 지구에 들어갔다는 점이다. 여기서 주력이 된 것은 평화봉사단을 미국 내의 지원 활동 차원에서 전용했던 VISTA[57] 프로그램이었다. 존슨은 VISTA를 빈곤과의 전쟁의 주축으로 자리매김하고 사실상 평화봉사단의 창설자인 사전트 슈라이버(Sargent Shriver)[58]를 경제개발국[59] 국장에 임명해 위대한 사회 정책의 전반을 지휘하도록 했다.

그런데 공동체 행동과 청년 자원봉사자라는 틀에서 알 수 있는 것은, 예를 들

---

57 Volunteers in Service to America를 일컫는다. _옮긴이
58 미국 예일 대학 로스쿨을 졸업하고 법조계에 진출했다. 평화봉사단을 창설하고 제1대 단장이 되었으며, 프랑스 주재 미국대사(1968. 5~1970. 3)를 역임하기도 했다. 혼맥을 통해 케네디 가문의 일원이기도 하며, 영화배우 출신의 전 캘리포니아 주지사 아놀드 슈워제네거가 그의 사위이다. _옮긴이
59 Office of Economic Opportunity를 일컫는다. _옮긴이

어 뉴욕시의 할렘으로 대표되는 빈곤 지구에서 실행되는 개선 활동이 제3세계에서 실행되는 공동체 개발과 동일한 틀에서 이루어졌다는 점이다. 실제로 공동체 행동과 관련된 지역 단체는 다양한 출신의 구성원이 참가하는 장이 되었다. 뉴딜 좌파의 지역 활동가, 평화봉사단의 경험자, 나아가 각종 재단의 자선 활동가가 이 제도에 흡수되었다. 즉, 빈곤과의 전쟁은 냉전의 맥락에서 추진되었던 제3세계에서의 경제 원조 정책이 미국 본국으로 환류되는 성격을 지니고 있었던 것이다.

하지만 이는 존슨 대통령의 복지 정책에 독특한 빈곤관을 각인시켰다. 국내의 저개발 지대라고 부르는 개혁자들이 미국 대도시 일각에서 아시아 및 중앙아메리카에서와 마찬가지로 가난한 마을을 발견하고 그곳에 거주하는 흑인과 멕시코 이민을 바라보는 시선에는 인종주의의 그림자가 깊게 새겨져 있었다. 그리고 이는 빈곤과의 전쟁이 이후 리처드 닉슨 정권의 범죄와의 전쟁, 로널드 레이건 정권의 마약과의 전쟁으로 진화하면서 주민에 대한 감시와 치안을 중시하는 정책으로 계승되는 요인 중 하나가 되었다. 실제로 1968년 여름 킹 목사의 암살 사건으로 인해 흑인의 도시 폭동이 미국 전역으로 확대되는 가운데 존슨 정권은 '범죄 단속 및 길거리 치안 종합법'[60]이라는 치안 입법을 추진했는데, 이 법은 흑인과 라티노의 빈곤 지구를 타깃으로 삼고 있었다. 20세기 복지국가가 빈곤을 근절하는 정책 속에서 오늘날의 구금국가(carceral state)[61]의 원형이 싹트고 있었던 것이다.

베트남 전쟁과 신좌파의 충격

존슨 정권이 안고 있던 또 하나의 중대한 문제는 베트남 전쟁과 관련된 정치였다. 원래 존슨은 대통령으로 승격한 이래 케네디의 베트남 지원 정책을 계승

---

60 'Omnibus Crime Control and Safe Streets Act'를 일컫는다._옮긴이
61 이와 관련된 논의는 Marie Gottschalk, *Caught: The Prison State and the Lockdown of American Politics*(Princeton University Press, 2014) 등을 참조하기 바란다._옮긴이

해 왔다. 하지만 1964년 여름까지 직접적인 군사 개입이 필요하다는 인식이 정부 내에서 확대되었고, 1964년의 대통령선거 이후 북베트남 폭격을 개시하는 등 베트남을 본격적으로 침공했다.

이에 대해 미국 내에서는 1965년 미시건 대학에서 일어난 토론 집회를 계기로 학생들을 중심으로 하는 반전 운동이 왕성해졌다. 그중에 포함된 이른바 신좌파 그룹은 이 운동을 현저하게 반국가적인 것으로 만들었다. 그 대표격이던 민주사회학생회(Students for a Democratic Society: SDS)는 1962년에 반핵·군축, 인종 평등, 참여민주주의를 내세우며 포트 휴런 선언(Port Huron Statement)을 채택했고 냉전하에 이루어진 자유주의자 내부의 담합과 남부의 보수 정치를 강하게 비판했다. 대체로 1950년대 대중사회론의 영향을 받았던 신좌파는 큰 정부 및 전국 노조의 관료주의를 경멸했으며, 더욱 직접적으로 흑인의 시민권 운동 및 여성해방운동과 연대하는 길을 추구했다. 풀뿌리 민주주의를 이상으로 여기는 그들에게 기존의 대학, 민주당 조직, 노동조합은 이미 경직화된 옛 제도에 불과했다. 이것은 새로운 좌파가 정부 주도의 안전보장 국가(뉴딜 정치)에 강력한 일격을 가한 것으로, 1970년대 중엽 이래 뉴딜이 쇠퇴하는 데 엄청난 영향을 미쳤다.

베트남 반전 운동은 그밖에도 여성해방을 기치로 내세워 제2차 페미니즘 물결을 이끌어낸 전미여성기구(NOW), 비폭력주의와 결별하고 블랙 파워(Black Power)라는 이름을 내건 학생비폭력조정위원회(SNCC) 등 기존의 정치 질서에 반발하는 다양한 신세대 사회 운동을 규합해 커다란 물결을 만들어냈다[일명 반문화(counterculture)[62]]. 그중에서도 블랙 파워 운동은 자신들이 신봉하는 맬컴 엑스(Malcolm X)[63] 등의 사상을 세계 규모의 반식민지주의 전통으로 연결시키

---

62 대항문화라고 불리기도 하며, 사회의 주류 문화에 반대하고 적극적으로 도전하는 문화 또는
    문화 행태를 일컫는다._옮긴이
63 흑인 인권운동 활동가이자 이슬람 운동가로, 특히 네이션 오브 이슬람(Nation of Islam)의
    최고위원 겸 대변인을 역임하는 등 미국의 흑인 무슬림 지도자였다._옮긴이

고자 하는 열정을 지니고 있었다. 미국 흑인들의 이 같은 글로벌한 주장 뒤에는 제1차 세계대전 이후 전개된 가비의 운동, 두 보이스의 범미주의 등 많은 선행자가 있었는데, 이는 냉전 시기의 정치 구조 속에서는 철저하게 억압되었던 입장이다. 이러한 의미에서 블랙 파워의 현 상황에 대한 비판력에는 결코 경시할 수 없는 면이 있었다.

한편 방대한 전쟁 준비는 1968년에 250억 달러라는 거액의 재정적자를 만들어냈으며, 이에 따라 미국 내에서 추진되던 빈곤과의 전쟁은 자금 부족에 빠졌다. 또한 베트남의 상황도 점차 악화되었다. 1968년 1월 베트남이 감행한 구정 대공세(Tet Offensive)를 통해 사이공에 있는 미국대사관이 점거되었는데, 그 모습은 전쟁으로 황폐해진 베트남 수도의 모습과 함께 TV로 미국 전역에 전해졌다. 이것을 계기로 반전 여론이 단번에 높아진 것은 두말할 나위도 없다. 존슨 정권은 승리의 가능성도 없는 상태로 이 진흙탕에서 헤맬 수밖에 없었다. 베트남 전쟁을 둘러싼 미국 안팎의 압력에 노출되었던 존슨 대통령은 결국 이 해의 대통령선거에 출마조차 하지 못했다.

같은 해 8월의 민주당 당대회는 역사상 유례를 찾아보기 힘든 혼란 속에서 개최되었다. 킹 목사와 로버트 케네디(Robert Kennedy)[64]가 연이어 암살된 영향으로 미국 전역의 125개 도시에서는 흑인 주민에 의한 폭동이 계속해서 발생했다. 또한 시카고의 당대회 회의장에는 베트남 전쟁에 반대하는 신좌파 계통의 세력이 들이닥쳐 경찰 부대와 유혈 항쟁을 벌였다. TV 중계로 미국 전역으로 보도된 혼란스러운 상황은 과거 30년 이상 지속되었던 민주당 시대가 막을 내리기 시작했다는 인상을 주었다. 11월의 선거에서 민주당은 결국 공화당의 닉슨에게 패배했다. 민주당의 대통령 후보 휴버트 험프리(Hubert Humphrey,[65] 당

---

64 존 케네디의 동생으로 1925년 매사추세츠주에서 출생했으며, 하버드 대학과 버지니아 대학 로스쿨을 졸업하고 변호사가 되었다. 이후 제64대 법무장관(1961.1~1964.9), 상원의원(1965.1~1968.6) 등을 역임했다. _옮긴이

65 1911년 미국 사우스다코타주에서 출생했으며, 약사 출신으로 정치에 뜻을 두고 미네소타 대

시 부통령)는 워싱턴 D.C. 외에 13개 주밖에 획득하지 못했고, 최남부 지역에서도 포퓰리스트 정치가 조지 월리스(George Wallace)[66]의 미국독립당(AIP)[67]에게 추월당했다. 이러한 패배는 단지 베트남 정책이 실패한 데 기인한 것이 아니었다. 이제까지 서서히 심화되어 온 뉴딜 연합의 모순이 임계점에 도달해 다수파를 형성할 능력을 상실해 버렸던 것이다.

학 등에서 정치학을 공부했다. 이후 상원의원(1971~1978), 부통령(1965. 1~1969. 1) 등을 역임했다._옮긴이

66 1919년 앨라배마주에서 출생했으며, 앨라배마 대학 로스쿨을 졸업하고 법조계에 진출했다. 그 이후 앨라배마 주지사(1963. 1~1967. 1, 1971. 1~1979. 1, 1983. 1~1987. 1) 등을 역임했다._옮긴이

67 American Independent Party를 지칭하며, 1967년 7월 8일 캘리포니아주에 본부를 두고 창당된 고보수주의(paleoconservatism) 성향의 정당이다._옮긴이

제6장

과도기로서의 닉슨 시대

버스로 통학하는 풍경

1. 침묵하는 다수의 발견

잊힌 사람들의 재림

민주당에서 공화당으로 역사적인 정권교체가 이루어졌던 1968년 대통령선거에는 몇 가지 중요한 쟁점이 있었다. 하나는 베트남 문제였다. 닉슨은 명예로운 철수를 공약으로 내세우면서 정전으로 향하는 현실적인 노선을 모색하겠다고 명확히 언급했다. 한편 민주당의 대통령 후보 험프리는 현직 부통령이라는 입장이었기에 전쟁과 관련된 향후 정책에 대해 선명한 태도를 취하기가 어려웠다. 또한 닉슨은 도시 폭동과 반전 시위로 요동치고 있는 미국 사회에 법과 질서를 회복시키겠다고 선언했다. 이 점에 대해서도 민주당의 입장은 어려운 처지에 있었다. 8월에 열린 민주당 당대회 자체가 소요 사태의 장소로 변해버렸다는 것을 미국 국민들이 TV 보도를 통해 잘 알고 있었기 때문이다. 또한 이러한 문제와 깊이 결부되어 전개된 더욱 중요한 사실은 공화당이 장기간 민주당의 지지기반이던 남부와 북부의 백인 노동자를 겨냥해 적극적으로 선거 캠페인을 실시했다는 점이다. 이러한 의미에서 닉슨이 공화당의 대통령 후보 지명대회에서 했던 다음과 같은 말은 매우 인상적이다.

우리가 눈으로 보고 있듯이, 미국의 도시들은 연기와 화염에 휩싸여 있습니다. 우리는 밤에 사이렌 소리를 듣고 있습니다. 우리는 멀리 해외의 전쟁터에서 죽어가는 미국인들을 지켜보고 있습니다. 우리는 국내에서 서로 증오하고 서로 싸우며 서로 살해하는 미국인들을 목도하고 있습니다. 그리고 우리가 이러한 것을 보고 듣고 있는 것처럼, 수백만 명의 미국인이 비통에 빠져 절규하고 있습니다. …… 그것은 또 하나의 목소리입니다. 그것은 소동과 외침 가운데 존재하는 조용한 목소리입니다. 그것은 소리 내어 외치지 않고 시위하지 않고 있는 미국인 대다수, 즉 잊힌 미국인의 목소리인 것입니다. [1]

주목해야 할 것은 여기에서 닉슨이 '잊힌 미국인'이라는 표현을 사용하면서 그들의 대변자 역할을 자처하고 있다는 점이다. 아마도 이 표현은 프랭클린 루스벨트가 1932년의 선거전에서 이용했던 '잊힌 사람들'이라는 레토릭을 차용한 것으로 보인다. 다만 그 말이 의미하는 바는 크게 달랐다. 루스벨트의 '잊힌 사람들'이라는 표현 앞에는 '경제 피라미드의 최저변에 있는'이라는 문구가 있으며 대공황의 경제 파탄으로 신음하던 실업자와 농민을 지칭하는 것이었다. 한편 닉슨의 잊힌 미국인은 경제적 약자 등이 아니라 시민권 운동과 반문화의 대두로 인해 지위상의 불안감을 느끼고 있던 침묵하는 다수였다. 그리고 닉슨은 그러한 잠재적인 보수세력이 남부의 수구파뿐만 아니라 북부의 노동조합원과 백인 사이에도 널리 존재하고 있음을 간파해 냈다. 미국 전역에서 골고루 득표하면서 32개 주를 획득한 선거 운동은 공화당의 미래에 밝은 빛을 가져왔다.

또 한 명의 월리스

이처럼 뉴딜 연합으로부터 불만분자를 떼어내는 것은 우파 정치가 추구한 전술이기도 했다. 1968년 대통령선거에 미국독립당 후보로 출마한 전 앨라배마 주지사 조지 월리스는 완고한 인종주의자이자 포퓰리스트 정치가로 알려져 있던 인물인데, 그의 주장 또한 침묵하는 다수의 입장에서 이루어졌던 것이다. 선거 운동 중 월리스는 다음과 같이 말했다.

선출된 엘리트 집단 …… 가짜 인텔리[2]의 정부가 마을의 평균적인 사람들, 즉 유리공, 철강 노동자, 자동차 노동자, 섬유 노동자, 농업 노동자, 경찰관, 미용사, 이발사, 소경영자 등을 깔보면서 대학의 캠퍼스, 신문사의 사무실에서 설교를

---

1 리처드 닉슨 재단에 게재되어 있는 영어 원문을 참조해 재구성했다._옮긴이
2 집합적으로 쓰일 때에는 the intelligentsia 등으로 표기한다. 이와는 별도로 일본어에는 사이비 인텔리, 즉 겉으로 보기에는 고학력자이지만 실질적인 교양, 지성, 학력이 현저하게 낮은 사람을 지칭하는 '디스인텔리'라는 용어가 존재한다._옮긴이

하고 있으며, 자신들이 가이드라인을 써주지 않는다면 우리들이 아침에 어떻게 일어나야 하고 밤에 어떻게 잠을 자야 하는지도 알 수 없을 것이라고 말하고 있는 것입니다.

이러한 발언은 엘리트 계급임을 자임했던 케네디 형제[3] 등 민주당의 자유주의 엘리트들을 적대시하면서 그들이 제창한 평등 사회의 이상에 거부 반응을 보이는 것이었다. 그런데 이러한 비난은 유권자들로부터 적지 않은 공감을 받았으며, 조지 월리스의 지지율은 9월 여론 조사에서 25%에 달했다. 결국 월리스는 일반 투표에서 990만 표(득표율 13.5%)를 획득해 전술한 바와 같이 최남부 5개 주의 선거인을 획득했다. 또한 지적해야 할 것은 이 5개 주를 포함한 남부 전체가 다음의 1972년 대통령선거에서 공화당에 대한 지지로 돌아섰으며, 그이후 지미 카터(Jimmy Carter) 및 빌 클린턴(Bill Clinton)의 선거에서 민주당으로 다시 돌아오는 시기도 있었지만, 21세기로 향하는 전환기까지 거의 공화당의 확고한 표밭이 되었다는 사실이다. 조지 월리스의 포퓰리즘을 매개로 해서 뉴딜 연합을 해체로 내몰았던 공화당도 스스로 남부의 정당이자 반자유주의 노동자를 대변하는 정당이라는 새로운 얼굴을 갖기 시작했다.

명예로운 철수와 데탕트

1969년 1월에 발족한 닉슨 정권에도 긴급한 과제는 역시 베트남 문제의 출구를 조속히 찾아내는 것이었다. 닉슨은 같은 해 7월, 아시아의 동맹국들을 방문했는데, 여정 중에 괌에서 새로운 정권의 아시아 외교와 관련해 기자 회견을 가졌다. 여기서 신임 대통령 닉슨은 향후에도 미국의 핵우산을 유지할 것이라고

---

3 주영 미국대사 등을 역임했던 조셉 케네디(Joseph Kennedy)의 세 아들 존 케네디, 로버트 케네디(Robert Kennedy), 에드워드 케네디(Edward Kennedy)를 일컫는다. 에드워드 케네디는 1932년 보스턴에서 출생했으며, 하버드 대학과 버지니아 대학 로스쿨을 졸업하고 법조계에 진출했다. 그 이후 상원의원(1962.11~2009.8) 등을 역임했다. _옮긴이

천명하면서 안전보장에 관해 동맹국 각국의 자립을 기대한다고 공개적으로 언급했다. 아시아에서 자국의 군사적 관여를 억제하려는 미국의 이러한 방침은 닉슨이 11월에 가진 연설에서 더욱 명확하게 제기되었다. 닉슨 독트린(Nixon Doctrine)이라고 불리는 대아시아 정책은 다시 동맹국 각국의 군사 방어에서 자국이 져야 하는 책임을 강조한 것이었다. 이것은 진흙탕 상태였던 베트남 전쟁의 맥락에서 설명하자면, 베트남 군사의 베트남화를, 즉 미군이 단계적으로 철수하고 현지인 중심의 군사 편성으로 전환할 것임을 의미했다. 실제로 미군은 1972년 말까지 주력 부대를 거의 베트남에서 철수시켰다.

또한 닉슨은 중국과 소련 양국이 대립하는 틈을 활용해 중국에 접근하는 전략을 모색했다. 1972년 2월에는 중국을 공식 방문해 북베트남을 고립시키고 이듬해인 1973년 1월 파리 평화협정(베트남 휴전)을 맺었다. 이러한 새로운 외교 노선이 추진된 배경에는 닉슨과 대통령보좌관 헨리 키신저(Henry Kissinger)[4]의 현실주의가 작용했다. 나폴레옹 전쟁 이후 유럽 국제관계의 연구자로도 알려져 있던 키신저는 주권국가의 세력균형론에 정통했으며 현실적인 권력 정치의 실천을 제창했다. 이것은 우드로 윌슨 이래의 역대 민주당 대통령에게 계승되어 온 이상주의적인 보편 외교의 대안에 해당하는 것이었다. 이러한 닉슨-키신저의 현실주의 외교는 베트남의 평화와 밀접하게 관련되면서 소련과의 사이에서도 역사적인 데탕트(긴장 완화)를 가져왔다. 닉슨은 중국 방문에 이어 1972년 5월에는 소련도 방문해 제1차 전략무기제한협정(Strategic Arms Limitation Talks: SALT I)에 서명했다. 이것은 미소 양국의 전략무기 수를 서로 규제하는 일종의 군축 관련 규약이었다.

이처럼 서방 측 방어의 일부를 동맹국에 이른바 아웃소싱[5]하고 자신의 군사

---

4   본명은 하인츠 키신저(Heinz Kissinger)이다. 1923년 독일 퓌르트의 유대인 가정에서 출생했고, 하버드 대학에서 박사학위를 취득한 이후 교수로 재직했다. 그 이후 미국 대통령보좌관(국가안보 담당, 1969.1~1975.11), 제56대 국무장관(1973.9~1977.1) 등을 역임했다. 주요 저서로 *Diplomacy*(1994), *On China*(2011), *World Order*(2014) 등이 있다._옮긴이

적인 책임은 국익의 범위 내에 머물게 하는 미국의 아시아 외교는 동시에 중국, 소련과의 우호 관계에 의거했던 것이다. 달리 말하면, 이것은 공산주의 국가들의 세력권을 용인하고 중소 대립, 제3세계 대두 등으로 현저해진 세계의 다극화에 입각해 평화공존을 지향하는 정책이었다. 이러한 현실주의는 미국적 생활양식과 전체주의를 대치시키고 전자의 세계화를 신봉했던 기존의 이데올로기 외교와는 선을 긋는 것이었다.

닉슨 쇼크와 노동자의 불만

그런데 현실주의라는 이름 아래 실시된 제국의 다운사이징[6]은 당시 미국이 처해 있었던 위기적인 경제 상황을 반영하는 것이기도 했다. 이제까지의 대외 원조와 베트남 전쟁의 전비 부담에서 기인한 거액의 재정적자는 1970년 무렵 결국 급격한 인플레이션을 미국 경제에 초래했다. 닉슨은 전 정권까지 취했던 고도 경제성장 노선을 수정해 재정의 건전화를 목표로 삼았는데, 인플레이션은 줄곧 수습되지 않았고 오히려 인플레이션과 경기하강이 동시에 진행되는 스태그플레이션에 빠져버렸다. 공화당 정부는 큰 정부를 비판하면서 사회복지의 이상을 대신해 개인주의와 자립의 정신을 칭송했는데, 일반 서민들의 삶은 갈수록 힘겨워졌다. 1971년에는 물가지수가 전년 대비 4.5%나 상승했고 실업률도 6%를 넘었다.

또한 같은 시기에 미국 경제는 국제적인 경쟁력을 상실하고 있었다. 무역은 매우 부진했는데, 약 80년 만에 국제수지가 적자로 전환되었다. 이 때문에 제2차 세계대전 이후 국제 기축 통화로 군림해 왔던 달러의 신용이 졸지에 하락했고, 세계 각지의 외환시장에서는 혼란이 발생했다. 대응에 내몰린 닉슨 대통령은 1971년 8월, 임금과 물가를 90일간 동결시키는 것과 함께 달러와 금의 태환

---

5   일반적으로 자본과 부품을 외부로부터 조달하는 것을 일컫는다. _옮긴이
6   비대해지고 관료화된 조직을 축소하는 것을 일컫는다. _옮긴이

을 중단한다고 선언했다(일명 닉슨 쇼크). 이것은 달러의 가치를 인상시킴으로써 무역 수지를 개선하려는 시책이었는데, 오히려 달러 하락에 박차를 가하는 형국이 되었으며, 1973년 3월 세계의 외환 거래는 변동상장제로 이행했다. 브레턴우즈 체제를 와해시킨 일련의 과정은 미국 안팎에서 미국의 경제력이 저하되었음을 강하게 인식시켰다.

미국 내에서 일어난 전개에 가장 일찍 반응한 것은 체신, 철도, 각종 제조업의 노동자였다. 미국의 1970년대는 격렬한 노동 분쟁과 함께 막을 열었다. 1970년 3월, 저임금에 불만을 품은 뉴욕시의 우체국 직원이 파업에 돌입한 것을 계기로, 같은 해 가을부터 자동차 대기업 제너럴 모터스(General Motors)에서 역사상 최대 규모의 쟁의가 일어났으며 노동자의 반란은 남부의 섬유산업에까지 파급되었다. 쟁점은 많은 경우 인플레이션을 감안한 임금 상승 요구와 해외 기업과의 경쟁으로부터 도입된 합리화 조치에 저항하는 것이었다. 또한 전국 노조의 통제를 무시하고 지역 수준의 와일드캣 파업(wildcat strike)[7]이 많이 발생한 것도 이 시기의 특징이었다. 이는 미국 제조업이 약화됨에 따라 피해를 입었던 잊힌 일반 노동자의 비통한 절규였다.

하지만 이러한 불만이 반드시 공화당의 닉슨 정권을 향했던 것은 아니다. 1970년대 전반부에 발생한 노동 불안에는 독특한 문화적인 보수성이 충만해 있었기 때문이다. 오히려 숙련 직종을 중심으로 한 백인 노동자 사이에서는 인종 차별적인 고용 관행을 시정하고자 하는 자유주의자와 청년의 반문화에 대한 부정적인 감정이 들끓어 올랐다. 1970년 5월 8일, 뉴욕시에서 건설업 조합이 베트남 반전 운동에 반대하는 소동(일명 안전모 폭동[8])을 벌인 것이 그 좋은 사례이다. 그날은 이른 아침부터 4일 전 경찰 등과의 충돌 과정에서 목숨을 잃은 반전 학생(일명 켄트 주립대학 사건[9])을 추도하는 집회가 개최되었는데, 작업용 안전모를

---

7   노동조합의 일부 조합원이 노동조합 전체의 공식적인 승인을 받지 않고 독자적으로 감행하는 파업을 일컫는다. _옮긴이
8   Hard Hat Riot이라고 표기한다. _옮긴이

착용한 약 200명의 건설 노동자들이 이 시위대를 공격했다. 건설 노동자들은 월스트리트와 브로드웨이를 걸으면서 "미국을 사랑하라! 그렇지 않다면 미국을 떠나라!"[10]라고 연호했다. 이를 통해 애국과 반공이라는 노동자 계급의 문화를 과시했다.

2. 권리의 정치와 파쇄의 시대

1970년대의 ERA

이처럼 닉슨 정권 시기에는 침묵하는 다수의 저항적인 대중 감정이 폭발하는 일이 수차례 있었지만, 한편으로는 1960년대부터 계속되었던 반문화가 성숙해지면서 그 이념이 어느 정도 사회에 받아들여진 시대이기도 했다. 특히 여성과 소수자가 개인으로서의 권리를 요구하는 주장에 광범위하게 공감했다. 또한 과도적인 정치 상황 속에 헌법의 남녀평등권 수정조항(Equal Rights Amendment: ERA)이 처음으로 연방의회 상원·하원 양원을 통과한 사실 역시 간과할 수 없다.

1970년대의 ERA를 주도한 것은 여성해방운동[11]이라고 불렀던 새로운 페미니즘 운동이었다. 이 새로운 운동의 출발점은 1963년 베티 프리단(Betty Friedan)이 『여성성의 신화』를 출판한 것이었다. 이 책은 제2차 세계대전 이후 어머니이자 주부로서의 여성의 행복을 설파했던 대중문화 속의 이데올로기가 개인으로서의 여성을 얼마나 억압해 왔는지 고발하는 내용을 담고 있었다. 여기서 프리단은 1950년대를 특징지었던 풍요로운 교외의 가정생활을 수용소에 비유하면서, 이러한 감옥에서 여성을 해방시키자고 설명했다. 이것은 남녀의 동등한

---

9 Kent State shootings라고 표기하며, 켄트 주립대학 구내에서 오하이오주방위군에 의해 4명의 학생이 사살된 사건을 일컫는다. _옮긴이
10 영어 원문은 "America, love it or leave it"이다. _옮긴이
11 Women's Liberation Movement(WLM)를 일컫는다. _옮긴이

권리를 추구하는 역사적인 페미니스트의 주장을 계승하는 것이자 뉴딜과 '제대
군인지원법'이 가져왔던 풍요로운 사회를 부정적으로 파악하는 것이기도 했다.
그 이후 흑인의 시민권 운동이 성공을 거둔 것에 고무되어 1966년에는 프리단
에게 공명했던 페미니스트들이 전미여성기구(NOW)를 결성했다. 전미여성기
구는 신좌파의 사회 비판에도 동조하며 베트남 전쟁에 반대하는 반전 운동의
일부를 담당하는 것과 더불어 하나의 큰 목표로 ERA를 지향해 왔다.

전미여성기구가 벌인 로비 활동의 효과로 "미합중국 및 모든 주에서는 법 아
래에서의 권리의 평등이 성별에 의해 부정되거나 제한되어서는 안 된다"라는
ERA 조항이 1971년 10월에 하원, 1972년 3월에는 상원에서 모두 압도적인 지
지를 받으며 승인되었다. 남은 일은 주에서 비준하는 프로세스였는데, 같은 해
에 22개 주가 이 법안을 비준했으며, 이듬해에는 8개 주가 추가로 비준했다. 이
러한 성과는 다음과 같은 두 가지 점에서 중요한 의미를 지니고 있었다.

첫째, 전미여성기구 등의 운동이 흑인의 시민권 운동에 의해 선도되었던 새
로운 권리의식 차원의 정치를 계승해서 사회의 주류로 정착했다는 점이다. 실
제로 1970년대 전반부는 여성운동 외에도 미국인디언운동(American Indian
Movement: AIM) 등 원주민의 보상요구 운동, 세자르 차베스(César Chávez)[12]가
이끄는 멕시코계 농업 노동자의 조합운동 등이 크게 약진한 시기이기도 했다.
또한 ERA와 관련해서는 게이의 권리운동이 부상하기도 했다. 1969년 6월에는
뉴욕시에서 경찰의 탄압에 항의하던 게이바의 고객이 직접 행동에 나서면서 호
소하는 사건(일명 스톤월 폭동[13])이 발생했으며, 이듬해인 1970년에는 뉴욕시에
서 미국 최초로 게이 프라이드 퍼레이드가 개최되기도 했다.

---

12 1927년 애리조나주에서 멕시코계 농민의 아들로 출생했으며, 1962년 전국농장노동자협회
    (National Farm Workers Association: NFWA)를 결성하는 데 참여했고, 이후 1966년
    NFWA가 미국농장노동자연합(United Farm Workers: UFW)으로 확대되자 그 회장을 맡았
    다._옮긴이
13 Stonewall riots라고 표기하며, The Stonewall Inn이라는 명칭의 게이바에서 벌어진 폭동을
    일컫는다._옮긴이

둘째, 1970년대의 ERA와 사회적인 것 간의 관계에 대한 논점이다. 제3장에서 살펴본 바와 같이, ERA가 처음으로 의회에 제안된 시기는 1923년으로 소급된다. 하지만 처음부터 복지 및 노동 운동에 가까웠던 페미니스트는 가난한 모성을 보호하는 여러 법과 여러 제도가 ERA에 의해 파괴되자 반발했었다. 이러한 현실적인 약자 보호, 나쁘게 말하면 일종의 온정주의적인 사고방식은 경제적 안정을 첫째의 통합 원리로 삼았던 뉴딜 질서에서도 온존해 남녀의 동등한 권리가 반드시 자유주의적 의제의 중심을 차지하지는 않았다.

여기에 입각해서 보면 전미여성기구가 주도한 1970년대의 ERA 운동에서는 무엇보다 노동조합 AFL-CIO가 처음으로 본격적으로 지지를 표명했다는 점이 인상적이다. 그 배경에는 1960년대에 고학력 또는 중산계급 출신의 여성 노동자가 급증한 사실도 작용한 것으로 보인다. 또한 여성은 이미 특별한 보호를 필요로 하는 약자가 아니라고 보는 자립의 규범이 자유주의파 주류에 확대되었던 것도 하나의 요인으로 들 수 있다.

물론 보호해야 할 모성이 없어진 것은 아니었다. 오히려 1960년대에 부양 아동 지원(ADC/AFDC)의 수급자는 흑인 여성을 중심으로 대폭 증가했다. 하지만 존슨 정권 말기, 1967년의 '사회보장법' 개정을 효시로 AFDC를 받는 싱글맘에게 생계지원 훈련을 의무화하는 생계지원 장려 프로그램이 제도화되었고, 1970년대에 들어서자 생계지원 참가에 대한 압력이 갈수록 높아졌다. 이 자립의 정치가 자유주의자가 주도했던 빈곤과의 전쟁 중에 파묻힌 사실은 1970년대에 ERA가 전개된 것과 무관하지 않을 것이다. 오히려 ERA에 반대하며 모성과 여성성의 사회적 보호를 요구하는 주장은 뉴라이트(New Right)라고 불리는 새로운 보수주의 측에서 제기되었다. 이 또한 장기간 지속되었던 뉴딜의 종언을 예견하게 하는 전개였다.

적극적 우대조치

1960년대부터 계속된 자유주의 정치는 닉슨 정권 시기의 행정에도 많이 드러났다. 오늘날 일종의 역설적인 뉘앙스로 닉슨을 '최후의 자유주의 대통령'이라고 부르는 사람도 적지 않다. 확실히 닉슨은 대통령 재임 중에 위대한 사회의 시장에 간섭하는 것을 비판했으며, 자립의 이데올로기를 목소리 높여 외쳤다. 하지만 그럼에도 불구하고 닉슨 정부는 새롭게 환경보호청(EPA)[14]을 설립하거나 메디케어, 메디케이드 같은 사회보장 제도에 거액의 자금을 투입하는 등 뉴딜의 연장선상에 있는 것으로 볼 수 있는 정책도 시행했다. 이와 같이 전 정권부터 인계된 사회정책 중에는 인종 차별에 대한 적극적인 시정 조치, 즉 적극적 우대조치(Affirmative Action)가 있었다.

이처럼 특정 집단에 대한 우대 틀을 전제로 하는 차별 반대 정책은 1946년 '시민권법'의 규정에 기초한 것이었는데, 최초의 사례는 존슨 정권의 이른바 필라델피아 계획(Philadelphia Plan)(1969)이었다. 존슨은 역사적으로 백인의 노동조합 조합원이 고용을 독점해 왔던 필라델피아의 건설업에 주목해 특히 연방정부의 사업을 청부하는 사기업에 흑인의 고용을 의무화하고자 했다. 하지만 연방 회계검사원이 이 정책에 포함되어 있는 소수자 고용의 수치 목표를 위법('시민권법'의 고용 기회 균등 조례에 저촉된다는 이유로)이라고 지적했기 때문에 이 계획은 좌절되었다. 그 이후 필라델피아에서는 시 당국과 지역의 인권 활동가가 협력해 도시 수준의 적극적 우대조치가 실천되었는데, 이로써 연방의 존재감은 일보 후퇴했다.

1969년 6월, 발족한 공화당의 닉슨 정권은 존슨의 적극적 우대조치 계획을 일부 개정한 후 전국 규모에서 실시하는 방침을 취했다. 이른바 개정 필라델피아 계획(Revised Philadelphia Plan)은 우선 틀과 관련해 논쟁을 불러일으켰는데, 1971년에는 대법원이 이것을 용인하는 판결을 내렸다. 그 이후 소수자 우대조치는 때로 백인 남성으로부터 역차별이라는 비방을 받기도 했지만 하나의 제도로 미국 사회에 받아들여졌다.

---

14 Environmental Protection Agency를 일컫는다. _옮긴이

언뜻 보면 이러한 전개는 시민권 운동의 이상이 1960년대 말의 정권 교체에도 아랑곳하지도 않고 마치 역사의 필연처럼 성취되는 과정으로도 보인다. 하지만 여기에는 몇 가지 주의하지 않으면 안 되는 문제가 있다. 하나는 적극적 우대조치에는 1970년대에 널리 수용되었던, 소수자가 개인 차원에서의 평등의 권리를 요구하는 주장과는 원래부터 이질적인 요소가 존재한다는 점이다. ERA를 요구했던 페미니스트의 다수가 이 제도에 부정적이었던 것은 우연이 아니다. 즉, 적극적 우대조치는 어디까지나 흑인, 여성 등 비선택적인 속성에 의존하는 자원 분배 정치였던 것이다. 민주적 통치의 공간에 집단의 존재를 전제로 하는 다원주의라고 할 수도 있다. 게다가 그 다원주의는 뉴딜 질서를 구성했던 경제 다원주의와도 다르고 백인종의 문화 다원주의와도 다른, 인종과 성별을 주요 단위로 삼는 것이었다.

이 적극적 우대조치가 지닌 반뉴딜적인 성격은 왜 이 제도가 보수적인 닉슨 정권 시기에 전국화하고 정착되어 갔는지를 설명해 준다. 즉, 닉슨이 추진했던 고용에 관한 우대조치는 백인이 다수를 차지하고 있는 노동조합과 흑인 노동자를 이간시켰고 과거에 하나의 바위덩어리라고 일컬어졌던 남부의 민주당 지지자 사이에도 복잡한 분열을 가져왔다. 닉슨의 진의가 무엇이었는지는 별도로 하더라도, 적극적 우대조치를 도입한 것이 민주당 뉴딜 연합을 효과적으로 파괴하고 공화당의 공세 확대를 도모하는 데 합리적인 선택이었다는 것은 확실해 보인다.

버스 통학

닉슨 정권 시기에 실시된 행정 시책 중에서 적극적 우대조치 이상으로 직접적이고 감정적으로 사회 분열을 초래한 것이 버스 통학 제도였다. 버스 통학이란 공교육의 인종 통합을 추진하기 위해 먼 거리를 버스로 수송함으로써 일정한 수의 교외의 백인 아동과 도시 중심부의 흑인 아동을 왕복 탑승시켜 기존의 학교를 공동교육화하려던 조치였다. 1969년의 대법원 판결('알렉산더 대 홈즈카

운티 교육위원회 재판'[15])에서는 기존에 신중한 속도에서 이루어진 인종 통합이라는 사고방식(브라운 II 판결)이 차별을 온존하는 구실이 되고 있다는 비판이 제기되었다. 이에 따라 즉각적인 인종 통합을 요구하는 남부의 여러 지자체가 버스통학을 시행하기 시작했다.

처음부터 백인 부모의 반발이 강력했으며, 노스캐롤라이나에서는 버스 통학을 이용한 통합의 강제성이 위헌이라면서 제소가 이루어졌다. 하지만 이에 대한 1971년 대법원 판결('스완 대 샬럿-메클렌버그 교육위원회 재판'[16])은 버스 통학은 학생의 인종 비율에서의 불균형을 개선하는 방안이며 가령 그 불균형이 지리적인 조건에 의한 것이었다고 하더라도 적절하다고 선언했다. 이 결정은 거주하는 구에 의한 인종 분리가 역사적으로 존재해 온 북부 도시권에서도 마찬가지로 불균형을 시정하도록 요구된다는 것을 의미했다. 그리고 북부로 이주해 도시 내의 빈곤 지구에서 살고 있던 흑인 부모들은 버스 통학을 통해 자녀 세대의 격차가 해소되기를 기대했다. 즉, 사회적인 평등에 기대를 걸었던 것이다.

이에 따라 1973년 대법원의 '키즈 대 덴버 제1학교 재판'[17]은 주법 등에 의한 짐 크로 제도가 없었던 콜로라도주에 대해서도 버스 통학을 승인했다. 이것은 거주구와 교육을 사실상 분리하는 영역으로까지 들어간 것이었다. 하지만 북부 도시의 버스 통학은 각지의 백인 노동자층 사이에서 격렬한 반발을 불러일으켰다. 예를 들면, 보스턴의 아일랜드계 백인 지구 사우스보스턴에서는 버스에 탑승해서 통학하는 흑인 아동에 대한 증오 발언과 투석이 상시화되었다. 당시 보스턴에서 조직되었던 버스 통학 반대 단체의 명칭, 즉 '우리의 소외된 권리를 되찾기 위한 모임(Restore Our Alienated Right: ROAR)'에는 시민권 운동과 좌파 반문화에 의해 압박받아 온 과거의 침묵하는 다수의 숨길 수 없는 감정이 표출되고 있었다.

---

15 'Alexander v. Holmes County Board of Education'을 일컫는다._옮긴이

16 'Swann v. Charlotte-Mecklenburg Board of Education'을 일컫는다._옮긴이

17 'Keyes v. School District No. 1, Denver, Colorado'를 일컫는다._옮긴이

이듬해에 대법원은 5 대 4의 표 차이로 방침을 전환해 학교 구내에 의도적인 차별이 없는 한 학교 구역의 경계를 넘어 먼 거리의 아동 교환을 의무화할 수는 없다는 판결을 내렸지만['밀리켄 대 브래들리(Milliken v. Bradley) 재판'], 이미 북부 도시의 주민들 사이에서는 메우기 힘든 골이 만들어져버렸다. 역사학자 대니얼 로저스(Daniel Rodgers)[18]는 1970년대에 인간 생활의 통합적 측면이 후퇴했다고 지적하면서 파쇄의 시대(age of fracture)가 도래했다고 설명하기도 했다. 인종에 기초해 새로운 사회적 불평등이 재생산되자 제5장에서 살펴본 경찰 권력에 의한 흑인 빈곤층의 감시 및 구금과 함께 해체되고 있던 미국 사회가 더욱 첨예하게 잘리고 찢어졌다. 이러한 균열과 모순은 1970년대의 민주당 정치에 특히 깊은 상처를 입혔다. 단적으로 말하면, 당시의 민주당은 남부 보수세력의 이탈을 절반은 체념하면서도 뉴딜 이래 백인종 노동자로부터 얻었던 표를 유지했는데, 여기에 더해 시민권 운동을 지지하는 도시 자유주의자와 흑인 표를 새로운 기반으로 편입시키고자 모든 힘을 쏟았다. 하지만 이러한 전략은 적극적 우대조치와 버스 통학에 의해 파멸적인 타격을 받았다.

1972년 대통령선거와 그 이후

1972년 11월 치러진 대통령선거에서는 일반 투표에서 60.7%를 득표한 현직 대통령 닉슨이 압도적인 승리를 거두었다. 민주당의 대통령 후보 조지 맥거번(George McGovern)[19]은 전통적인 자유주의-노동자 연합을 모색했지만, 결국 AFL-CIO는 공화당과 민주당 양대 정당 가운데 어느 쪽의 후보도 지지하지 않

---

18 미국 예일 대학에서 박사학위를 취득했으며 현재 프린스턴 대학 명예교수이다. 주요 저서로
    Atlantic Crossings: Social Politics in a Progressive Age(2000), *Age of Fracture*(2011) 등
    이 있다._옮긴이
19 1922년 사우스다코타주에서 출생했으며, 노스웨스턴 대학에서 박사학위를 취득하고 교수
    로 활동했다. 그 이후 하원의원(1957.1~1961.1), 상원의원(1963.1~1981.1) 등을 역임했다.
    주요 저서로 *War Against Want: America's Food for Peace Program*(1964), *The Essential
    America: Our Founders and the Liberal Tradition*(2004) 등이 있다._옮긴이

았다. 그 결과 닉슨은 조지 월리스의 지지기반이었던 최남부 5개 주를 제압했을 뿐만 아니라 매사추세츠와 워싱턴 D. C.를 제외한 49개 주 전체에서 선거인을 획득했다. 승리를 거둔 요인은 베트남에서 병력 철수 정책이 광범위하게 지지를 받았던 것에 더해 기존 민주당의 표밭이던 백인 노동자의 표를 대거 획득한 데 있었다. 닉슨은 공화당의 보수계 후보이면서 노동조합 표의 54%, 비숙련 노동자 표의 57%를 확보했다. 잊힌 사람들의 대다수는 결국 보수적인 공화당 정치의 지지자가 되었던 것이다.

그러나 이 완벽한 승리로부터 겨우 수개월 후에 닉슨은 스캔들에 휩싸여서 꼼짝 못하는 처지에 내몰렸다. 대통령선거 기간 중에 공화당 진영이 민주당 사무소를 몰래 도청했다는 의혹이 제기되었기 때문이다[일명 워터게이트 스캔들(Watergate scandal)]. 또한 시간이 흐르면서 닉슨 대통령 자신이 관여했다는 사실을 명백해짐에 따라 1974년 8월 하원에 의한 대통령 탄핵이 성사되기 직전에 닉슨은 스스로 백악관을 떠났다. 베트남에서 패배한 시기 및 미국 제국이 군사적·경제적으로 후퇴한 시기와 겹치는 이 사건은 미국 정부와 관료 기구에 대한 미국 국민의 신뢰를 크게 실추시켰다.

또한 이러한 워터게이트 사건을 발생시킨 정부에 대한 의구심은 경제 악화라는 배경 아래에서 복지국가(큰 정부)와의 결별이라는 일반적인 경향을 더욱 가속화시켰다. 1970년대에는 이른바 경제적 자유지상주의자[20]가 대두했는데, 이 같은 시장 숭배 사상이 미국 대중 사이에 광범위하게 규범화되었다. 일반적으로 사회적인 것에 대한 지적 관심은 옅어졌고, 그 결과 1970년대의 비평가 톰 울프(Tom Wolfe)[21]가 "자기중심주의 시대("Me" Decade)", 크리스토퍼 래시

---

20 자유의지주의자로 일컬어지기도 한다. 자유주의를 강조하고 정치적 자유와 자율성의 극대화를 추구하며 선택의 자유, 자발적 결사 같은 개인의 권리를 중시한다._옮긴이
21 1930년 버지니아주 리치몬드에서 출생했으며, 예일 대학에서 박사학위를 취득했다. 미국의 언론인이자 소설가, 작가로 활약했으며, 주요 저서로 *The New Journalism*(공편, 1973) 등이 있다._옮긴이

(Christopher Lasch)[22]가 "나르시시즘(narcissism)의 문화"[23]라고 불렀던 바와 같이 내향적인 개인주의가 매우 창궐했다. 반면 국가의 힘을 이용해서 사회 개량을 추진하는 혁신주의 이래의 자유주의 프로젝트는 대체로 환경 보호라는 새로운 분야를 제외하면 전혀 인기가 없어졌다. 테크노크라트(기술관료)가 국가를 통치하는 데 대한 대중의 반감은 뿌리 깊었다. 한편으로 대니얼 로저스가 말하는 파쇄, 즉 뉴딜적인 사회 통합의 해체를 정신적으로 보전하는 방안으로 종교 원리주의와 같은 반주지주의의 보수 사상이 인기를 모으기도 했다. 미국은 이제까지 공론의 중심에 있었던 사회 및 경제 문제와 관련해 낙태 반대(가족 및 성 이데올로기), 범죄와 마약 반대(법과 질서) 등의 문화적인 문제만 목소리 높여 언급하는 새로운 보수주의의 시대로 돌입하고 있었다.

---

22 1932년 네브래스카주 오마하에서 출생했으며, 로체스터 대학 역사학 교수 등을 역임했다. 주요 저서로 *The New Radicalism in America*(1965), *The Revolt of the Elites and the Betrayal of Democracy*(1996) 등이 있다._옮긴이

23 크리스토퍼 래시는 1979년 대표적인 저서 『나르시시즘의 문화(The Culture of Narcissism)』를 출간한 바 있다._옮긴이

맺음말

1973년: 20세기의 꿈과 그 이후

이 책은 20세기의 첫해인 1901년부터 시작해 1973년까지를 집필 범위로 삼고 있다. 워터게이트 사건이 일어났던 1973년은 미국사에서 커다란 분기점이었기 때문이다. 그리고 이 해를 경계로 이제까지 논해왔던 20세기 아메리칸 드림, 즉 미국 사회에서 빈곤과 불평등을 없애고 세계 사람들에게도 자유와 풍요로움을 나눠주려던 분투와 관련된 이야기는 상당히 다른 형태의 패러다임으로 전환된 것으로 보인다.

우선 1973년 1월에는 베트남 평화를 위한 파리 협정이 체결되었고 그 직후에 징병 중지가 고지되었다. 이 결정은 미국 정부가 징병 카드를 꺼낼 때 애먹였던 반전 학생에게 양보를 한 것이 아니었다. 닉슨 정권은 처음 발족했던 1969년 3월 이래, 대통령 직속 전지원병위원회[1][일명 게이츠위원회(Gates Commission)]라는 자문기관을 통해 징병의 중지를 검토해 왔다. 이 위원회를 책임지고 관리했던 인물이 저명한 신자유주의 경제학자 밀턴 프리드먼(Milton Friedman)[2]이

---

1 Commission on an All-Volunteer Armed Force를 일컫는다. _옮긴이
2 헝가리에서 미국으로 이주한 유대인 가정에서 1912년 출생했으며, 컬럼비아 대학에서 박사 학위를 취득했다. 그 이후 컬럼비아 대학, 시카고 대학 등에서 교수를 역임했고, 전미경제연

었다. 프리드먼은 징병제에 대해 관료국가가 국민을 강제적으로 징용하는 것이라고 비판하면서 병사를 모집하는 것은 자유로운 시장에서 개인의 선택을 매개로 실행되어야 한다고 주장했다. 또한 모병을 시장화함으로써 정부의 재정 부담을 줄여야 하며(즉, 작은 정부 지향), 한편으로는 이를 통해 병사에게 더욱 높은 급료를 지급하도록 보장할 수 있다고 설명했다.

하지만 이러한 지원제로 변경하는 것은 제1차 세계대전에서 징병을 실시한 이래 군사 봉사와 완전한 시민권을 결부시켜 온 20세기의 사회적인 국민국가의 기본 구조를 뒤흔드는 것이었다. 여성과 흑인은 군무, 그중에서도 특히 총을 소지하고 수행하는 전투 임무에서 자신들이 역사적으로 제외되어 온 것이 자신들의 종속적인 지위와 불가분의 관계에 있다고 생각해 왔다(사실 전미여성기구는 오늘날에도 군무의 평등을 강력하고 호소하고 있다). 그런데 '지원병만으로 구성된 군대'(All-Volunteer Force: AVF_옮긴이)를 만들기 위한 첫째 연도에는 응모자 가운데 흑인의 비율이 인구 비율의 3배 이상에 달했다. 비판적인 논자는 이것을 빈자의 징병이라고 부르기도 했다. 어쨌든 이는 미국이라는 국가와 시민의 관계가 근본적으로 변화하고 있음을 보여주는 것이었다.

1973년 초에는 그밖에도 인상적인 사건이 아주 많이 일어났다. 징병 중지와 마찬가지로 1973년 1월에 낙태의 합법성을 알리는 대법원 판결['로 대 웨이드(Roe v. Wade) 재판']이 내려졌고, 2월에는 미국인디언운동(AIM)이 과거 원주민 대량학살의 무대였던 운디드니를 점거하는 일이 벌어졌다. 이러한 권리의식 차원의 정치 시위가 군사 봉사의 시장화와 동시에 행해졌다는 사실은 매우 흥미롭다. 또한 주목해야 할 것은 1973년 초에 최남부에서 2명의 흑인 출신 연방 하원의원[3]이 탄생했다는 것인데, 이것은 1901년 조지 화이트가 의석을 상실한

구소(National Bureau of Economic Research: NBER) 등에서 활약했으며, 1976년 노벨 경제학상을 수상했다. 주요 저서로 *Capitalism and Freedom*(1962), *Free to Choose*(1980) 등이 있다._옮긴이

3   1973년 1월 3일부터 임기를 시작한 흑인 출신 연방 하원의원은 모두 6명으로, 패런 미첼

이래 72년 만의 일이었다. 지방 수준에서도 클리블랜드, 디트로이트, 애틀랜타에서 차례로 흑인 시장이 탄생했으며, 1970년대 중엽의 남부에서는 흑인 출신의 공직자 수가 2000명을 넘었다. 시민권 운동이 개척해 낸 형식적인 평등은 일부 여성과 흑인 엘리트의 지위를 현저하게 향상시켰다. 원래 이러한 현상은 자유로운 시장에서의 개인의 선택이라는 신시대의 풍조와 친화적이기도 했다.

하지만 이러한 상황 전개는 도시 중심부에 모여 살고 있던 흑인 빈곤층이 겪는 사회적 소외와 밀접한 관계가 있는 것이기도 했다. 1973년 6월, 제6장에서 언급한 버스 통학과 관련해 대법원에서 '키즈 대 덴버 제1학교 재판'의 판결이 내려졌다. 이 판결에서는 북부 도시에서도 학교의 인종 통합을 추진하기 위해 강제적인 아동 교환을 요구했다. 하지만 이미 다룬 바와 같이 이 정책은 백인 시민들로부터 폭력적인 반발을 야기했다. 그리고 당시 사회적인 평등, 즉 게토로부터의 탈출을 바라는 흑인 주민들은 이러한 반발에 대항할 수 있는 충분한 사회적 자원을 갖고 있지 않았다. 시민권 운동이 소수자 개인으로서의 권리혁명을 쟁취했던 것은, 이 운동이 노동조합과 겪은 마찰을 보면 명백해지는 것처럼, 역사적인 복지국가가 지닌 고유의 집합성을 훼손시켰다. 이때 이질적인 생활문화 속에 살고 있는 타자로서의 빈자로 새롭게 인종화되었던 흑인 빈곤층과 싱글맘 같은 경제적 약자는 어찌할 도리가 없었다. 오히려 1970년대에 흑인 엘리트와 슈퍼우먼이 등장한 것은 복지국가의 와해와 시장 원리주의가 만들어낸 새로운 격차와 소외를 감추는 효과를 갖고 있었을지도 모른다.

그렇다고 해서 사회적인 자원 또는 사회자본을 상실한 것이 오로지 소수자에게만 재난을 입힌 것은 아니었다. 이것은 미국 경제의 침체와 변질을 빼놓고는 논할 수 없다. 1973년은 미국 달러의 신용이 하락하고 외환시장이 변동상장제로 이행된 해이기도 했다. 또한 이 해의 10월, 미국 경제는 이른바 석유 위기의

(Parren Mitchell), 찰스 랭걸(Charles Rangel), 이본 버크(Yvonne Burke), 바버라 조던(Barbara Jordan), 앤드루 영(Andrew Young), 카르디스 콜린스(Cardiss Collins) 등이다._옮긴이

충격을 받았다. 원유 가격은 단번에 4배로 치솟아 올랐고 물가 전체의 인플레이 선율도 이듬해인 1974년에 11.02%에 도달했다. 또한 이 시기에 대니얼 벨이 언급한 바와 같이 재화를 생산하는 사회에서 서비스 사회로의 이행, 즉 탈공업화의 흐름이 현저해졌으며, 1980년대에 진입할 때까지 철강과 자동차를 중심으로 30만 개의 일자리가 사라졌다. 버스 통학에 격렬하게 반발했던 북부 도시의 백인 노동자 대다수는 장기간의 인플레이션으로 궁핍한 상황에 내몰렸다. 오늘날 러스트벨트[4] 문제로 알려져 있는 제조업의 쇠퇴가 이미 시작되었던 것이다. 하지만 이러한 상황에도 불구하고 정부의 시장 개입은 기피되었으며 노동조합의 조직율도 16%(1981년 기준)까지 급락했다. 사람들은 여전히 개인의 선택을 최대화하는 시장제일주의를 지지했으며, 또한 인종주의를 내포하는 보수적인 문화 담론을 열심히 소비했다.

이러한 의미에서 1973년에 기독교 복음주의파의 짐 베이커(Jim Bakker)[5] 목사가 TV 설교 방송에 참여한 것은 우연이 아니었다. 1970년대 이래 미국에서는 종교 보수 및 반시민권 운동 논객이 TV와 라디오를 통해서 자신들의 주장을 유포하는 것이 일반화되었다. 베이커 목사의 프로그램은 나중에 로널드 레이건(Ronald Reagan)의 절친한 친구로 이름을 떨친 제리 폴웰[Jerry Falwell,[6] 모럴 머조리티(Moral Majority)[7] 회장]을 출세하게 만든 것으로도 알려졌다. 그밖에도 1973년에는 이글 포럼(Eagle Forum)[8]이라는 보수계 여성운동을 창시한 필리스 슐래

---

4 공장벨트(Factory Belt) 또는 철강벨트(Steel Belt)로 표기하기도 한다. 미국의 중서부 지역과 북동부 지역을 일컫는 명칭으로, 미국 자동차 산업의 중심지 디트로이트, 철강 산업의 중심지 피츠버그를 중심으로 시카고, 버펄로, 볼티모어, 신시내티, 필라델피아 등이 포함된다. _옮긴이

5 1940년 미시건주에서 출생했으며, 기독교 복음주의파 TV 프로그램 등에서 장기간 사회자로 활약했다. 주요 저서로 *I Was Wrong*(1996) 등이 있다. _옮긴이

6 1933년 버지니아주에서 출생했으며, 침례교 목사로 기독교 근본주의파의 대표적인 인물이다. 주요 저서로 *The Fundamentalist Phenomenon*(1981) 등이 있다. _옮긴이

7 '도덕적 다수'로 번역되며, 1979년 창설되어 1980년대 말에 해체되었다. 기독교 우파(기독교 보수주의)와 공화당 세력 간의 연대를 도모했으며, 신기독교 우파가 형성되는 데 중요한 역할을 수행했다. _옮긴이

플리(Phyllis Schlafly)⁹가 라디오에 출연하기 시작했다. 슐래플리는 전통적인 성별 역할을 지지하는 여성의 입장에서 철저하게 ERA를 공격했다. ERA 조항을 각 주에서 비준해야 하는 기한은 처음에 1979년으로 간주되었지만 그 이후 1982년까지 연장하는 것이 인정되었다. 하지만 최종적으로 통과하기 위해서는 전체 50개 주의 3/4, 즉 38개 주에서 비준을 받아야 했는데 3개 주가 미달되어 폐안되었다. 사태가 여기에 이르자 사회적인 평등은커녕 1960년대에 쟁취한 권리혁명의 성과를 유지하는 것조차 쉽지 않은 보수의 시대가 시작되었다.

20세기 아메리칸 드림

이 책은 20세기 초의 혁신주의가 미국의 자유와 민주주의에 사회적인 영역을 찾아냈다는 점에 주목하면서 집필했다. 그리고 20세기 초부터 약 70년 동안의 시기와 관련된 미국 통사(通史)를 써내려가면서도 다른 한편으로는 이 문제를 계속 추적해 왔다. 이 과정에서 다음과 같은 몇 가지 사항이 명백해졌다.

첫째, 사회적인 것에 대한 관심이 같은 시기 미국에서의 국민의 형성과 겹쳐졌을 때 독특한 민족적·인종적 사회질서를 만들어냈다는 점이다. 이것은 20세기 최초의 4반세기(25년) 동안 제정된 일련의 이민 제한법과 인종 격리의 전국화 현상에서도 명백했다. 또한 동일한 문제를 젠더와 결부해 논할 때면 거의 예외 없이 전시대적인 모성주의를 호소했으며, 이것을 일반적인 복지 차원에서 통합하는 것은 매우 어려워졌다.

둘째, 역사적으로 사회적인 것과 빈곤의 문제에 대처했던 뉴딜은 노동조합, 업계 단체, 농협 조직 등으로 구성되는 경제 안전의 다원적 레짐을 형성했다는 점이다. 이것은 물질주의적인 분배에 기초한 사회 통합이라는 의미에서 인종과

---

8 1972년에 설립되었으며 현재 약 8만 명의 회원을 보유하고 있다._옮긴이
9 1924년 미주리주에서 출생했으며, 여성 변호사와 보수주의 운동가로 활약했다. 주요 저서로 *A Choice Not an Echo*(1964), *The Conservative Case for Trump*(공저, 2016) 등이 있다._옮긴이

젠더 차원에 대해서는 중립이었지만 현존하는 차별에 대해서는 부작위로 대응할 수밖에 없었다.

셋째, 이 때문에 흑인과 여성의 권리를 요구하는 운동이 이른바 뉴딜을 타파하는 형태로 대두했다는 점이다. 뉴딜의 사회 정책이 소수자의 권리의식을 자극하고 그들의 운동을 육성한 측면도 적지 않다. 또한 뉴딜의 사회민주주의적인 에토스[10]를 지지했던 도시 지역의 자유주의자 가운데 다수는 자주 시민권 운동의 헌신적인 후원자가 되었다. 하지만 그럼에도 불구하고 제2차 세계대전 이후의 민주당 자유주의 세력은 시민권 운동을 복지국가의 비전에 포함시키거나 내부화하지 못했다. 그리고 그 결말은 1960년대 말 뉴딜 연합이 와해되는 것으로 끝을 맺었다.

넷째, 앞에서 언급한 세 가지 논의는 모두 미국의 대외 팽창과 밀접하게 관련되어 있었다는 점이다. 혁신주의 시기의 사회 정책 가운데 다수는 쿠바와 필리핀에서도 실시되었는데, 오히려 식민지에서 선행적으로 시도되었던 정책이 미국 본국으로 역수입되는 사례가 적지 않았다. 20세기의 국민 형성은 미국 국경의 바깥(즉, 제국)에서 이루어졌다고 해도 과언이 아닐 것이다. 또한 이러한 미국 내부와 외부의 상호보완적인 관계는 냉전 시기의 해외 원조와 미국 내 복지정책 간의 관계에서도 살펴볼 수 있다. 제3세계에 대한 원조 가운데 인재 육성과 경제개발에 대한 노하우가 1960년대에 미국으로 환류되어 북부 도시에서 빈곤과의 전쟁을 형성했던 것이다.

다섯째, 이러한 혁신주의와 뉴딜의 개혁이 사회에 정착되는 과정에서는 두 차례의 세계대전이 결정적으로 중요했다는 점이다. 제1차 세계대전 시기에는 미국 내의 프로파간다에서부터 노동정책에 이르기까지 혁신주의 개혁에 의한 축적이 원용되었다. 그리고 동시에 혁신주의에 내포되었던 민족적·인종적인 국민관이 전시 동원에 반영되는 가운데 미국화, 인종 격리 등의 20세기적인 배

---

10 특정 집단과 사회의 정신 또는 기풍을 의미한다._옮긴이

제와 포섭의 사회규범이 광범위하게 수용되었다.

사회개혁과 총력전의 관계는 제2차 세계대전에서도 마찬가지여서 그 직전 시기의 뉴딜 개혁과 전시정책을 분리해서 생각하는 것 자체가 어렵다. 또한 뉴딜에 포함되었던 다양한 경제 사상 중에서 케인즈류의 재정 정책이 국책으로 선택되는 과정은 전쟁과 전후 세계전략의 맥락을 파악하지 못하면 이해할 수 없다. 제2차 세계대전 이후의 미국은 결핍으로부터의 자유 및 근대화론이라는 이름 아래에서 경제성장의 정책 패키지를 유럽 부흥과 제3세계 개발을 향해 수출했던 것이다.

여섯째, 미소 냉전 또한 일종의 외적 압력을 미국 국내 정치에 계속 미쳤다는 점이다. 미국이 민주적인 복지국가를 형성하는 것은 소련에 대해 군사적·이데올로기적 우위를 유지하는 데서도 필요한 일이었다. 미국 내의 인종 차별을 철폐하려는 움직임이 냉전 구조 속에서 시작된 것은 상징적인 사건이었다. 단적으로 말해 1950년대부터 1960년대까지 냉전의 전성기는 복지국가로서의 미국의 절정기이기도 했다. 이 기간 동안 미국은 전통적인 제국주의를 부정하고 영토적인 지배를 최소화한 비공식제국으로 향해 나아갔다. 하지만 냉전의 현실은 서방 세계를 망라하는 고도로 무장된 기지 네트워크를 구축하게 만들었고 그 대다수가 오늘날에도 유지되고 있다. 냉전이 종식된 이후 지금도 미국은 제국의 면모를 상실하지 않고 있다.

이 책의 논의를 돌아본 뒤 다시 질문해야 하는 것은 이러한 20세기의 미국 이야기가 21세기 현재의 문제에 유용하게 참조할 수 있는 사항인가 하는 것이다. 공교롭게도 이 책은 뉴딜 연합의 붕괴와 비극적인 버스 통학의 실패로 논의를 마쳤다. 이 책의 머리말에서 시어도어 루스벨트가 어려움을 겪었던 인종의 장벽을 초월한 사회적 평등의 문제는 조금이라도 앞을 향해 전진했을까? 물론 이 책에서는 NAACP와 CIO에 모였던 용감한 백인과 유색인의 헌신에도 주목해왔다. 이민가의 인보관에서 생애를 바쳤던 여성들, 제1차 세계대전에 출정했던 흑인 병사들, ERA를 지향했던 여성해방운동의 투사들, 아시아의 농촌과 미국

도시의 게토에서 봉사했던 자원봉사 학생들 등의 분투 속에서 미국 사회의 위대함을 엿볼 수 있다는 생각도 든다.

하지만 한편으로 우리는 지금도 미주리주 퍼그슨에서 경찰이 흑인 소년[11]을 사살한 사건(2014), 버지니아주 샬러츠빌에서 개최된 백인지상주의 집회[12]에서 폭동이 일어나 1명의 사망자[13]가 발생한 사건(2017) 등을 보도를 통해 계속 접하고 있다. 풍요로운 생활수준과 사회적 평등을 희구했던 20세기 아메리칸 드림은 과감한 모험과 장대한 사회 실험을 만들어냈다. 하지만 그 성과를 모두 긍정적으로 파악하기에는 현 상황이 매우 엄정하다. 이 책의 결론을 안이한 해피 엔딩으로 묘사할 수 없었던 까닭이 바로 여기에 있다.

세 차례 출현한 잊힌 사람들

2017년 1월 20일, 제45대 미국 대통령에 취임한 도널드 트럼프는 의회에서 다음과 같이 말했다.

> …… 우리나라 수도의 소수 집단은 너무 오랫동안 정부로부터 보상을 받아왔고 국민들은 그 비용을 부담해 왔습니다. …… 정치인들은 번영했지만 일자리는 사라지고 공장은 문을 닫았습니다. …… (오늘은) 국민이 다시 이 나라의 통치자가 된 날로 기억될 것입니다. 우리나라의 잊힌 남성들과 여성들은 더 이상 잊히지 않을 것입니다.

이 연설의 전체적인 논조는 과거 1960년대에 최남부에서 세력을 확장했던 포퓰리스트 정치가의 논조와 매우 흡사하다. 하지만 이것은 미국 전역에서 과반수의 지지를 얻었던 대통령의 연설이었다. 그리고 트럼프의 연설은 이 책에

---

11 10대 흑인 소년 마이클 브라운(Michael Brown)을 일컫는다._옮긴이
12 2017년 8월 11일부터 12일까지 개최된 'Unite the Right' rally를 일컫는다._옮긴이
13 이 집회에 반대하는 모임에 참가했던 헤더 하이어(Heather Heyer)를 일컫는다._옮긴이

서 살펴본 프랭클린 루스벨트, 리처드 닉슨에 이어 대통령으로는 세 번째로 잊힌 사람들이라는 레토릭을 활용했다. 1933년과 1968년에 출현한 잊힌 사람들은 시대를 바꾸는 거대한 힘을 갖고 있었다. 그렇다면 2017년에 출현한 남성들과 여성들은 어떠할까? 이번에 출현한 잊힌 사람들이란 도대체 누구를 지칭하는 것일까? 그 자체가 다가오는 2020년의 대통령선거를 점치는 데 중요한 논점이 될지도 모른다.[14]

어쨌든 우리는 1973년에 종결된 20세기 아메리칸 드림 이후의 시기를 지금까지 살아가고 있다. 그 이후의 미국과 세계는 새로운 꿈을 갖고 있을까? 아마도 1990년대에 이루어진 냉전의 종식은 다음에 도래할 시대의 커다란 전환이 될 것이다. 그때가 되면 20세기 아메리칸 드림은 충분히 극복되어 있을까? 그 대답은 '새 미국사' 시리즈 제4권의 현대사를 서술하는 부분에서 밝혀질 것이다.

---

14 2020년 대통령선거에 대한 주요 연구로는 다음을 참조하기 바란다. 久保文明·金成隆一, 『アメリカ大統領選』(岩波新書, 2020); William Crotty, ed., *The Presidential Election of 2020: Donald Trump and the Crisis of Democracy*(Lexington Books, 2021); John Sides, Chris Tausanovitch and Lynn Vavreck, *The Bitter End: The 2020 Presidential Campaign and the Challenge to American Democracy*(Princeton University Press, 2022); Scott E. Buchanan and Branwell DuBose Kapeluck, eds., *The 2020 Presidential Election in the South*(Lexington Books, 2023); Joseph A. Coll and Joseph Anthony. eds., *Lessons Learned from the 2020 U. S. Presidential Election: Hindsight is 2020*(Palgrave Macmillan, 2024)._옮긴이

지은이 후기

　필자의 기억이 틀리지 않다면 '새 미국사' 시리즈 각 권의 저자와 담당 편집자 여러 사람이 처음으로 한자리에 모인 것은 2017년 초에 가진 집필자 회의에서였다. 직전에 도널드 트럼프 정권이 들어선 데 대해 모두 충격을 받아 회의를 마친 이후의 저녁식사 때에도 이 사건이 화제가 되었던 기억이 떠오른다. 그리고 전체 4권으로 구성된 '새 미국사' 시리즈 중에서 제3권에 해당하는 이 책을 간행하는 지금, 미국 각 정당의 토론회가 본격화되는 등 차기 미국 대통령선거를 앞두고 선거전이 시작되고 있다.[1] '새 미국사' 시리즈는 분명히 2010년대 후반의 트럼프 정권의 시기라는 시점으로부터 미국의 과거에 초점을 맞춰 향후의 전망을 모색하고자 하는 시도이다.

　그런데 앞에서 언급한 집필자 회의에서 우선 확인한 사항은 각 권은 집필자의 전문 주제에만 그치지 않는 통사로 구성된다는 것이었다. 이 점에 관해 필자가 유의했던 것은 최대한 시계열에 따라 서술하는 것이었다. 20세기의 미국에서는 다양한 사상조류와 사회운동이 때로는 결부되고 때로는 독자적인 논리에 입각해 흥하거나 쇠퇴했는데, 이러한 전개를 통시적으로 관측하는 것이 아니라

1　이 대통령선거는 2020년 11월 3일 실시되었으며, 2021년 1월 6일에 조 바이든(Joe Biden)이 미국의 제46대 대통령으로 당선되었다. _옮긴이

특정 연대별로 분절하고자 했으며 또한 동일한 시대의 다른 문제와의 횡적 연계를 강조하고자 했다. 각각의 시기에 특유한 정치적·사회적 환경과 전제가 되는 여러 조건을 부각시킴으로써 이 책이 대상으로 삼았던 70년간의 변화의 양태를 규명해야 한다고 생각했기 때문이다.

그런데 막상 집필을 시작하고 보니 지면에 20세기 미국을 모두 써내는 것은 도저히 불가능했고 고찰의 대부분은 무엇을 쓰지 않아도 될까라는 고통스러운 선택을 하는 데 소요되었다. 또한 필자 자신의 지식과 연구의 축적이 분야에 따라 고르지 못하다는 점도 문제였다. 주제와 시대에 따라서는 안팎의 선행 연구에 크게 의존한 부분도 많다. 동료 역사학자들의 뛰어난 업적의 일부는 책 말미의 참고문헌에 실었는데, 모든 자료를 망라할 수는 없었다. 주석 표기가 충분하게 이루어지지 못한 점은 아쉬움으로 남지만 책의 특성을 감안해 넓은 마음으로 이해해 주기를 바란다.

또한 이 책의 초교 단계에서 간사이 미국사연구회의 동료인 야마즈미 도루, 사토 나쓰키, 우치하 마사시 세 사람은 자신의 전문 분야를 중심으로 상호 검토를 해주었다. 모두 매우 예리하고 건설적인 조언을 해주었다. 이 지면을 빌려 감사를 전한다.

마지막으로 편집부의 나카야마 에이키와 교정자에게도 신세를 졌다. 나카야마의 편집자 근성을 느끼게 했던 막판 전력질주가 없었다면 필자는 아직 아무것도 만들어내지 못했을 것이다. 마음으로부터 경의와 사의를 표한다.

옮긴이 후기

역사적으로 한미 관계는 정치적 자율성을 포함해 민주주의 가치를 공유하는 중요한 이웃이면서 수레의 두 바퀴와 같은 밀접한 관계를 맺어왔다. 이러한 측면에서 미국의 역사를 심층적이고 포괄적으로 이해하는 것은 한반도의 평화와 번영은 물론 동아시아와 세계의 발전 과정을 관찰하고 조망하는 데서도 반드시 필요하다.

이 책 『20세기 아메리칸 드림: 전환기부터 1970년대까지』는 일본의 이와나미 쇼텐사에서 출간하고 전체 네 권으로 구성된 '새 미국사' 시리즈의 제3권으로, 1970년대까지의 미국 역사를 매우 독창적인 시각에서 다루고 있는 역작이다. '새 미국사' 시리즈는 다음과 같이 구성되어 있다.

第1권 『미합중국의 탄생: 19세기 초까지』
第2권 『남북전쟁의 시대: 19세기』
第3권 『20세기 아메리칸 드림: 전환기부터 1970년대까지』
第4권 『글로벌 시대의 미국: 냉전 시대부터 21세기까지』

이 책의 서술 범위는 새로운 사회문제에 직면해 복지국가화(즉, 제국화)한 미국이 냉전으로 인해 변화를 맞이한 1970년대까지이다. 공업화와 대중사회화를 맞이하는 가운데 빈부격차, 빈곤 등의 새로운 문제에 직면했던 20세기의 미국은 뉴딜로 상징되는 사회적인 복지국가로 변모해 나아갔다. 하지만 이것은 동시에 두 차례의 세계대전을 거쳐 제국화로 나아가는 길이기도 했다. 또한 이 책은 베트남 전쟁과 닉슨 쇼크에 의해 냉전이 변화를 맞이하는 1970년대까지를 구체적으로 서술하고 있다.

이 책은 인물 위주의 역사 또는 정권 중심의 역사에 치중되기 쉬운 미국사를 통합과 분열의 거시적인 동학을 통해 규명한다는 '새 미국사' 시리즈의 관점에 입각해 독창적으로 서술하고 있다. 특히 미국과 영국에서 이루어지는 미국사 연구와 담론이 인종적·문화적 편견에 치우칠 수 있는 단점을 지니고 있는 반면, 이 책의 저자가 일본 학계를 대표하는 '미국 근현대사' 분야의 전문가라는 점은 사재(史才, 미시적 사론과 거시적 사관을 초월해 역사 지식을 쌓은 사학자의 재능)를 담보하므로 학술적 차별성이 두드러진다.

이 책을 옮기면서 세 가지 측면을 중시했다. 첫째, 일반 독자들이 쉽게 이해할 수 있도록 생소한 용어에는 영어를 비롯한 다른 언어를 병기해 정확성을 추구했다. 둘째, 본문 내용에 설명이 필요한 항목에는 '옮긴이 주'를 추가했다. 셋째, 부연 설명이 필요한 경우에는 독자들의 이해를 돕고자 부기했으며 원서에서 일부 오기가 있던 내용을 바로잡아 정확성을 기했다.

무엇보다 어려운 여건 속에서도 이 책이 세상에 나올 수 있도록 물심양면으로 지원해 준 한울엠플러스(주)의 김종수 사장님, 그리고 출간을 위한 제반 작업에 노력을 기울여준 모든 분에게 진심으로 감사를 전한다. 모쪼록 이 책을 통해 독자들이 20세기 아메리칸 드림 시기의 미국의 역사와 그 이후의 흐름을 심층적으로 파악할 수 있기를 바라며, 이 책이 미래의 역동적인 한반도 시대를 조망하고 대비하는 데 조금이라도 도움이 되기를 진심으로 기원한다.

2024년 9월

이용빈

도표 자료 및 약어

도표 자료

책 첫머리 지도: 貴堂嘉之, 『南北戰爭の時代』(シリーズアメリカ合衆國史②)의 책 첫머리 지도를 토대로 작성
제2장 맨 앞쪽: Courtesy of the Skirball Museum
그림 4-1: *Impounded: Dorothea Lange and the Censored Images of Japanese American Internment*(W. W. Norton, 2006).
제6장 맨 앞쪽: 미국 의회도서관(Library of Congress)

약어

AAA	Agricultural Adjustment Act
ACLU	American Civil Liberties Union
ADC/AFDC	Aid to Dependent Children/Aid to Families with Dependent Children
AEC	Atomic Energy Commission
AFL	American Federation of Labor
AUAM	American Union Against Militarism
CCC	Civilian Conservation Corps
CFR	Council on Foreign Relations
CIA	Central Intelligence Agency
CIO	Congress of Industrial Organizations
CPI	Committee on Public Information
EEOC	Equal Employment Opportunity Commission
ERA	Equal Rights Amendment
FBI	Federal Bureau of Investigation
FEPC	Fair Employment Relief Administration
IPR	Institute of Pacific Relations
KKK	Ku Klux Klan
LWV	Leagues of Women Voters
NAACP	National Association for the Advancement of Colored People
NAWSA	National American Woman Suffrage Association
NCL	National Consumers League
NIRA	National Industrial Recovery Act of 1933
NOW	National Organization for Women
NRA	National Recovery Administration
NRPB	National Resources Planning Board
NSC	National Security Council
NWLB	National War Labor Board
NWP	National Woman's Party

NYA	National Youth Administration
OWI	Office of War Information
SCLC	Southern Christian Leadership Conference
SDS	Students fro a Democratic Society
SNCC	Student Nonviolent Coordinating Committee
TVA	Tennessee Valley Authority
UNIA	Universal Negro Improvement Association
VISTA	Volunteers in Service to America
WCTU	Woman's Christian Temperance Union
WIB	War Industries Board
WILPF	Women's International League for Peace and Freedom
WPA	Works Progress Administration, 1939년 이래 Work Projects Administration
YMCA	Young Men's Christian Association

참고문헌

秋元英一·菅英輝. 2003. 『アメリカ20世紀史』, 東京大學出版會.

有賀貞·大下尚一·志邨晃佑·平野孝 編. 1993. 『世界歴史大系 アメリカ史2 1877~1992年』, 山川出版社.

生井英考. 2006. 『空の帝國 アメリカの20世紀』, 講談社.

入江昭. 2000. 『20世紀の戰爭と平和』增補版, 東京大學出版會.

紀平英作 編. 1999. 『新版世界各國史24 アメリカ史』, 山川出版社.

紀平英作. 2010. 『歴史としての'アメリカの世紀': 自由·權力·統合』, 岩波書店.

佐々木卓也 編著. 2011. 『ハンドブック アメリカ外交史: 建國から冷戰後まで』, ミネルヴァ書房.

オリヴィエ·ザンズ 著. 有賀貞·西崎文子 譯. 2005. 『アメリカの世紀: それはいかにして創られたか?』, 刀水書房.

常松洋·松本悠子 編. 2005. 『消費とアメリカ社會: 消費大國の社會史』, 山川出版社.

エレン·キャロル·デュボイス, リン·デュメニル 著. 石井紀子 外 譯. 2009. 『女性の目から見たアメリカ史』, 明石書店.

中野耕太郎. 2015. 『20世紀アメリカ國民秩序の形成』, 名古屋大學出版會.

中野聰. 2007. 『歴史經驗としてのアメリカ帝國: 米比關係史の群像』, 岩波書店.

エリック·フォーナー 著. 横山良 外 譯. 2008. 『アメリカ自由の物語: 植民地時代から現代まで』上·下, 岩波書店.

古矢旬. 2002. 『アメリカニズムー: '普遍國家'のナショナリズム』, 東京大學出版會.

マイケル·J.ホーガン 編. 林義勝 譯. 2005. 『アメリカ大國への道: 學説史から見た對外政策』, 彩流社.

松本悠子. 2007. 『創られるアメリカ國民と'他者': 'アメリカ化'時代のシティゾンシップ』, 東京大學出版會.

村田勝幸. 2007. 『'アメリカ人'の境界とラティーノ·エスニシティ: '非合法移民問題'の社會文化史』, 東京大學出版會.

Cowie, Jefferson. 2016. *The Great Exception: The New Deal and the Limits of American Politics*, Princeton University Press.

Fraser, Steve and Gary Gerstle. eds. 1989. *The Rise and Fall of the New Deal Order, 1930-1980*, Princeton University Press.

머리말

Gould, Lewis L. 2011. *The Presidency of Theodore Roosevelt*, 2nd ed., University Press of Kansas.

Roosevelt, Theodore. 1901. "State of the Union Address of Theodore Roosevelt, December 3, 1901 to the Senate and House of Representatives."

제1장

金井光太朗. 2015. "アメリカン·システムのマニフェスト: ヨーロッパ公法秩序とモンロー·ドクトリン", ≪アメリカ研究≫ 49.

關西アメリカ史研究會 編著. 1973. 『アメリカ革新主義史論』, 小川出版.

平體由美. 2007.『連邦制と社會改革: 20世紀初頭アメリカ合衆國の兒童勞動規制』, 世界思想社.

松原宏之. 2013.『蟲喰う近代: 1910年代社會衛生運動とアメリカの政治文化』, ナカニシヤ出版.

Dawley, Alan. 2003. *Changing the World: American Progressives in War and Revolution*, Princeton University Press.

Forcey, Charles. 1961. *The Crossroads of Liberalism: Croly, Weyl, Lippmann and the Progressive Era, 1900-1925*, Oxford University Press.

Healy, David. 1988. *Drive to Hegemony: The United States in the Caribbean, 1898-1917*, University of Wisconsin Press.

Kloppenberg, James T. 1986. *Uncertain Victory: Social Democracy and Progressivism in European and American Thought, 1870-1920*, Oxford University Press.

McCoy, Alfred W. and Francisco A. Scarano. eds. 2009. *Colonial Crucible: Empire in the Making of the Modern American State*, University of Wisconsin Press.

Rodgers, Daniel T. 1998. *Atlantic Crossings: Social Politics in a Progressive Age*, Harvard University Press.

Skocpol, Theda. 1992. *Protecting Soldiers and Mothers: The Political Origins of Social Policy in the United States*, Harvard University Press.

Weyl, Walter E. 1912. *The New Democracy*, Macmillan.

제2장

今津晃 編著. 1981.『第一次大戰下のアメリカ: 市民的自由の危機』, 柳原書店.

高原秀介. 2006.『ウィルソン外交と日本: 理想と現實の間 1913-1921』, 創文社.

中野耕太郎. 2013.『戰爭のるつぼ: 第一次世界大戰とアメリカニズム』, 人文書院.

中野耕太郎. 2014. "'アメリカの世紀'の始動", 山室信一 外 編,『現代の起點 第一次世界大戰4 遺産』, 岩波書店.

中野耕太郎. 2016. "第一次世界大戰と現代グローバル社會の到來: アメリカ參戰の歷史的意義", 秋田茂·桃木至朗 編著,『グローバルヒストリーと戰爭』, 大阪大學出版會.

A. J. メイア 著. 齊藤孝·木畑洋一 譯. 1983.『ウィルソン對レーニン』, 岩波書店.

Ambrosius, Lloyd E. 2002. *Wilsonianism: Woodrow Wilson and His Legacy in American Foreign Relations*, Palgrave Macmillan.

Knock, Thomas J. 1992. *The End All Wars: Woodrow Wilson and the Quest for a New World Order*, Princeton University Press.

제3장

井上弘貴. 2008.『ジョン·デューイとアメリカの責任』, 木鐸社.

栗原涼子. 2018.『アメリカのフェミニズム運動史: 女性參政權から平等憲法修正條項へ』, 彩流社.

ジョン·デューイ 著. 阿部齊 譯. 2014.『公衆とその諸問題: 現代政治の基礎』, ちくま學藝文庫.

三牧聖子. 2014.『戰爭違法化運動の時代: '危機の20年'のアメリカ國際關係思想』, 名古屋大學出版會.

W. リップマン 著. 掛川トミ子 譯. 1987.『世論』上, 岩波文庫.

Cohen, Elizabeth. 1990. *Making a New Deal: Industrial Workers in Chicago, 1919-1939*, Cambridge University Press.

Costigliola, Frank. 1984. *Awkward Dominion: American Political, Economic, and Cultural Relations with Europe, 1919-1933*, Cornell University Press.

Cott, Nancy F. 1987. *The Grounding of Modern Feminism*, Yale University Press.

Hawley, Ellis W. 1979. *The Great War and the Search for a Modern Order; A History of the American People and Their Institutions, 1917-1933*, St. Martin's Press.

Higham, John. 1955. *Strangers in the Land: Patterns of American Nativism, 1860-1925*, Rutgers University Press.

Iriye, Akira. 1993. *The Globalizing of America, 1913-1945, The Cambridge History of American Foreign Relations*, vol. 3, Cambridge University Press.

MacLean, Nancy. 1994. *Behind the Mask of Chivalry: The Making of the Second Ku Klux Klan*, Oxford University Press.

Manela, Erez. 2007. *The Wilsonian Moment: Self-Determination and the International Origins of Anti-colonial Nationalism*, Oxford University Press.

Mink, Gwendolyn. 1995. *The Wages of Motherhood: Inequality in the Welfare State, 1917-1942*, Cornell University Press.

제4장

秋元英一. 1989. 『ニューディールとアメリカ資本主義: 民衆運動史の觀點から』, 東京大學出版會.

紀平英作. 1993. 『ニューディール政治秩序の形成過程の研究』, 京都大學學術出版會.

久保文明. 1995. 『ニューディールとアメリカ民主政: 農業政策をめぐる政治過程』, 東京大學出版會.

Brinkley, Alan. 1995. *The End of Reform: New Deal Liberalism in Recession and War*, Knopf.

Engel, Jeffrey A. ed. 2016. *The Four Freedoms: Franklin D. Roosevelt and the Evolution of an American Idea*, Oxford University Press.

Gordon, Linda. 1994. *Pitied But Not Entitled: Single Mothers and the History of Welfare*, Free Press.

Gordon, Linda and Gary Y. Okihiro. eds. 2006. *Impounded: Dorothea Lange and the Censored Images of Japanese American Internment*, W. W. Norton.

Katznelson, Ira. 2013. *Fear Itself: The New Deal and the Origins of Our Time*, Liveright Publishing.

Kennedy, David M. 1999. *Freedom from Fear: The American People in Depression and War, 1929-1945*, Oxford University Press.

Lowitt, Richard and Maurine Beasley. eds. 1981. *One Third of a Nation: Lorena Hickok Reports on the Great Depression*, University of Illinois Press.

Plummer, Brenda G. 1996. *Rising Wind: Black Americans and U.S. Foreign Affairs, 1935-1960*, University of North Carolina Press.

제5장

小野澤透. 2016. 『幻の同盟: 冷戰初期アメリカの中東政策』上, 名古屋大學出版會.

川島正樹. 2008. 『アメリカ市民權運動の歴史: 連鎖する地域闘爭と合衆國社會』, 名古屋大學出版會.

菅英輝. 1992. 『米ソ冷戰とアメリカのアジア政策』, ミネルヴァ書房.

紀平英作 編. 2003. 『帝國と市民: 苦惱するアメリカ民主政』, 山川出版社.

ウィリアム・コーンハウザー 著. 辻村明 譯. 1961. 『大衆社會の政治』, 東京創元社.

西崎文子. 1992. 『アメリカ冷戰政策と國連 1945-1950』, 東京大學出版會.

デイヴィッド・リースマン 著. 加藤秀俊 譯. 2013. 『孤獨な群衆』上・下, みすず書房.

Anderson, Carol. 2003. *Eyes off the Prize: The United Nations and the African American*

Struggle for Human Rights, 1944-1955, Cambridge University Press.

Boyer, Paul. 1985. *By the Bomb's Early Light: American Thought and Culture at the Dawn of the Atomic Age*, University of North Carolina Press.

Dudziak, Mary L. 2000. *Cold War Civil Rights: Race and the Image of American Democracy*, Princeton University Press.

Harrington, Michael. 1962. *The Other America: Poverty in the United States*, Macmillan.

Hinton, Elizabeth. 2016. *From the War on Poverty to the War on Crime: The Making of Mass Incarceration in America*, Harvard University Press.

Hunt, Michael H. 1996. *Lyndon Johnson's War: America's Cold War Crusade in Vietnam, 1945-1968*, Hill and Wang.

Immerwahr, Daniel. 2015. *Thinking Small: The United States and the Lure of Community Development*, Harvard University Press.

Ngai, Nae M. 2004. *Impossible Subjects: Illegal Aliens and the Making of Modern America*, Princeton University Press.

제6장

ウィリアム・W. J. ウィルソン 著. 川島正樹・竹本友子 譯. 1999. 『アメリカ大都市の貧困と差別: 仕事がなくなるとき』, 明石書店.

川島正樹. 2014. 『アファーマティヴ・アクションの行方: 過去と未來に向き合うアメリカ』, 名古屋大學出版會.

菅英輝. 2016. 『冷戰と'アメリカの世紀': アジアにおける'非公式帝國'の秩序形成』, 岩波書店.

中野耕太郎. 2019. "'偉大な社會'から破碎の時代へ: 1960年代アメリカ史試論", 山室信一 外 編. 『われわれはどんな'世界'を生きているのか: 來るべき人文學のために』, ナカニシヤ出版.

油井大三郎 編. 2012. 『越境する1960年代: 米國・日本・西歐の國際比較』, 彩流社.

Cowie, Jefferson. 2010. *Stayin' Alive: The 1970s and the Last Days of the Working Class*, The New Press.

Rodgers, Daniel T. 2011. *Age of Fracture*, Harvard University Press.

맺음말

Bailey, Beth. 2009. *America's Army: Making the All-Volunteer Force*, Harvard University Press.

Bailey, Beth and David Farber. eds. 2004. *America in the 70s*, University of Kansas.

Borstelmann, Thomas. 2011. *The 1970s: A New Global History from Civil Rights to Economic Inequality*, Princeton University Press.

Kerber, Linda K. 1998. *No Constitutional Right to Be Ladies: Women and the Obligations of Citizenship*, Hill and Wang.

미국사 연표(1901~1973)

[ ] 안에 표기한 것은 그 해에 취임한 미국 대통령을 의미한다.

1901년 [제26대 시어도어 루스벨트(공화당)]

3월　대쿠바 플랫 수정안 제정
9월　윌리엄 매킨리 대통령 암살, 부통령 시어도어 루스벨트가 대통령으로 승격

1902년

4월　'중국인 배척법' 항구법화
7월　'필리핀 조직법' 제정

1903년

2월　상무노동부 설립
11월　파나마를 영구 조차

1904년

2월　러일전쟁 발발(~1905년 9월)
11월　대통령선거에서 루스벨트 당선
12월　먼로 독트린의 루스벨트 버전 발표

1905년

4월　대법원 로크너 판결
7월　두 보이스 등 나이아가라 운동 개시

1906년

6월　'순수식품의약법', '연방육류검사법' 제정
11월　샌프란시스코시 교육위원회, 일본계 아동을 격리

1907년

2월　'1907년 이민법'(딜링엄 위원회 설치, 1911년 보고서 공표) 제정; 미일 신사협약 체결

1908년

2월　대법원 뮬러 판결
11월　대통령선거, 법무부 검찰국(FBI의 전신) 창설

1909년 [제27대 윌리엄 태프트(공화당)]

2월   전미유색인지위향상협회(NAACP) 창설

1912년

6월   시어도어 루스벨트, 혁신당 결성
9월   해병대, 니카라과에 진주
11월   대통령선거

1913년 [제28대 우드로 윌슨(민주당)]

2월   수정헌법 제16조 발효
12월   연방준비제도 설립

1914년

4월   해병대, 베라쿠르스를 점령
8월   제1차 세계대전 발발(~1918년 11월); 파나마 운하 개통

1914년

9월   연방거래위원회 설치
10월   '클레이튼 반독점법' 제정

1915년

5월   루시타니아호 사건; 중국, 대중국 21개조 요구를 수락
7월   해병대, 아이티에 진주

1916년

3월   판초 비야 토벌전 개시
5월   해병대, 도미니카 공화국에 진주
6월   전국여성당(NWP) 결성
8월   필리핀 자치에 관한 '존스 법' 제정
11월   대통령선거에서 윌슨 재선; 지넷 랭킨, 여성 최초의 하원의원에 당선

1917년

1월   윌슨, 승리 없는 평화 연설
2월   치머만 전보 사건
3월   러시아 2월 혁명 발발
4월   제1차 세계대전에 참전
5월   '선별징병법' 제정
6월   '전시 방첩법' 제정
11월   이시이-랜싱 협정 체결; 러시아 10월 혁명

1918년

1월	윌슨, 평화에 관한 14개조 발표
3월	브레스트-리토프스크 조약 조인
4월	전시노동위원회 설치
8월	시베리아 출병
11월	제1차 세계대전 휴전

1919년

1월	파리 강화회의 개최
3월	조선에서 3·1운동 발발
5월	중국에서 5·4운동 발발
6월	베르사유 조약 조인
7월	시카고에서 인종 폭동 발발(~8월)
11월	적색공포 및 빨갱이 사냥 개시; 미국 상원, 강화 조약 비준안 부결

1920년

1월	국제연맹 설립
8월	수정헌법 제19조 발효

1921년 [제29대 워런 하딩(공화당)]

5월	'긴급 할당 이민법' 제정
11월	워싱턴 회의 개시(~1922년 2월); '셰퍼드-타우너 출산 및 신생아 보호법' 제정
12월	4개국 조약 조인

1922년

2월	해군 군축 5개국 조약, 9개국 조약 조인
5월	대법원 '베일리 대 드렉셀가구회사 재판' 판결; 월터 리프먼, 『여론』 출간

1923년 [제30대 캘빈 쿨리지(공화당)]

4월	대법원 '애드킨스 대 아동병원 재판' 판결
8월	워런 하딩 사망, 부통령 캘빈 쿨리지가 대통령으로 승격
12월	헌법의 남녀평등권 수정조항(ERA), 처음으로 의회에 제안

1924년

4월	도스 안 제시(독일 배상 문제)
5월	'출신국별 할당 이민법' 제정
11월	대통령선거에서 쿨리지 당선

1925년

5월	상하이 사건 발발(5·30운동 확대)
12월	로카르노 조약 조인

1928년 [제31대 허버트 후버(공화당)]

8월	파리 부전조약(켈로그 브리앙 협정) 체결
11월	대통령선거

1929년

6월	영 안 제시(독일 배상 문제)
10월	세계 공황 시작

1930년

1월	런던 해군 군축 회의 개최

1931년

6월	후버, 모라토리엄 발표
9월	만주 사건 발발

1932년

1월	스팀슨 독트린 발표
2월	부흥금융공사 설립
7월	보너스 아미 충돌 사건 발발
11월	대통령선거

1933년 [제32대 프랭클린 루스벨트(민주당)]

3월	은행 휴일 선언; 100일 회의 개최
4월	금본위제에서 이탈
5월	'농업 조정법' 제정; 테네시계곡 개발공사(TVA) 설립
6월	'국가산업부흥법' 제정, 공공사업국 설치
11월	소련을 승인
12월	범미회의에서 내정 불간섭 원칙에 합의

1934년

3월	'타이딩스-맥더피 법' 제정
5월	대쿠바 플랫 수정안 폐지
6월	'인디언 재조직법' 제정

1935년

5월	사업촉진국(WPA) 창설; 대법원 셰크터 닭고기회사 판결
6월	전국청년국(NYA) 설립
7월	'와그너법' 제정
8월	'사회보장법' 제정; '중립법' 제정
11월	산업별 노동조합회의(CIO) 창설

1936년

1월 　대법원, '농업 조정법'에 위헌 판결

7월 　스페인 내전 발발(~1939년 4월)

11월 　대통령선거에서 루스벨트 재선

1937년

2월 　법원 개조 법안 제출

7월 　중일전쟁 발발

8월 　경기 후퇴

1938년

5월 　하원 반미활동 조사위원회 설치

6월 　'공정 노동 기준법(FLSA)' 제정

1939년

9월 　제2차 세계대전 발발

1940년

9월 　'선별징병법' 제정

11월 　대통령선거에서 루스벨트 3선

1941년

1월 　루스벨트 네 가지 자유 연설

3월 　'무기 대여법' 제정

5월 　긴급사태 선언

8월 　대일본 석유 전면 금수; 대서양헌장 채택

12월 　일본에 의한 진주만 공격; 미국, 제2차 세계대전에 참전

1942년

2월 　행정명령 제9066호(일본계 미국인 강제 수용) 공표; 흑인 미디어, 더블 브이론을 게재

5월 　헨리 월리스, 자유세계협회에서 연설

1943년

6월 　전국자원계획위원회(NRPB) 활동 중단

1944년

7월 　브레턴우즈 회의 개최

8월 　덤버턴 오크스 회의 개최

11월 　대통령선거에서 루스벨트 4선

1945년 [제33대 해리 트루먼(민주당)]

2월 　얄타 회담 개최

4월	루스벨트 사망, 부통령 해리 트루먼이 대통령으로 승격; 샌프란시스코 UN 조직회의 개최
5월	독일 항복
7월	앨라모고도 폭격 시험장에서 원자폭탄 실험에 성공
8월	포츠담 선언; 히로시마와 나가사키에 원자폭탄 투하, 일본 무조건 항복
10월	세계연방운동 본격화

1946년

1월	UN 원자력위원회 창설
3월	윈스턴 처칠, 철의 장막 연설
7월	필리핀 독립
12월	대통령 직속 시민권위원회 설치

1947년

3월	트루먼 독트린 공표; 연방기관 소속 직원의 충성도 심사 개시
6월	'태프트-하틀리 법' 제정
7월	'국가안전보장법' 제정
9월	리우데자네이루 조약 체결

1948년

4월	'대외 원조법'(마셜 플랜) 제정
6월	소련, 베를린을 봉쇄
5월	미주기구 상설
11월	대통령선거에서 트루먼 당선

1949년

1월	포인트 포 계획 발표
4월	북대서양조약 체결
8월	소련, 원자폭탄 실험에 성공
10월	중화인민공화국 수립

1950년

2월	매카시 선풍 시작
6월	한국전쟁 발발
9월	'국내 치안법'(일명 '매캐런법') 제정

1951년

6월	NSC-68 승인
9월	샌프란시스코 강화조약, 미일 안전보장조약 체결

1952년

6월	'매캐런-월터 이민법' 제정

| 7월 | 푸에르토리코, 자치령이 됨 |
| 11월 | 수소폭탄 실험 성공; 대통령선거 실시 |

1953년 [제34대 드와이트 아이젠하워(공화당)]

| 7월 | 한국전쟁 휴전협정 조인 |

1954년

| 5월 | 대법원 브라운 판결 |
| 7월 | 인도차이나 휴전협정 조인 |

1955년

4월	반둥에서 아시아·아프리카 회의 개최
5월	바르샤바조약기구 창설; 대법원 브라운 II 판결
12월	몽고메리에서 버스 보이콧 운동 개시; AFL과 CIO 합병

1956년

| 11월 | 대통령선거에서 드와이트 아이젠하워 재선 |

1957년

1월	대중동 아이젠하워 독트린 발표; 남부기독교지도자회의(SCLC) 창설
7월	국제원자력기구 창설
9월	리틀록 사건 발생

1959년

| 2월 | 쿠바 혁명 발발 |

1960년

| 2월 | 그린즈버러 농성 운동 확대 |
| 11월 | 대통령선거 실시 |

1961년 [제35대 존 케네디(민주당)]

| 4월 | 대쿠바 침공(피그스만 작전) 실패 |
| 8월 | 베를린 장벽 건설 |

1962년

| 6월 | 민주사회학생회(SDS), 포트 휴런 선언을 채택 |
| 10월 | 쿠바 위기; 마이클 해링턴, 『또 하나의 미국』 출간 |

1963년 [제36대 린든 존슨(민주당)]

| 8월 | 부분적 핵실험 금지조약(PTBT) 조인; 시민권 운동에 의한 워싱턴 행진 |
| 11월 | 케네디 암살, 부통령 린든 존슨이 대통령으로 승격 |

1964년

1월	존슨, 빈곤과의 전쟁 성명('위대한 사회'의 도래를 표방)
7월	1964년 '시민권법' 제정
8월	통킹만 사건, 북베트남 폭격 개시

1965년

7월	메디케어(노령 의료보험) 법제화
8월	'투표권법' 제정; 로스앤젤레스에서 와츠 폭동 발발
10월	'1965년 이민법' 제정

1966년

6월	전미여성기구(NOW) 결성

1968년

4월	마틴 루터 킹 목사 암살, 도시에서 폭동 확대
11월	대통령선거 실시

1969년 [제37대 리처드 닉슨(공화당)]

6월	개정 필라델피아 계획 발표
7월	닉슨, 괌 독트린 성명
10월	'알렉산더 대 홈즈카운티 교육위원회 재판' 판결

1971년

4월	'스완 대 샬럿-메클렌버그 교육위원회 재판' 판결
8월	달러·금태환 중단(닉슨 쇼크)

1972년

2월	닉슨 대통령, 중국 방문
3월	의회가 ERA를 발의
5월	닉슨 대통령, 소련 방문, 제1차 전략무기제한협정 체결
8월	워터게이트 사건 발발
11월	대통령선거에서 닉슨 재선

1973년

1월	베트남 휴전협정 체결, 징병 중지
3월	미군, 베트남에서 병력 철수
10월	제4차 중동전쟁 발발, 석유 위기

찾아보기

지은이 나카노 고타로(中野耕太郎)

1967년 출생, 교토대학(京都大學) 문학부 서양사학과 졸업(1991)
교토대학 대학원 문학연구과 석사과정 수료(1993)
교토대학 대학원 박사후기과정 중퇴(문학 박사)
오사카대학(大阪大學) 대학원 문학연구과 교수 역임
현재 도쿄대학(東京大學) 총합문화연구과 교수(2020~)
(전문 분야: 미국 근현대사)

저서: 『역사 속의 '미국'(歷史のなかの'アメリカ')』(공저, 2006), 『원전 미국사(사회사 사료집)[原典アメリカ史(社會史史料集)]』(공저, 2006), 『미국사 연구 입문(アメリカ史研究入門)』(공저, 2009), 『미합중국의 형성과 정치문화: 건국에서 제1차 세계대전까지(アメリカ合衆國の形成と政治文化: 建國から第一次世界大戰まで)』(공편저, 2010), 『전쟁의 도가니: 제1차 세계대전과 미국주의(戰爭のるつぼ: 第一次世界大戰とアメリカニズム)』(2013), 『20세기 미국 국민질서의 형성(20世紀アメリカ國民秩序の形成)』(2015), 『미국문화 사전(アメリカ文化事典)』(공저, 2018), 『논점·서양사학(論点·西洋史學)』(공저, 2020), 『처음 배우는 미국의 역사와 문화(はじめて學ぶアメリカの歷史と文化)』(공저, 2023) 외

옮긴이 이용빈

인도 국방연구원(IDSA) 객원연구원 역임
미국 하버드대학 HPAIR 연례학술회의 참석(안보 분과)
미국 연방의회 상원 외교위원회, 연방의회 하원 군사위원회 참석
이스라엘 크네세트(국회), 미국 국무부, 미국 해군사관학교 초청 방문
이스라엘 히브리대학, 미국 샌프란시스코주립대학, 미국 하와이대학 학술 방문
홍콩국제문제연구소 연구원

저서: *East by Mid-East*(공저, 2013) 외
역서: 『슈퍼리치 패밀리: 로스차일드 250년 부의 비밀』(2011), 『시리아: 아사드 정권의 40년사』(2012), 『러시아의 논리』(2013), 『이란과 미국』(2014), 『북한과 중국』(공역, 2014), 『망국의 일본 안보정책』(2015), 『현대 중국의 정치와 관료제』(2016), 『이슬람의 비극』(2017), 『홍콩의 정치와 민주주의』(2019), 『푸틴과 G8의 종언』(2019), 『미국의 제재 외교』(2021), 『美中 신냉전?: 코로나19 이후의 국제관계』(2021), 『벼랑 끝에 선 타이완: 미중 경쟁과 양안관계의 국제정치』(공역, 2023), 『미국과 중국』(근간) 외

한울아카데미 2540
새 미국사 시리즈 제3권

20세기 아메리칸 드림: 전환기부터 1970년대까지

지은이 나카노 고타로
옮긴이 이용빈
펴낸이 김종수
펴낸곳 한울엠플러스(주)
편집 신순남

초판 1쇄 인쇄 2024년 10월 2일
초판 1쇄 발행 2024년 10월 15일

주소 10881 경기도 파주시 광인사길 153 한울시소빌딩 3층
전화 031-955-0655
팩스 031-955-0656
홈페이지 www.hanulmplus.kr
등록번호 제406-2015-000143호

Printed in Korea.
ISBN 978-89-460-7540-5 93940

※ 책값은 겉표지에 표시되어 있습니다.